本书系国家社科基金项目"当前国际版权制度发展趋势与我国路径选择研究"研究成果（项目批准号：17BFX117）

当前国际版权制度发展趋势与我国路径选择研究

李国庆 著

Research on the Trend of
International Copyright System and China's Selection

知识产权出版社

图书在版编目（CIP）数据

当前国际版权制度发展趋势与我国路径选择研究 /李国庆著. — 北京：知识产权出版社，2024.6
ISBN 978-7-5130-9156-5

Ⅰ.①当… Ⅱ.①李… Ⅲ.①版权—研究—中国Ⅳ.①D923.414

中国国家版本馆CIP数据核字（2024）第006643号

内容提要：

目前，版权法具体规则日益倾向维护版权产业利益而不再以信息共享为目标，虽然对未来版权弱保护趋势存在共识，但欧盟与美国最新版权相关规则存在诸多差异。本书在兼顾国际先进经验和国内历史路径的基础上，对未来我国版权制度变革提出了建议。

本书适用于对国内外版权法理论和实务感兴趣的读者。

责任编辑：刘晓庆　　　　　　　　　　　　　　责任印制：孙婷婷

当前国际版权制度发展趋势与我国路径选择研究

DANGQIAN GUOJI BANQUAN ZHIDU FAZHAN QUSHI YU WOGUO LUJING XUANZE YANJIU

李国庆　著

出版发行	知识产权出版社 有限责任公司	网　址	http://www.ipph.cn
电　话	010—82004826		http://www.laichushu.com
社　址	北京市海淀区气象路50号院	邮　编	100081
责编电话	010—82000860转8574	责编邮箱	laichushu@cnipr.com
发行电话	010—82000860转8101	发行传真	010—82000893
印　刷	北京中献拓方科技发展有限公司	经　销	新华书店、各大网上书店及相关专业书店
开　本	787mm×1092mm　1/16	印　张	16
版　次	2024年6月第1版	印　次	2024年6月第1次印刷
字　数	250千字	定　价	88.00元
ISBN 978-7-5130-9156-5			

出版权专有　侵权必究
如有印装质量问题，本社负责调换。

前　言

从事版权法(我国称为著作权法)教学工作十余年,一直对版权法理论和未来发展感兴趣。2017年,笔者以"当前国际版权制度发展趋势与我国路径选择研究"为题申报国家社会科学基金项目,侥幸获中。之后,因各种原因,研究工作进度缓慢,最终2022年结项,2023年完稿。研究过程中受到多人鼓励帮助,在此表示感谢。

本书围绕版权法改革展开论述。20世纪中后期,以世界贸易组织(WTO)为中心的国际贸易体制逐步形成,在此基础上各国版权法规则趋于统一。从文本阐释看,版权法体系的目的在于信息共享,版权仅具有工具性价值。但在现实中,版权法各分支,包括版权权属制度、版权流转制度和版权救济制度都在一定程度上偏离了版权法目的,日益倾向维护版权产业利益而不再以信息共享为目标。针对此现状,国际条约出现了绕开《与贸易有关的知识产权协议》国际磋商多边体制的双边主义、单边主义现象。❶在立法层面,虽然欧盟和美国对未来版权弱保护发展趋势存在共识,但2019年欧盟颁布的《数字单一市场版权指令》,在文本数据挖掘、孤儿作品、版权合同中的创作者保护、新闻出版物出版商权利和网络服务提供者的版权侵权责任规则上,与美国版权法呈现诸多分歧。

2021年,我国《知识产权强国建设纲要(2021—2035年)》提出,要积极参与知识产权全球治理体系改革和建设。如何制定科学的版权法规则,既解决我国现实问题,又为知识产权全球治理体系改革贡献中国力量,这是一个重要问题。笔者认为,我国应从两个方面入手:一方面,改革我国现有版权法,

---

❶ 吴汉东.中国知识产权法律体系论纲——以《知识产权强国建设纲要(2021—2035年)》为研究文本[J].知识产权,2022(6):4.

并协同其他国家一起修改国际版权公约相关规定;另一方面,基于版权法模式的不足,根据中国历史经验,制定与传统版权法互补的替代政策。本书尝试性地研究了当前国际版权制度变革现状和发展趋势,在兼顾国际先进经验和本土历史路径基础上,对我国版权制度变革提出具体建议如下:鉴于版权法制度的不足和历史上非版权信息共享模式的优点,我国应当构建以版权市场为主、国家计划为辅的信息共享二元体系。其中,版权市场体系强调经济,国家计划体系强调文化。权利人受益最大经济利益,创造者和消费者则受益文化的再使用❶,最终目的是社会所有成员都有足够机会获得知识信息。❷

  本书采用总分式框架,各章大致内容如下。

  第一章通过文本阐释,指出版权法目的与制度之间的矛盾,并对版权法制度偏离版权法目的的原因进行理论探讨。

  第二章回顾信息共享历史,比较信息共享的版权模式和非版权模式的优缺点,得出如下结论:数字时代的版权法仍是实现信息共享的主要路径。在对比美国、欧盟版权弱保护发展趋势和不同路径后,指出我国应当构建以版权制度为主、国家计划为辅的信息共享二元体系,并对二元体系的理论基础和整体框架提出建议。

  第三章至第五章对如何构建我国版权制度提出具体建议。

  第三章从以下方面建议修改版权权属制度:①维护创作者利益。在维护投资者利益的同时,应当注意保护作者利益,因为他们是创新的源头。职务作品归属应当注意维护作者的利益,职务表演规则应当注意维护表演者的利益。②增强作品类型规则的灵活性。③保护符合作品构成要件的人工智能生成内容。④重视合理使用地位,并将公共利益视为合理使用要素之一。合理使用制度并不是偶尔被容忍的可有可无的例外,而是版权法整体设计的必

---

❶ Dr. James Griffin, Making A New Copyright Economy: A New System Parallel to The Notion of Proprietary Exploitation in Copyright, I. P. Q. 2013, 1, 69-87(2013).

❷ Alexander Peukert, Fictitious Commodities: a Theory of Intellectual Property Inspired by karl polanyi's "Great Transformation", 29 Fordham Intell. Prop. Media & Ent. L. J. 1151(2019).

要组成部分,它有助于版权法信息共享目的的实现。版权法还应当认可文本数据挖掘(TDM)等非表达性使用属于合理使用。⑤缩短作品版权保护时间,并建立续期模式。另外,以发表之日或登记之日作为版权期限起算点更为合理。它以促进信息共享作为赋予私权的条件,更有利于实现版权法目的。

第四章建议从以下方面完善版权流转制度:①规定归属登记和变动登记。版权归属登记遵循自愿原则,但法律可授予已经登记的作品获得法定损害赔偿。版权许可转让登记具有登记对抗效力。②明确界定孤儿作品概念,完善孤儿作品使用主体和范围的相关规定,建议采用"勤勉寻找+登记+事后补偿"原则以降低孤儿作品使用成本。③完善版权合同制度。增加维护作者/表演者利益的版权合同法定条款,如知情权和撤销权以体现公平原则,认可部分放弃版权的合同并加强对其未放弃部分权利的保护。

第五章主张从以下方面重构版权救济制度:①规定比例原则。从宪法视域权衡比例原则所涉及的各种法益,如版权、表达自由权、隐私权及经营自由权等。②限制停止侵害责任。在确定是否限制停止侵害责任时,法官应当着重考虑侵权人过错、当事人利益对比和公共利益三个要素。③完善损害赔偿制度。增加著作人身权侵权赔偿特别规则,遵循填平原则,依比例原则明确惩罚性赔偿规定和法定赔偿额适用额度。④完善网络服务提供者责任制度。重建网络服务提供者的过错要件的规定和完善通知与反通知相关程序性规定,更好地实现网络用户信息入口权和表达自由权。

本书仅提供了一些思路,尚需进一步研究的问题:①未来国家计划体系尚只有初步思路,如何构建具体内容、如何促进版权市场和国家计划二元体系的衔接转换仍值得研究。②登记制度和孤儿作品制度随着区块链技术的发展,可能会有新的解决方案,仍需持续关注。

另外,由于笔者水平有限,虽多次修改,本书疏漏之处恐难避免,恳请读者多多批评指正。

目　　录

引　言　信息共享理想和版权纠纷现实——从三个代表性案例说起 ……… 1

第一章　文本阐释与现实检视:当前版权制度变革的必然性研究 ……… 5
　　第一节　文本阐释:体系视角下的版权法目的(信息共享)与版权 ……… 5
　　第二节　现实检视:版权法制度对版权法目的(信息共享)的偏离 ……… 25
　　第三节　理论探讨:版权法制度偏离版权法目的(信息共享)的原因 ……… 33

第二章　历史模式和未来展望:版权制度变革的路径选择 ……… 45
　　第一节　历史模式:实现版权法目的(信息共享)的不同路径 ……… 45
　　第二节　国际趋势:版权弱保护的理论探讨与立法路径 ……… 62
　　第三节　中国路径:构建版权市场为主、
　　　　　　国家计划为辅的信息共享二元体系 ……… 65

第三章　版权法目的视角下的版权权属制度变革 ……… 93
　　第一节　版权的主体和客体 ……… 93
　　第二节　人工智能生成内容的版权问题分析 ……… 101
　　第三节　版权法目的视角下的合理使用制度 ……… 116
　　第四节　版权法目的视角下的版权保护期限问题研究 ……… 126

第四章　版权法目的视角下的版权流转制度变革 ……… 135
　　第一节　版权登记制度——作品传播效率问题 ……… 135
　　第二节　孤儿作品制度——作品传播效益问题 ……… 145
　　第三节　版权合同的意定和法定条款
　　　　　　——作品传播中的公平和公益 ……… 157

第五章　版权法目的视角下的版权救济制度变革 …………………… 175
　　第一节　版权救济制度的应有原则:比例原则 ………………… 175
　　第二节　停止侵害责任的法律适用 …………………………… 185
　　第三节　版权赔偿制度研究 …………………………………… 192
　　第四节　网络服务提供者版权侵权的责任制度研究 ………… 205

参考文献 ……………………………………………………………… 233

引　言　信息共享理想和版权纠纷现实
——从三个代表性案例说起

> 拓跋珪问博士李先曰:"天下何物最善,可以益人神智?"对曰:"莫若书籍。"珪曰:"书籍凡有几何,如何可集?"对曰:"自书契以来,世有滋益,以至于今,不可胜计。苟人主所好,何忧不集?"珪从之,命郡县大索书籍,悉送平城。
>
> ——《资治通鉴》卷第一百一十一

一、主体:人工智能生成内容案引发的人类中心论思考

2019年4月,针对北京菲林律师事务所诉北京百度网讯科技有限公司著作权侵权纠纷一案❶,北京互联网法院在判决书中认为:"由于分析报告不是自然人创作的,因此,即使威科先行库'创作'的分析报告具有独创性,该分析报告仍不是著作权法意义上的作品。"该案被认定为我国首例涉及人工智能生成内容版权的案件。深圳市腾讯计算机系统有限公司与上海盈讯科技有限公司的侵害著作权及不正当竞争纠纷案也与人工智能生成内容版权相关。❷深圳市南山区人民法院认为:"涉案文章由原告主创团队人员运用Dream writer软件生成。……从涉案文章的外在表现形式与生成过程来分析,该文章的特定表现形式及其源于创作者个性化的选择与安排,并由Dream writer软件在技术上'生成'的创作过程均满足著作权法对文字作品的保护条件,本院认定涉案文章属于我国著作权法所保护的文字作品。……涉

---

❶ (2018)京0491民初239号。

❷ (2019)粤0305民初14010号。

案文章是原告主持创作的法人作品……被告侵害了原告享有的信息网络传播权。"

从上述两个案例来看,我国司法机关对人工智能生成内容的可版权性无一致看法。欧盟、美国否认了人工智能生成内容的版权保护,但英国则认可人工智能生成内容版权保护。未来人工智能生成内容会更多,各国版权法是否应改变现有的以人类为中心的思维方式,是值得研究的问题。

二、客体:中国知网案与学术性作品的创作动机与传播

目前,国内外许多学术数据库经营者与高校学术资源主要使用者矛盾不断。这表现为以下两个方面:①学术资源创作者与学术数据库经营者之间的矛盾。例如,2022年4月,北京知识产权法院针对中南财经政法大学退休教授周秀鸾状告中国知网经营者《中国学术期刊(光盘版)》电子杂志社有限公司侵害作品信息网络传播权案[1]作出终审判决,判定被告侵权,中国知网应就原告各篇学术文章赔偿2100元到2400元不等。法院并没有针对学术性作品的创作动机(通常不具有盈利目的)、价值(不能完全由市场受欢迎度衡量)和赔偿数额(可能和精神损害和评职称等机会成本有关)等作出不同一般娱乐性作品的分析。②学术资源使用者与学术数据经营者之间不可调和的矛盾。例如,2019年,美国加利福尼亚大学正式宣布,停止订阅由全球最大的科学出版商爱思唯尔(Elsevier)出版的所有期刊。2020年,麻省理工学院也终止了与爱思唯尔的合同。2010年9月,为反对国际出版商爱思唯尔数据库价格上大幅度上涨,我国33家图书馆联合发布《致国际出版商的公开信》。[2]

学术数据库经营者一方面不支付或少量支付学术作品许可费,另一方面利用其垄断地位不断提升高校等科研单位的数据库使用费价格,这严重影响

---

[1] (2022)京73民终40号。

[2] 周锦帅.图书馆联合抵制国际出版商中国科研人员可能部分断粮[EB/OL].(2010-09-21)[2022-08-06]. http://china.caixin.com/2010-09-21/100183096.html.

了学术性作品的创作和有效传播。国内外诸多学者一直呼吁开放存取(Open Access,OA)以促进学术交流。❶针对学术性作品,未来法律应当如何规定以促进公共利益,这是本书研究的问题之一。

三、侵权判定:谷歌与甲骨文10年纠纷案❷和数据挖掘等非表达性使用的合理使用探讨

2021年4月,随着美国联邦最高法院的宣判,长达10年的甲骨文诉谷歌安卓系统Java源代码侵权案落下帷幕。美国联邦最高法院作出终审判决,判令谷歌公司未经许可复制甲骨文公司享有著作权的Java API程序的行为属于合理使用,不侵犯甲骨文公司的著作权。甲骨文诉谷歌案被称为计算机软件著作权"世纪之战",该案可能决定今后哪些代码将受到美国版权法的保护,对计算机产业和合理使用制度均有重要影响。

目前,关于作品的数据挖掘等非表达性使用,美国采用版权法合理使用制度进行侵权判定;2019年3月正式通过的欧盟《数字单一市场版权指令》(the EU Directive on Copyright in the Digital Single Market)则专门规定了数据挖掘的版权限制与例外。二者立法模式不同,立法目的也有所差别。本书还对数据挖掘等非表达使用是否构成合理使用这一问题进行具体研究。

从以上案例可以看出,技术的发展使现有版权法主体、客体、合理使用和侵权判定制度面临一系列挑战。为了更好地实现版权法的立法目的,我国有必要针对版权法体系进行深入研究,并在结合国内外相关立法、司法和学术观点的基础上,对我国版权法进行修改完善。

---

❶ 加州大学宣布取消所有Elsevier期刊订阅,并向全球读者免费提供加州大学作者的所有论文[EB/OL].(2019-07-13)[2022-06-26]. https://www.sohu.com/a/326519244_777213. 孙晋,袁野. 学术数据库经营者不公平高价行为的规制困局及其破解[J]. 现代法学,2019,41(5):100.

❷ Google LLC v. Oracle America,Inc(18-956).

第一章 文本阐释与现实检视：
当前版权制度变革的必然性研究

第一节 文本阐释：体系视角下的
版权法目的（信息共享）与版权

一、版权法体系视角下版权法目的的诠释

（一）版权法目的条款概述

关于版权法目的，国际公约和各国法律均有所规定。

国际条约中的版权法目的并非一成不变，其由以保护版权为中心转为以公共利益为中心。1886年《保护文学和艺术作品伯尔尼公约》（Berne Convention for the Protection of Literary and Artistic Works，以下简称《伯尔尼公约》）第一条规定"适用本公约的国家为保护作者对其文学和艺术作品所享有权利结成一个同盟"，第九条规定"本联盟成员国法律有权允许在某些特殊情况下复制上述作品，只要这种复制不致损害作品的正常使用也不致无故损害作者的合作利益"。这些反映出19世纪的著作权国际公约强调对"著作权保护"的重视。1994年《与贸易有关的知识产权协议》（Agreement on Trade-Related Aspects of Intellectual Property Rights，TRIPs）第七条（目标条款）规定"知识产权的保护和实施应有助于促进技术革新及技术转让和传播，有助于技术知识的创造者和使用者利益，并有助于社会和经济福利及权利义务的平衡"；1996年《世界知识产权组织版权条约》（World Intellectual Property Organization Copyright Treaty,WCT)序言指出,应当维持作者利益和公共利益,特别是教育研究和对信息入口权利益之间的平衡;1996年,《世界知识产权组织表演和录音制品条约》(WIPO Performances and Phonograms Treaty,WPPT)序言也指出,"应当保持表演者和录音制品制作者的权利与广大公众的利益尤其是教育、研究和获得信息利益之间的平衡"。这些反映了国际公约中著作权法目的的悄然变迁——不再仅仅强调版权利益保护,而是开始强调版权与信息共享之间的平衡。

关于版权法的立法目的,各国的规定并不完全相同,主要有以下两种:①有些国家的著作权法明确规定促进公共利益的版权法目的。例如,《中华人民共和国著作权法》(以下简称《著作权法》)第一条规定:"为保护文学、艺术和科学作品作者的著作权,以及与著作权有关的权益,鼓励有益于社会主义精神文明、物质文明建设的作品的创作和传播,促进社会主义文化和科学事业的发展与繁荣,根据宪法制定本法。"《日本著作权法》第一条规定:"本法之宗旨:规定与作品相关的版权及与表演、录音制品、广播和有线广播相关的邻接权,为这些权利提供保护,同时注意这些文化产品的合理使用,从而促进文化发展。"②有些国家的著作权法没有明确规定保护公共利益,但法律解释和理论观点认可公共利益至上。1988年英国《版权、设计和专利法》(Copyright,Designs and Patents Act,CDPA)第一章第一条规定:"版权是一种财产权利,该种财产权利依本编存在于下列各种作品——(a)具有原创性的文学、戏剧、音乐或艺术作品……"英国知识产权委员会认为:"我们最好将知识产权视作公共政策的一种手段,国家授予个人或机构一些经济特权,以实现更大的公共利益,而这些特权只是一种目标实现手段,其本身并非目标。"[1]《美利坚合众国宪法》(United States Constitution)第一条第八节规定,"为了促进科学和实用技术的发展"。美国宪法赋予国会有权"保障作者和

---

[1] Commission on intellectual property rights:Integrating Intellectual Property Rights and Development Policy [EB/OL].(2002-09-01)[2022-01-10]. http://www.iprcommission.org/papers/pdfs/final_report/CIPRfullfinal.pdf.

发明者在有限期间内就他们各自的作品和发现享有专有权利"。美国著名版权法专家威廉·F.帕特里（William F. Patry）认为："版权法并不仅仅关心权利的执行，而是深度关注利益平衡，以最终服务于公众而非作者利益。……迄今为止，版权辩论主要集中在权利上：谁拥有这些权利，以及据称谁侵犯了它们。我们必须承认，没有人有权利，但每个人都有义务，对彼此，对共同利益。……放弃权利及权利的限制和例外的分裂和无益的言论是务实地修复版权的重要的第一步。重要的不是标签，而是我们如何取得符合社会整体利益的结果。……包括作者在内的所有人并不反对公共利益，而是坚定地站在公共利益之内。"❶综上，版权法的目的均是为促进信息共享这一公共利益。

（二）版权法目的的逻辑链条和价值层次

1. 版权法目的的逻辑链条：从版权激励到信息共享

通过分析上述各国的版权法可以发现，各国都是通过授予版权这一权利，以实现文学、科学和艺术发展这一公共利益。但很显然，授予版权并不能直接导致文学科学和艺术的发展。版权作为一种激励手段，它的目的是促进创作，最终通过作品传播而实现文学科学和艺术发展。大致而言，版权法的目的涉及版权、创作、作品传播和公共利益。版权法的目的通过以下逻辑链条逐步实现：版权激励—作品创作—作品传播—以最低成本实现信息共享的公共利益。版权法的目的在于以最低成本（尽可能少的版权人权利范围）实现这些信息的共享。但如何实现版权人私人利益和信息共享之公共利益的最佳平衡，则一直是值得研究的问题。

2. 版权法目的逻辑链条中的价值层次：版权激励的工具性价值和信息共享的目的性价值

在上述版权法目的的逻辑链条中可以发现，相对于信息共享这一最终的版权法立法目的，版权这一权利的授予和保护具有工具性价值。一方面，为

---

❶ William F. Patry. Patry On Fair Use §1. 2. Thomson West, 2020.

了激励创作,版权人必须获得一定报酬,以维系其生活和创作中支付的成本。另一方面,正如古人所述"熟读唐诗三百首,不会吟诗也会吟""问渠那得清如许,为有源头活水来",版权人的作品是其他人实现再创作的基础。为了未来信息公共池中有更多数量和更高质量的作品,著作权法不能授予著作权人过高的垄断利益,以保证作品使用者能低成本利用该作品,从而创造出有利于科学和艺术进步的新作品。因此,在版权法目的的"版权激励—作品创新—作品传播—以最低成本实现信息共享之公共利益"这一逻辑链条中,版权激励具有一定工具性价值,其最终目的是实现信息共享。

上述观点也为诸多学者认可。例如,有学者认为,在知识产品或知识信息上,赋权的直接目的在于激励知识创新,但终极目的在于促进知识传播。❶ 有学者认为:"版权制度所具有的是一个层次性的价值体系……包括作者人格价值、私有财产价值、公正分配价值等直接的规范价值,以及促进文化、表达自由和其他公共性利益最大化等社会性价值。……按照工具价值服务目的价值的原则,版权的人格价值、财产价值的实现是对社会价值的促进,前者应该服务于后者。"❷ 还有学者认为:"美国版权法的功利主义体现了公共利益的首要地位。在这种理论下,有两个受益阶层。最主要的受益阶层不是作者或投资者,而是公众,即知识产权使用人,作者和投资人是第二顺位的受益人。它被授予有限的垄断权,是一种纠正市场失败的方法。功利主义原则的表现是版权的合理使用制度、首次销售规则、强制许可规则等。总之,版权的首要目的是服务社会而不是版权人。"❸

上述观点在一些司法案例中也有所体现。如上所述,就版权法目的而言,诸多国际条约和国内立法规定应当维护包括版权人利益在内的多重利益,如信息共享等。关于这些利益价值层次,立法没有明确规定,但司法实践中法院认为,这些多重利益并不能等量齐观,而有一定位阶。例如,在美

---

❶ 吕炳斌. 知识产权国际博弈与中国话语的价值取向[J]. 法学研究,2022,44(1):153.

❷ 黄汇. 论版权、公共领域与文化多样性的关系[J]. 知识产权,2010(6):24.

❸ Kenneth J. Sanney, Balancing The Friction: How A Constitutional Challenge To Copyright Law Could Realign The Takings Clause of The Fifth Amendment, 15 Colum. Sci. & Tech. L. Rev. 323(2014).

国200多年的版权司法实践中,美国法院一再表示,版权的目的不是保护时间和金钱的投资,也不是保护作者和出版商的经济回报,即使制作作品花了相当大的努力和费用。在1841年Folsom v. Marsh案❶中,美国法院指出:"制定版权法主要不是为了作者利益,而是为了公共利益。"在1932年Fox Film Corp. v. Doyal案中,美国法院指出:"在赋予版权垄断权方面,美国唯一的利益和主要目标,在于公众因作者创作所获取的普遍利益(general benefits)。版权,是公众因作者天分、冥思和技巧而创作的作品受益而赋予作者的对等回报,它也为进一步创作提供激励。"❷在1948年United States v. Paramount Pictures案中,美国法院指出,版权法将奖励所有者作为次要考虑因素。❸在1975年Twentieth Century Music Corp. v. Aiken案中,美国法院指出:"版权持有人法定垄断的有限范围,如宪法规定的版权有限期限,反映了对公共利益的竞争性主张的平衡:应鼓励和奖励创造性创作,但私人创作必须最终服务于促进广泛可用的公共资源。"❹1991年Feist Publ'ns, Inc. v. Rural Tel. Serv. Co.案中,美国法院指出,版权的主要目的不是奖励作者的劳动,而是"促进科学和实用艺术的进步"。❺

总之,版权法体系最重要的目标是促进信息共享,促进科学和艺术的进步。诚如学者所言,知识产权法保护知识产品创造者的直接目标与促进知识传播、科学文化繁荣的社会公益目标合称为"二元价值目标"。在知识产品或知识信息上赋权的直接目的在于激励知识创新,但终极目的在于促进知识传播。❻数字时代,版权法的修改仍应当将信息共享这一公共利益置于首位。❼

---

❶ Folsom v. Marsh, 9 F. Cas. 342(1841).

❷ Fox Film Corp. v. Doyal, 286 U.S. 123, 127(1932).

❸ United States v. Paramount Pictures, 334 U. S. 131, 158(1948).

❹ Twentieth Century Music Corp. v. Aiken, 422 U. S. 151, 156(1975).

❺ Feist Publ'ns, Inc. v. Rural Tel. Serv. Co., 499 U. S. 340, 349–50(1991).

❻ 吕炳斌. 知识产权国际博弈与中国话语的价值取向[J]. 法学研究, 2022, 44(1):153.

❼ Maria A. Pallante, The Next Great Copyright Act, 36 Colum. J. L. & Arts 315 (2013); Derek Khanna, Republican Study Committee Policy Brief: Three Myths About Copyright Law And Where To Start To Fix It, 32 Cardozo Arts & Ent. L. J. 1(2013).

3. 版权法目的逻辑链条中信息共享的法益探析

正如学者所言:"与其呼吁需要鼓励文化创造力、推进参与式民主和发展目标、加强教育和享受艺术,不如冒险将这些总体政治和社会目标设定为个人权利的冲突。"❶将版权法信息共享的法益作具体而明确的权利解读,更有利于实现其目的。基于此,有学者主张法律应当规定与版权相对应的使用权。例如,有学者提出:"'使用者权'是宪法人权在著作权法中的具体化。……著作权法应重视使用者基于创造性使用和消费性使用而享有的正当权益……重视使用者基于宪法的鼓励学习、获取信息、民主文化参与及隐私等基本自由。"❷也有学者提出:"作品使用者权在基本人权、私权逻辑和利益平衡机制方面都具有足够的正当性,……需要从权利构造的角度对其进行完善。"❸"对使用者权的研究不应止步于宣示层面的道德权利,而应在明确其法定权利定性的基础上从实践层面解决其保护与救济的难题。"❹

(1)信息共享不同于"使用者权"

我国有必要在版权法中设定使用者权吗?笔者持否定态度,理由如下:①从经济学角度看,现有规则足以维护使用者的利益,不必增加制度成本再专门制定使用者权。上述学者阐述的使用者权,在某种程度上是版权法中与作品利用相关的法益。它在具体内容上表现为与作品使用相关的受教育权、表达自由权和文化权。为减少立法成本,我国仅需要对现有上述权利相关规则进行修改,就可以满足使用者的利益,而不必再增加使用者权。②从法学角度看,依靠抽象的使用者权主张作为驱动公共利益和限制版权范围的工具,可能会歪曲大众对公共利益和社会价值的理解。从现代版权制度的早期开始,法院基于权利的推理将版权从旨在服务社会目标的目的中脱离出来,

---

❶ Carys J. Craig, Globalizing User Rights-Talk: On Copyright Limits And Rhetorical Risks, 33 Am. U. Int'l L. Rev. 1(2017).

❷ 黄柯,李杨.著作权之"道":著作权法理论框架的观念重塑[J].广西社会科学,2013(4):88.

❸ 王国柱.作品使用者权的价值回归与制度构建——对"著作权中心主义"的反思[J].东北大学学报(社会科学版),2013,15(4):80.

❹ 巫慧.软法与硬法协同治理下的图书馆使用者权保障研究[J].图书馆研究,2020,50(3):86.

并使其成为一个法律体系,压倒性地侧重于保护(知识产权)财产和所有者的私人利益。"权利"语系常常让我们在维护私利时忽略了与之相关的公共利益。它常常只考虑经济的、直接的、短期的和个人的利益,而经常忽视道德的、间接的、长期的和社会整体的影响。版权这些年的扩张就是例子。未来,在努力使国际版权体系倾向维护和加强公共利益时,我们应该保护的是与版权相关的社会价值。真正的任务是确保以公共利益的名义使用的权利语系能够传达责任和社会性目的,❶而不是再设内涵外延更不确定的使用者权。③从社会学角度看,使用者权本身将复杂的信息交换社会关系简单化。使用者权这一概念创造出了信息使用者和创作者是零和博弈的假象:对创作者有利(更多的保护)则对用户不利(更少的使用自由);对用户有利(更多的使用自由)则对创作者不利(更少的保护)。而事实是,信息创造者、使用者和公众是由同一个人(所有"我们")担任这些不同的角色。所有的创作者都可能是用户,所有的用户也都可能是创作者。在数字时代,这一事实更明显。版权和使用者权的共存,使一方收益错误地表现为使另一方受损,随之而来的后果便是加强对版权制度的基于权利的理解,并将公共利益减少为个人化的权利主张,从而掩盖权利背后试图维护的价值观和公共利益。

(2)信息共享是包括表达自由权、受教育权和文化权等的综合性权利

从版权法体系看,版权激励具有工具性价值,信息共享具有目的性价值。此处"信息共享"中的"信息",通常指享有版权的作品。它既包括以版权作品为对象的接收信息,又包括(以版权作品为对象或者利用版权作品进行再创作并将此再创作进行发表的)传达信息。前者与受教育权和文化权有一定关系,后者则与表达自由权密切相关。版权不仅在版权法体系中具有工具性价值,而且在权利体系中也常常服务受教育权、文化权和表达自由权等基本权利。

---

❶ Carys J. Craig, Globalizing User Rights-Talk: On Copyright Limits And Rhetorical Risks, 33 Am. U. Int'l L. Rev. 1(2017).

二、权利体系视角下版权的位阶

(一)版权与人权(表达自由权、受教育权和文化权)价值位阶的理论探讨

如前所述,从版权法体系的视角下,版权法主要涉及版权私人利益和信息共享公共利益之间的平衡。从整个法律体系视角看,这两种利益又与人权等利益密切相关。我们有必要将版权和信息共享在权利体系的视角下,研究版权价值的位阶问题。版权主要和宪法中的表达自由权、受教育权和文化权等人权密切相关。版权和表达自由权主要是传播信息的自由,而受教育权和文化权则在某种程度上则是接收信息的自由。关于版权与表达自由权、受教育权和文化权这些基本权利之间的位阶关系,学术界的观点不一。有学者认为,在一般意义上,当著作权与包括信息入口权(如受教育权)和表达自由权等基本人权发生冲突时,基本人权通常优先于著作权而受到保护。❶还有学者认为,人权并非自动优于版权,必须在实务中进行判断。❷关于这些权利的位阶,笔者看法如下。

1. 版权和表达自由权的关系:依基本权利冲突规则处理

版权与表达自由权是对立统一的关系。一方面,版权是作者表达自由权的行使方式,公民通过音乐、文学、艺术和电影的创造和传播方式来实现表达自由。美国最高法院法官金斯伯格(Ginsburg)认为:"在制宪者看来,版权是有限的垄断,它与言论自由原则相一致……版权的目的是促进言论自由的创造和出版……制宪者希望版权本身成为言论自由的引擎。版权为创造和传播思想提供了经济激励。"❸当然,版权法并不保护所有的表达自由权,它有

---

❶ 向凌. 人权法视野下著作权合理使用制度改进的原则[J]. 广东社会科学,2013(4):242.

❷ Jingyi Li, Reconciling The Enforcement of copyright with The Upholding of Human Rights:A Consideration of The Marrakesh Treaty To Facilitate Access To Published Works For The Blind, Visually Impaired And Print Disable, E. I. P. R. 2014,36(10),653—664(2014).

❸ Eldred v. Ashcroft.537 U.S. 186(2003)239 F. 3d 372.

时会对表达自由实施控制。正如我国《著作权法》第四条规定,著作权的行使"不得违反宪法和法律,不得损害公共利益",就体现了版权法对表达自由的限制。❶另一方面,版权在以下情况下是非权利人(有时包括作者)行使表达自由权的障碍:第一,当表达自由不满足对作品的合理使用条件时;第二,当作者和版权人主体相分离,版权人及其被许可人不行使权利时。这可能阻碍作者享有表达自由权。当版权本身也是行使表达自由权时,其与他人表达自由权、受教育权和文化权基本权利之间的位阶关系,则依基本权利冲突规则处理。例如,有学者认为:"基本权利冲突发生后,应先通过实践调和原则寻找最优解决方案,避免一方基本权利作出退让,以使双方的基本权利都能得到最大限度实现;若无最优的解决方案,则通过权利位阶和比例原则确定可以接受的解决方案。"❷也有学者认为可以遵循以下步骤解决基本权利的冲突问题:"①普通法律规范的优先适用;②个案衡量与法律的合宪性解释;③违宪审查与司法解释。"❸这些方法都值得借鉴。

2. 版权与受教育权和文化权的关系:一般优先保护受教育权和文化权

从长远和宏观层面看,相对于版权,受教育权和文化权等应当具有更加优越的地位,原因如下:①如前所述,版权和表达自由权主要是传播信息的自由,而受教育权和文化权在某种程度上则是接收信息的自由。从微观层面看,版权和表达自由权的目的是让他人获得自己的思想看法等;从宏观层面看,大众受教育权和文化权的实现程度和国家公民素质的平均水平等公共利益密切相关。因此,一般受教育权和文化权应当优于版权,这通常既符合版

---

❶ 有学者认为:"对表达自由进行限制的行为大致可以归纳为两类:一类为强制性压制行为,另一类为诱致性限制行为。强制性压制行为指国家或教会等公共权力机关利用法律、命令、教规、法庭审判等形式限制或剥夺表达者对表达内容的选择自由。诱致性限制行为是指政府、教会及社会上层成员通过向富于表达能力的人(多数是知识分子)提供某些利益(主要包括进入官僚体制的可能性和经济利益等),以诱使这些人自我限制其表达行为。诱致性限制行为往往与国家官吏的选择制度、教育制度相联系。"见胡光志,雷云. 版权、表达自由与市民社会[J]. 法学评论,2008(2):41.

❷ 王锴. 基本权利冲突及其解决思路[J]. 法学研究,2021,43(6):36.

❸ 张翔. 基本权利冲突的规范结构与解决模式[J]. 法商研究,2006(4):94.

权人的利益,也符合公共利益。②从版权设立的目的看,其为创作提供激励,以鼓励创新性作品的传播和促进文化发展。作为工具性权利的版权,其法律地位和救济应当让位于与版权设立目的相联系的人权,如受教育权和文化权等。③从权利分类看,受教育权和文化权通常是宪法规定的基本权利。版权作为知识产权的一种,是民法规定的普通权利。在一般情况下,受教育权和文化权始于出生,终于死亡,是人之生存或发展的必需条件,不可或缺,而包括版权在内的知识产权则并非人人所必需的。

(二)版权与人权(表达自由权、受教育权和文化权)价值位阶的国际条约和国外法律规定

1. 国际公约中版权与人权(表达自由权、受教育权和文化权)的价值位阶

(1)《世界人权宣言》等国际公约中的相关规定

1948年《世界人权宣言》(Universal Declaration of Human Rights, UDHR)、1966年《经济、社会和文化权利国际公约》(The International Covenant on Economic, Social and Cultural Rights, ICESCR)和1966年《公民权利和政治权利国际公约》(the International Covenant on Civil and Political Rights, ICCPR)❶规定了与信息相关的、包括版权在内的一些权利。具体规定如下:①1948年《世界人权宣言》第十九条规定:"人人有权享有主张和发表意见的自由。此项权利包括持有主张而不受干涉的自由,以及通过任何媒介和不论国界寻求、接受和传递信息(information)和思想(ideas)的自由。"第二十六条规定:"人人都有受教育的权利,教育应当免费,至少在初级和基本阶段应如此。"第二十七条规定:"人人有权自由参加社会的文化生活,享受艺术,并分享科学进步及其产生的福利。人人对由于他所创作的任何科学、文学或美术作品而

---

❶ 1966年12月16日,联合国大会通过《公民权利与政治权利国际公约》和《经济、社会及文化权利国际公约》。1997年10月27日,中国政府签署《经济、社会和文化权利国际公约》,于1998年10月5日签署《公民权利和政治权利国际公约》。中华人民共和国全国人大常委会已于2001年3月正式批准《经济、社会和文化权利国际公约》。

产生的精神的和物质的利益,有享受保护的权利。"②1966年《经济、社会及文化权利国际公约》第十三条将教育分为初等教育、中等教育、高等教育三个等级,规定初等教育应当一律免费,高等教育应当逐渐做到免费。该公约第十五条规定:"1. 本公约缔约各国承认人人有权:(a)参加文化生活;(b)享受科学进步及其应用所产生的利益;(c)对其本人的任何科学、文学或艺术作品所产生的精神上和物质上的利益,享受被保护的利益。2. 本公约缔约各国为充分实现这一权利而采取的步骤应包括为保存、发展和传播科学和文化所必需的步骤。3. 本公约缔约各国承担尊重进行科学研究和创造性活动所不可缺少的自由……"③1966年《公民权利和政治权利国际公约》第十九条规定:"1. 人人有权持有主张,不受干涉。2. 人人有自由发表意见的权利;此项权利包括寻求、接受和传递各种消息和思想的自由,而不论国界,也不论口头的、书写的、印刷的、采取艺术形式的或通过他所选择的任何其他媒介。3. 本条第二款所规定的权利行使带有特殊的义务和责任,因此须受某些限制,但这些限制只应由法律规定并为下列条件所必需:(a)尊重他人的权利或名誉;(b)保障国家安全或公共秩序,或公共卫生或道德。"

从以上规定看,1948年《世界人权宣言》和1966年《经济、社会和文化权利国际公约》似乎认可了版权的人权地位。但2005年负责解释《经济、社会及文化权利国际公约》的国际委员会针对它的第十五条颁布了总体意见。该意见指出,第十五条中的版权不同于人内在的尊严和价值。❶这似乎可理解为,版权价值位阶应当低于与接受信息有关的基本人权如受教育权等。毕竟,在当今的信息社会,"信息是人类发展的基本资源……信息和知识有效而公平地取得正成为个人享有完整公民资格的先决条件"。❷另外,1948年《世界人权宣言》第二十七条、1966年《经济、社会和文化权利国际公约》第十五条和1966年《公民权利和政治权利国际公约》,首先规定社会公众分享智力

---

❶ Mary w. s. wong, Toward an Alternative Normative Framework for Copyright: From Private Property to Human Rights, 26 Cardozo Arts & Ent. L. J. 775(2009).

❷ 付夏婕. 信息自由视域下的知识产权信息公共服务探析[J]. 知识产权,2015(5):84.

创造的权利,其次规定创造者对自己智力创造成果所享有的权利。这似乎可理解为,版权价值位阶应当低于与接受信息有关的基本人权的价值。信息是一种公共产品,它应该尽可能广泛地提供、负担得起和可获得,因为社会的利益将取决于能够获得它的人数。仅生产信息是不够的,法律必须促进信息的分配和占有。❶

(2)《欧洲人权公约》等欧盟各公约中的相关规定

欧盟相关公约也表明,版权的价值位阶应当低于与接受信息有关的基本人权的价值。这一点体现于1950年《欧洲人权公约》(European Convention on Human Rights,ECHR,又称《欧洲保障人权和基本自由公约》,the European Convention for the Protection of Human Rights and Fundamental Freedoms)、2007年《欧盟基本权利宪章》(Charter of Fundamental Rights of the European Union)和2001年《欧盟信息社会版权和相关权利特定方面的协调指令》(the EU Directive on the Harmonisation of Certain Aspects of Copyright and Related Rights in the Information Society)。❷①1950年《欧洲人权公约》第十条规定:"人人享有表达自由的权利。此项权利应当包括持有主张的自由,以及在不受公共机构干预和不分国界的情况下,接受和传播信息和思想的自由……行使上述各项自由,……必须接受法律所规定的和民主社会所必需的程序、条件、限制或者是惩罚的约束。这些约束是基于……公共安全的利益……为了保护他人的名誉或者权利……""他人的权利"可以被理解为包括版权在内的权利。有学者认为,各国立法者应当超越版权保护体系这一狭窄的工具主义视野,在更广阔的人权背景中确定版权保护力度,以平衡社会和文化的需要。既然《欧洲人权公约》第十条的表达自由是非常重要的权利,它很容易指出入口、引用、改编和使用作品也是表达自由的形式。因此,任何对版权的限制依第十条都是可允许的。人权视角的法律解释方法为合理使用的更广泛理解提

---

❶ Faith O. Aboyeji, Copyright, access to knowledge, and the United Nations' Sustainable Development Goals, European Intellectual Property Review, E. I. P. R. 2020, 42(1), 42–54.

❷ the EU Directive on the Harmonisation of Certain Aspects of Copyright and Related Rights in the Information Society,简称 InfoSoc Directive,2001/29/EC.

供了新角度。❶②2007年《欧盟基本权利宪章》第十一条、第十三条、第十四条、第十六条分别规定了信息自由（人人均有表达自由，包括不受公权干预和地域限制地保有意见的自由、接收和传递信息思想的自由）、艺术与科学自由（艺术与科学研究不应受限制、学术自由应受尊重）、受教育权及从事商业活动自由等基本权利。《欧盟基本权利宪章》没有直接提到版权问题，但艺术与科学自由从信息自由中独立出来，在第十三条中单独予以规定。③2001年《欧盟信息社会版权和相关权利特定方面的协调指令》序言第十四条指出："指令应寻求通过保护作品和其他主题来促进学习和文化，同时允许出于教育和教学目的的公共利益的例外或限制。"❷此条表明授予版权的目的是"促进学习与文化"，并且权利会因教育教学目的的公共利益而受限。因为"教育和文化的发展是社会的重要方面。而且，继续教育和新作品的创作取决于对现有版权作品的访问"。❸在这些情况下，版权法不应过度限制对作品的访问和使用。

除上述立法规定外，欧盟司法判例也倾向认定版权价值低于与接受信息有关的基本人权的价值。这在2013年Ashby Donald案❹和2019年Funke Medien NRW案❺中有所体现。在2013年Ashby Donald案中，欧洲人权法院（European Courtof Human Rights，ECtHR）作出的判决主张，通过使用他人享有版权的作品行使表达自由权，在一些个案中并不视为侵权行为。在该案中，原

---

❶ Mary W. S. Wong, Toward An Alternative Normative Framework for Copyright: From Private Property To Human Rights, 26 Cardozo Arts & Ent. L. J. 775(2009).

❷ the EU Directive on the Harmonisation of Certain Aspects of Copyright and Related Rights in the Information Society[EB/OL].（2001-12-21）[2021-09-07］. https://eur-lex.europa.eu/legal-content/EN/TXT/PDF/?uri=CELEX:32001L0029.

❸ Justin Koo, A justificatory pluralist toolbox: constructing a modern approach to justifying copyright law, E. I. P. R. 2020,42(8),469-483.

❹ Paris Court of Appeal, 13th Chamber, Section A, Roberts A. D. et autres contre Sociétés Chanel et autres, 17 January 2007, 转引自 Christophe Geiger And Elena Izyumenko, Copyrighton The Human Rights' Trial: Redefining The Boundaries of Exclusivity Through Freedom of Expression, IIC 2014,45(3),316-342.

❺ Funke Medien NRW GmbH v Federal Republic of Germany, (C-469/17), EU:C:2018.

告依《法国知识产权法典》起诉被告在没有得到其许可的情况下发表了其在时装秀中拍的照片。被告的抗辩理由是《欧洲人权公约》第十条❶和《法国知识产权法典》第一百二十二条(允许因新闻报道而引发的艺术作品复制的国际版权例外性规定)。被告认为时装作品是《欧洲人权公约》第十条规定的、有公共利益的信息。被告将摄影作品在网上公布,即使为了销售,也是表达自由。欧洲人权法院认为,原告通过销售服装而不是通过拍照从事经营活动,原告服装的潜在购买者不会因为看到了网络上的免费照片而满足了购买欲望。照片购买者有可能因使用照片中的设计从而降低原告的销售量,但此种使用对于制止被告活动从而剥夺公众对新闻事件的知情权来讲意义太小。该法院指出:"不仅信息应当被发表传播,而且公众应当以特定的表达方式(作者使用的特别单词和表达形式)而被告知……偶尔,正是作品的表现形式而非内容是信息传播的重点。"综上,该法院认为,版权在特定情况下可能因表达自由而受到限制。这意味着版权法以外的一些法律也可能被作为版权救济的考量因素。❷此案的被告是媒体,欧洲人权法院在适用《欧洲人权公约》第十条时,授予报刊特别地位,强调新闻自由是"接收和传授信息思想的权利"的一个特别重要的方面。在2019年Funke Medien NRW案中,欧盟法院指出,此案的争议焦点,是欧盟人权宪章规定的新闻和信息自由的基本权利是否能够超出版权法明文规定,成为除版权法例外规定的另一例外。该案具体案情如下:德国政府每周制作的军事状态报告(国会简报)呈报给德国国会和国防部,同时德国政府会将国会简报概述向公众公开。2012年9月27日,Funke Medien未经许可从其他渠道获取并在网络平台上发布了涉及德国联邦武装部队在海外部署的国会简报的部分内容(该内容通常仅呈报给德国国会和国防部)。原告德国政府认为Funke Medien未经许可获取并传播了其

---

❶ 第十条中的表达自由被称为欧洲第一宣言,在欧洲宪法地位中有重要地位。欧盟法院(the Court of Justice of the European Union,CJEU)最近的案子也使用表达自由克服版权保护过度这一趋势。

❷ Christophe Geiger And Elena Izyumenko, Copyrighton The Human Rights' Trial: Redefining The Boundaries of Exclusivity Through Freedom of Expression, IIC 2014,45(3),316-342.

享有著作权的报告,遂向德国科隆地区法院起诉。德国科隆地区法院经审理支持了原告的诉求,被告不服,最后案件上诉至德国最高法院。德国最高法院审理时发现,2001年《欧盟信息社会版权和相关权利特定方面的协调指令》第五条,以穷尽式列举的方式对著作权权利例外与限制作出了规定,但此种规定不够明晰。因此,德国最高法院将此案件向欧盟法院申请初步裁决。欧盟法院认为,在此案中,《欧盟基本权利宪章》第十一条规定的新闻和信息自由不能成为超出法定权利例外的其他理由。但欧盟法院同时认为,在版权司法中,如果事实需要,法律应在个案基础上接受言论自由审查:"事实仍然是,版权法的适用就像任何其他的法律,仍须遵守尊重基本权利的要求……在某些例外情况下,版权可以完全合法地享受法律和司法保护,但必须让位于与实施基本权利或自由有关的压倒一切的利益。"这在欧盟层面首次明确承认通过言论自由对版权进行外部限制的可接受性,是欧洲判例最近偏离版权法绝对豁免权趋势的顶点。❶欧盟法院法律总顾问什普纳尔(Szpunar)首次在欧盟层面明确承认,版权不能免于基于言论自由的外部限制,并且在某些条件下必须受到后者限制。其具体建议如下:①在评估总体版权保护时采用基本权利视角。②需要确保旨在考虑表达自由基本权利的版权内部机制(思想/表达二分法、独创性要求及例外与限制)以如下方式解释:充分发挥言论自由的作用。③此类机制的存在不应被理解为使版权免受任何进一步的言论自由审查。相反,如果现有版权制度没有充分考虑基本权利,则专有权"必须屈服于与实施基本权利或自由有关的压倒一切的利益"。④不接受滥用版权用于与其基本原理和社会功能不相符的目的。总而言之,欧盟

---

❶ 欧盟法院曾经认为,由于版权法自身存在平衡排他性与竞争权利的机制(想法/表达二分法和例外与限制),因此外部限制(如言论自由及其相关公众知情权)版权在很大程度上是不可能的。但欧盟法院之后开始放弃这种不妥协的做法,承认知识产权(IP)法至少需要"根据"基本权利来解释。随后,欧洲人权法院(ECtHR)也发生了突破性的转变,该法院在2013年的两项重要裁决中明确将版权法置于外部限制,认为对版权进行明确的言论自由审查是可能的。见Christophe Geiger, Elena Izyumenko, Freedom of expression as an external limitation to copyright law in the EU: the Advocate General of the CJEU shows the way ,E.I.P.R. 2019,41(3),131-137.

法院法律总顾问什普纳尔的意见是朝着充分考虑基本权利(包括欧盟的媒体自由)迈出的非常重要的一步。上述案例表明,版权不受版权法除外的任何限制这一传统观点,正在被法院否定。表达自由在版权案例中地位的上升,已经被欧盟法院和一些国家司法判决所认可。❶从长远来看,这为欧洲制定版权的开放式例外提供了强有力的理由。❷

2. 美国和德国法律中版权与人权(表达自由权、受教育权和文化权)的价值位阶

关于版权与表达自由权、受教育权和文化权这些权利的位阶,美国和德国的具体规定如下。

(1)美国的相关规定

《美利坚合众国宪法》第一条第八款规定:"议会有权力……通过确保授予发明人和作者对其发明和创作的有限时间内的排他权,以促进科学和有用艺术的进步。"《美国宪法修正案》(Amendment to the United States Constitution)第一条指出:"国会不得制定关于下列事项的法律:……剥夺言论自由或出版自由……"关于美国版权和表达自由之间的关系,美国联邦最高法院法官桑德拉·戴·奥康纳(Sandra Day O'Connor)认为:"(美国)宪法创立者为公民表达创建了市场性权利,其目的是为思想的创造或传播提供经济刺激。……这体现了版权的功利性目的……版权是表达自由的工具。"美国采用宪法保护版权的主要原因,是其对表达自由的重要意义。美国学者对版权法有两个共识:第一,版权法制度实际上是以鼓励异议言论的方式服务美国宪法第一修正案的;第二,宪法禁止对异己言论的公共讨论的封锁政策。❸美国联邦最高

---

❶ Christophe Geiger, Elena Izyumenko, Copyright on The Human Rights' Trial: Redefining the Boundaries of Exclusivity Through Freedom of Expression, IIC 2014, 45(3), 316-342.

❷ Christophe Geiger, Elena Izyumenko, Freedom of expression as an external limitation to copyright law in the EU: the Advocate General of the CJEU shows the way , E. I. P. R. 2019, 41(3), 131-137.

❸ Raman Maroz, The Freedom Of Artistic Expression In The Jurisprudence Of The United States Supreme Court And Federal Constitutional Court Of Germany: A Comparative Analysis, 35 Cardozo Arts & Ent. L. J. 341(2017).

法院为保护"不良"言论提供了广泛理由:①遵循"国家对关于公共问题的辩论应该是不受限制的、强有力的和广泛开放的"❶这一原则。②由于主观因素,不可能在可取和不可取的言论之间划清界限。③更多的言论比更少的言论或政府限制更可取。④如果宪法第一修正案有一个基本原则,那么它应当是政府不能仅因为社会认为某个想法本身令人反感或不愉快就禁止该想法的表达。⑤保护"思想市场"。出于这些原因,保护尽可能多的言论很重要,即使其中一些言论被一些人认为是不愉快的或不受欢迎的。❷

在司法实践中,美国法院似乎也认可了受教育权和文化权相对于版权的更高位阶。在 1965 年 Lamont v. Postmaster 案❸中,美国联邦最高法院认为,表达自由权不仅保护出版者的印刷、出版和发行作品的权利,而且也是公众获取信息和思想的权利,是阅读和视听的权利。获取信息的权利(包括受教育权和文化权)是商业市场和政治民主的关键。在 1980 年 Richmond Newspapers, Inc. v. Virginia 案❹中,美国联邦最高法院认为,既然思想市场的目标是使不同思想、信息和意见被他人所获取,接收信息的权利(包括受教育权和文化权)对于宪法第一修正案的有效实施具有重大意义。如果信息接收受阻碍,那么思想市场就消失了。

(2)德国的相关规定

《德意志联邦共和国基本法》(*Basic Law for the Federal Republic of Germany*)第五条规定了一般言论自由权和艺术自由权:①人人有以语言、文字及图画自由表达及传播其意见之权利,并有自公开来源接受知识而不受阻碍的权利。出版自由及广播与电影之报道自由应予以保障。不得设置检查制度。②此等权利须依一般法律的规定、保护少年法规及因个人名誉的权利,加以限制。③艺术与科学、研究与讲学均属自由,讲学自由不得免除对宪法

---

❶ New York Times Co. v. Sullivan,376U. S. 254,273(1964).

❷ Scott Memmel, Christopher Terry, Constitutive Choices:Section 230 And First Amendment Values Versus Fosta And President Trump's Executive Order,39 Cardozo Arts & Ent. L.J. 99(2021)

❸ Lamont v. Postmaster General,381 U. S. 301,308(1965).

❹ Richmond Newspapers Inc. v. Virginia,448 U. S. 555(1980).

的忠诚。第五条第一款总体上规定言论自由,第二款规定了对言论自由的限制,第三款则专门针对艺术、科学、研究和讲学。

在司法中,联邦德国宪法法院以单独和特权的方式对待艺术表达自由,艺术自由享有比言论自由更高的保护。如果艺术自由与受宪法保护的利益发生冲突,法院将在受到宪法同等保护的对立利益之间找到平衡。联邦德国宪法法院指出,第五条第三款的保护艺术言论应当被视为第一款保障一般言论自由的特别规定。这意味着,虽然艺术表达自由与言论自由具有共同的主要特征,但《德意志联邦共和国基本法》对言论自由的一般限制并不适用艺术自由。如果艺术作品同时具有政治意义,这并不剥夺它们享有第五条第三款所享有的保障。有两个原因可以解释德国联邦宪法法院对艺术言论的这种保护立场:①艺术表达自由与《德意志联邦共和国基本法》所载的人的尊严概念直接相关。在德国现行宪法制度中,人的尊严原则决定了整个国家法律秩序。根据《德意志联邦共和国基本法》,人的尊严原则是不可侵犯的,并且不得通过宪法修正案来改变。②联邦德国努力改变历史上第三帝国艺术表达完全失去自由的艺术政策。联邦德国宪法法院指出:"在对艺术家的大规模迫害之后,将艺术自由权作为《德意志联邦共和国基本法》中的一项基本权利是完全无可争议的。"❶

但即使最受保护的艺术自由也受到限制。联邦德国宪法法院指出:"一旦向公众提供,作品不再完全由其(版权)所有者支配。相反,它注定要进入社会领域,从而成为时代文化和知识图景的独立贡献因素。随着时间推移,它不再是私人权利的主体,而是成为知识和文化的共同财产。这一方面是限制版权保护期限的内在理由;另一方面也导致了这样一个事实,即作品越履行其所期望的社会角色,它就越能为其他艺术表达所复制。艺术的这种社会联系既是其有效的先决条件,又使艺术家必须在某种程度上接受其他艺术家

---

❶ Raman Maroz, The Freedom Of Artistic Expression In The Jurisprudence Of The United States Supreme Court And Federal Constitutional Court Of Germany: A Comparative Analysis, 35 Cardozo Arts & Ent. L. J. 341(2017).

在实施艺术创作时对其权利的侵犯。"❶总体而言,联邦德国宪法法院承认,艺术作品的版权可能会受到限制。如果他人表达自由没有对版权造成重大的不利影响,则他人使用作品的自由必须占上风,以最终促进创新和信息共享。

(三)中国版权与人权(表达自由权、受教育权和文化权)价值位阶的法律探析

目前我国宪法没有规定版权与人权(表达自由权、受教育权和文化权)的价值位阶,但著作权法合理使用和法定许可制度在某种程度上认可了受教育权和文化权的优先地位。具体而言,《中华人民共和国宪法》第三十五条规定了我国公民的言论出版自由,第四十六条规定了我国公民受教育的权利和义务,第四十七条则规定了文化权:"中华人民共和国公民有进行科学研究、文学艺术创作和其他文化活动的自由。国家对于从事教育、科学、技术、文学、艺术和其他文化事业的公民的有益于人民的创造性工作,给以鼓励和帮助。"《中华人民共和国宪法》没有针对基本权利之间的关系进行具体规定,关于版权与表达自由权、受教育权和文化权这些权利的关系,我国《著作权法》第二章第四节"权利的限制"作出初步规定。其第二十四条合理使用条款中的"为个人学习、研究或者欣赏"的使用,"为介绍、评论某一作品或者说明某一问题"的使用,以及"为学校课堂教学或者科学研究"的使用都属于合理使用。在这种情况下,受教育权和文化权相对于版权而言应当优先受到保护。第二十五条规定了"实施义务教育和国家教育规划而编写出版教科书"的法定许可。这也表明,相对于版权而言,受教育权在一定条件下应当优先受到保护。

与美国和德国相比,我国法律没有关于异议讨论的相应规定,也没有对艺术言论版权保护作出特别规定。这些问题未来仍值得学术界和司法界进

---

❶ Raman Maroz, The Freedom Of Artistic Expression In The Jurisprudence Of The United States Supreme Court And Federal Constitutional Court Of Germany: A Comparative Analysis, 35 Cardozo Arts & Ent. L. J. 341(2017).

一步研究探索。具体而言,与美国比较,我国没有关于异议言论的法律规定,仅有学者认为:"对于一般言论表达(此处指非商业言论)……即使属于'非主流言论'或'令人不快的言论',都应出于公共利益的需要而给予表达自由的保护,不必受到知识财产专有权利和不正当竞争的规制。"❶与德国比较,我国没有对艺术言论自由作出专门规定。在美国,法院甚至裁定政府不得将主观的艺术或审美观点强加给公众。如在 Hannegan v. Esquire, Inc. 案❷中,美国联邦最高法院认为:"在我们的政府体制下,可以容纳最广泛的口味和想法。什么是好文学,什么是教育价值,什么是精炼的公共信息,什么是好的艺术,因人而异。对于塞万提斯的堂吉诃德,莎士比亚的维纳斯和阿多尼斯,或左拉的娜娜,无疑会有相反的观点。但要求文学或艺术遵守官方规定的某些规范,这带有与我们的制度不符的意识形态的味道。"又在 Bleistein v. Donaldson Lithographing Co. 案❸中,法院认为:"对于那些只受过法律训练的人来说,在最狭窄和最明显的限制之外,让自己成为图像插图价值的最终法官,这将是一项危险的工作,甚至很可能导致一些天才的作品被错过欣赏。"与美国相比,我国并没有对立法司法能否评价艺术作品给予特别的关注。但有学者认为:"根据言论价值的不同,可以将受保护的言论表达分为政治言论、艺术言论和商业言论。三种言论具有不同的法价值,从而在受保护的程度上有所不同,依次呈现出保护程度递减的趋势。"❹在当今数字时代,为了维护版权法和政策中基于宪法的价值观和权利,立法者必须接受有关如何在版权具体规则中实现这些价值观和权利的指导,从而真正实现版权法信息共享的目的。❺

---

❶ 吴汉东. 知识产权领域的表达自由:保护与规制[J]. 现代法学,2016,38(3):10.

❷ Hannegan v. Esquire, Inc.,327 U.S. 146(1946).

❸ Bleistein v. Donaldson Lithographing Co.,188 U.S. 239(1903).

❹ 同❶.

❺ Pamela Samuelson, Copyright And Freedom Of Expression In Historical Perspective, 10 J. Intell. Prop. L. 319(2003).

第二节　现实检视：版权法制度对版权法目的（信息共享）的偏离

一、版权法目的逻辑链条中各步骤对版权法目的的偏离

如前所述，版权法目的逻辑链条如下：版权激励—作品创新—作品利用传播—以最低制度成本实现信息共享的公共利益。但在操作层面，这一逻辑链条的各步骤都在逐步偏离版权法的目的。这主要表现在以下几个方面。

（一）版权经济激励机制激发创作的作用有限

创作动机有很多，而现有版权法仅提供了经济刺激这一经济需求，这显然是不全面的。从历史上看，我国的唐诗、宋词和元曲都是在没有版权制度背景下创作的。从现状看，互联网技术使大众创作作品的广泛传播变得可能和低成本，很多人非常愿意免费创作和分享他们的作品，金钱似乎不是大多数创作者的主要动力。❶从心理学上看，创作动机的多样性也可得到解释。个人并不只关心物质收益和货币收入，对健康、声望、快乐及其他非物质商品的追求，可能诱致个人摒弃他可得到的最大物质收益。❷个体的创作受到多重动机的驱使，版权只扮演着一个相对边缘性的角色。❸美国心理学家亚伯拉罕·马斯洛（Abraham Maslow）1943年在其发表的《人类激励理论》论文❹中提出著名的需求层次理论，将人类需求从低到高按层次分为五种：生理需

---

❶ Mark A. Lemley, Faith-Based Intellectual Property, 62 UCLA L. Rev. 1328 (2015).

❷ 林毅夫. 关于制度变迁的经济学理论——诱致性变迁与强制性变迁, R. H. 科斯(Coase, R. H.)、阿尔钦(Alchain A.)、诺斯(North D.)，等，财产权利与制度变迁——产权学派与新制度学派译文集[M]. 刘守英，等译. 上海：格致出版社, 2014: 289.

❸ 章凯业. 版权保护与创作、文化发展的关系[J]. 法学研究, 2022, 44(1): 210.

❹ 亚伯拉罕·马斯洛. 动机与人格（第三版）[M]. 许金声，等译. 北京：中国人民大学出版社，2007: 28.

求、安全需求、爱和归属感需求、尊重需求和自我实现需求。假如一个人同时缺乏不同层次的需求,如食物、安全、爱和尊重,那么他通常对低层次的需求最强烈,如对食物的需求;但如果当个体从生理需求脱离出来,其对精神方面的追求可能更强烈。创作动机既可能源于内在动力,也可能源于外在刺激。例如,网民在微信朋友圈发表自己创作的摄影作品,其动机常常在于分享而非经济回报。又如,开源软件编程爱好者的创作动机可能是利他主义、对声誉的渴望及创造事物的乐趣。即使同一作者,其不同时段创作动机也可能有所差别,有时出于内在动机,有时出于外在动机。❶总体而言,除获得经济利益外,至少以下动机可引发创作:①获得他人认可。虽然个人最终目标可能不同,但在很多领域,一些作者的创作目标是获得他人的注意、认可而不是金钱(至少短期目标如此)。获得认可的愿望是导致创新的强大动力。例如,以网络为发表平台的网络写手,其在创作初期的主要目标是获得知名度,然后成为专业写手。此时,授予作者署名权可能更能迎合其动机。这导致的一个结论:如果法律授予署名权并强化其保护,它能满足一部分创作人的心理需求,从而促进创新和创造。法律也可以让创作人在版权经济权利和署名权中进行选择。②同他人分享交流。例如,开放存取等学术方面的信息共享活动。很多学术人并没有试图从作品中获得经济利益,他们的主要目的是通过创作进行思想交流。❷全球最著名黑客之一约翰·佩里·巴洛(John Perry Barlow)认为,那些自由分享他们的创作的人"得到的报酬是金钱以外

---

❶ 美国的著名导演史蒂文·斯皮尔伯格既拍了《辛德勒的名单》等有高度艺术价值的电影,又拍过《大白鲨》等没有艺术价值但市场价值巨大的商业片。同一行为也可能先期出于内在动机,后期出于外在激励。管理学有一个类似经典案:爱清静的老人发现家附近常有几位爱吵闹的小孩。于是,老人将小孩召集起来,并发给每人3颗糖以奖励他们送来的"热闹"。之后奖励慢慢减为2颗糖直至0颗糖,于是孩子们生气地离开了。

❷ Robert Darnton, Digitize, Democratize: Libraries and The Future of Books, 36 Colum. J. L. &Arts 1 (2012).

的东西",因为许多人在分享的行为中感到快乐。❶③获得规模效应。软件是一个受益于网络效应的典型例子。软件的价值依赖于使用的人的多少。免费软件的大量使用,使企业可以生产大量相关产品,基于此相关产品获得收益。例如,商家在电影院门口卖爆米花通常是为了促进饮料的销售。

(二)作者等主体获得版权后没有实现作品利用传播

版权法的目的在于促进信息共享,而如果作品没有利用传播,则这一版权法目的就无法实现。没有传播的作品有以下几种情况:第一,有些作品创作完成后并没有传播,但仍然享有权利,如日记等。第二,有些版权人怠于传播自己的作品,更有甚者依赖起诉他人对此作品的传播而获利。版权法的目的是通过传播促进信息共享这一公共利益,而在这些案例中,不仅权利人自己不进行传播,还限制他人对作品的传播。这些行为都不利于版权法目的的实现,但法律保护其利益。如果法律更侧重将财产授予版权所有者而不是确保其使用传播,其结果将是所谓的最大化公共利益的目标被简化为最大化少数有权势的人的利益。这不符合功利主义理论,也不能实现信息共享的版权法目的。❷

(三)作品使用传播与最低成本实现信息共享目的的偏离

这主要表现在以下两个方面:第一,作品使用传播偏离了信息共享公共利益的目的;第二,作品使用成本过高。以下分述之。

1. 作品使用传播偏离了信息共享公共利益的目的

版权法的立法目的本是通过保护版权以最终实现信息共享的公共利益。但在经济全球化的今天,基于版权产业在国际经济竞争中的重要地位,以美国为首的一些国家将版权视为一种维护进口顺差的经济手段而非实现信息

---

❶ Pamela Samuelson, Kathryn Hashimoto, The Enigma Of Digitized Property: A Tribute To John Perry Barlow, 18 Duke L. & Tech. Rev. 103(2019).

❷ Justin Koo, A Justificatory Pluralist Toolbox: Constructing A Modern Approach To Justifying Copyright Law, E. I. P. R. 2020, 42(8), 469-483(2020).

共享的一种方式,不断扩大版权保护范围,并通过一系列知识产权国际条约,将侧重维护版权产业利益的著作权法制度适用其他国家,这导致国际公约成员国版权法制度目的的偏离。

《美利坚合众国宪法》第一条列举了国会的立法权限,其中"版权与专利条款"(第一条第八款第八项)规定,"为了促进科学和实用技术的发展",国会有权"保障作者和发明者对各自著作和发明在有限期间内的专有权利"。基于这一立法权限,美国1994年通过《乌拉圭回合协议法案》(the Uruguay Round Agreements Act,URAA),美国将那些在来源国仍受版权保护但在美国已进入公有领域的外国作品的美国版权予以恢复,使其从公有领域作品变为私有版权控制的作品。1998年,美国通过了《版权保护期延长法案》(Copyright Term Extension Act,CTEA),将版权保护期延长20年。美国著名的知识产权专家劳伦斯·莱西格(Lawrence Lessig)等人起诉这两部版权法案的相应条款违宪。具体案情如下:①在2003年的 Eldred v. Ashcroft 案[1]中,原告认为,《版权保护期延长法案》违反了宪法版权与专利条款所确立的关于保护期"有限时间"的规定。原告基于版权与专利条款提出了三个核心论点。首先,延长20年违反了"版权—专利"条款的"限时"规定;其次,《版权保护期延长法案》缺乏合理的依据;最后,《版权保护期延长法案》违反了版权"促进科学进步"的要求,因为它并没有刺激新作品的创作,而只是增加了已经创作作品的价值。法官则认为:其一,先前国会对现有作品的版权保护扩展从未受到质疑;其二,法院必须对国会根据版权专利条款行使权力表现出极大的尊重。美国联邦最高法院最终认为《版权保护期延长法案》并没有违背宪法规定的有限时间(limited times)的要求。正如学者所说:"审视立法历史,似乎更现实的说法是,延长的20年对国会有吸引力,因增加的版权期限和将许多外国作品从公共领域中删除,将增强美国的贸易平衡并增加美国版权所有者的海外收入……我们可能会看到国会和司法机构对版权的关注点发生了根本变化。它从增强和增加知识以造福公众,转变成有利于版权所有者及其

---

[1] Eldred v. Ashcroft,537 U. S. 186(2003).

垄断者的模式。"❶②在 2012 年 Golan v. Holder 案❷中,原告认为,《乌拉圭回合协议法案》第五百一十四条缩小了公有领域并因此违反了版权与专利条款对国会立法权限的限制,而且干涉了他们享有的宪法第一修正案所保障的表达自由权,限制个人运用先前已属于公共领域的作品进行表达。2012 年 1 月 18 日,美国联邦最高法院认为《乌拉圭回合协议法案》并未超出美国宪法的版权条款赋予国会的权限和宪法第一修正案,并认为:第一,版权法条款并没有排除将版权保护运用于公共领域中的作品;第二,从历史看,议会存有保护免费可得作品和恢复专利有效性的先例,这使《乌拉圭回合协议法案》第五百一十四条合法化;第三,它评价了版权条款的整体体系,认为议会被授权"促进科学和有用文学的进步",否定原告所提的《乌拉圭回合协议法案》因没有创造新作品而没有促进科技进步的结论。美国联邦最高法院认为,基于版权条款的整体体系,议会被授权"促进科学和有用文学的进步"。此法条并不要求每一条款均产生新作品,它只是授予议会权力以确定知识产权制度在整体上服务此条款的目的。此结论能超过新作品的创作而包括遵守国际版权协议,只要议会合理地认为此遵守将服务版权条款的目标。

因为美国在国际贸易中的领导地位,美国将本国版权法相关的内容输入知识产权国际条约,造成国际公约成员国版权法制度目的的偏离。从历史上看,版权执法问题最初是国内法律问题。基于印刷机的物理尺寸及运输方面的限制,文学作品主要在国内传播。随着印刷技术的不断发展,复制设备逐渐变得更容易运输并且相对便宜。印刷技术的进步增加了文学作品的国际交流。国际版权侵权执行起来极其困难。解决这个问题的办法是引入国际条约,如《伯尔尼公约》《与贸易有关的知识产权协议》,以协调作品跨境传播的利益,降低谈判和执法的交易成本。美国在《与贸易有关的知识产权协议》和之后的国际知识产权协定中占主导地位,在推行本国版权法制度的国际输出时,一些国家不得不在版权法内容上让渡部分主权,以取得加入全球贸易的门票,

---

❶ Howard B. Abrams, , Eldred, Golan And Their Aftermath, 67 J. Copyright Soc'y U. S. A. 107(2020).

❷ Golan v. Holder, 609 F. 3d 1076.

并最终导致全球著作权法制度偏离了信息共享这一立法目的。正如学者所说:"版权法被视为国际贸易工具。……进步本来应当只包括刺激新作品,其理解应当集中于版权的核心问题并使公共利益最大化。……当初制定版权法时,国内版权利益超过国际关注;但是当今,知识产权日益作为推动全球贸易的工具,这意味着美国政府不能仅仅局限于国内。……但这种思维使公众对于版权范围不再有明确稳定的认识,这最终不利于创造性的发挥。"[1]

2. 作品使用成本过高

1909年,美国国会版权法随附报告指出:"国会根据宪法制定版权法,并非基于作者在其著作中拥有的任何自然权利(最高法院认为他所拥有的这些权利是纯粹的法定权利),而是基于大众福祉、科学进步和有用的艺术,将通过确保作者在有限时期内对其作品的专有权得以促进。……在制定版权法时,国会必须考虑两个问题:第一,立法会在多大程度上刺激生产者,从而使公众受益;第二,授予的垄断在多大程度上损害公众利益?立法必须在适当条件下授予此类专有权,以确保赋予暂时垄断能弊大于利。"[2]美国国会的这段话体现了确立私人利益与公共利益之间的平衡点比较困难。立法对创作者激励少,会导致作品数量少或质量低;而立法对创作者激励多,又会提高公众接受作品信息的成本,从而不利于学习和文化发展等公共利益。虽然很难界定版权私人利益和公共利益的平衡点,但从版权法发展的历史看,版权保护力度已日益扩大,影响了作品利用传播。首先,它体现在版权国际条约和各国版权法保护期限和保护范围的不断扩大上。其次,它体现在技术红利所带来的收益上,版权法倾向将之授予版权人而非公众,也没有在版权人和公众之间进行比例分配。下文将具体分析这两点。

---

[1] Elizabeth Townsend Gard, Copyright Law v. Trade Policy: Understanding The Golan Battle Within The Tenth Circuit, 34 Colum. J.L. & Arts 131(2011).

[2] H. R. Rep. No. 60-2222, at 7(1909). 转引自 Howard B. Abrams, Eldred, Golan And Their Aftermath, 67 J. Copyright Soc'y U. S. A. 107(2020).

二、版权法具体制度对版权法目的(信息共享)的偏离

版权法具体制度对版权法目的(信息共享)的偏离,体现在以下几个方面。

(一)版权权属制度和版权法目的的偏离

这体现在以下五个方面:①我国版权主体存在着自然人主体和组织主体两种。目前,存在将权属归于组织主体的倾向,❶这并不一定利于更好地激励创作。②在权利客体方面,我国著作权法存在作品表现形式不断更新与作品范围法定性之间的矛盾。2020年我国《著作权法》修改了第三条,在对"作品"下定义并列举作品类型的同时,第(九)项设置了开放式条款,即"符合作品特征的其他智力成果"。但在司法实践中,对新型作品的认定标准仍缺乏共识。③版权内容方面,创作动机多样化与版权保护方式法定性、单一性之间存在着矛盾,已有的、不能选择的权利束缚不能满足创作人的需求。如前所述,许多作者的创作动机并非获得版权经济利益,而在于通过部分放弃版权获得知名度或与他人交流。版权法所赋予的版权,既没有遵从这些创作者自由意志,又不利于作品的及时传播和信息共享。④版权合理使用的范围过窄,稳定性有余而灵活性不足,且缺乏公共利益因素的考量。从立法内容看,我国《著作权法》以概括加列举的方式规定了适用合理使用的情形。但在列举中,仅仅第二十四条第(十三)项"法律、行政法规规定的其他情形"有一定的灵活性,且必须"法律、行政法规规定",这不能满足日新月异的技术发展所带来的现实需要,不能及时解决文本数据挖掘等非表达性使用等技术引发的新问题,更不可能实现不受技术发展影响并以最低成本满足信息共享的版权法目的。⑤版权保护期限过长,不利于法律的可预见性和信息共享,并导致作品市场价值与诉讼价值严重脱节。作品新的使用方式常常与技术创新密切相关,由于作品未来可能潜在的使用方式在创作完成这一时间点通

---

❶ 2020年《著作权法》修改后,第十八条(职务作品规则)和第四十条(职务表演规则)更倾向于将权属授予组织。

常不能被当时的社会所预料,所以版权人的权利边界常常无法在创作完成时间点预测。另外,目前的自然人版权保护期限为"生前+死后50年",这对作者和版权受让人并不公平。因为对作者而言,其脑力劳动所获得的报酬并不是由其所付出劳动或作品市场价值决定的,而是在很大程度上与作者寿命这一偶然且不确定因素有关。对版权受让人而言,其所购买版权所获经济收益的大小,也与作者寿命这一不确定因素密切相关。未来版权法有必要对此进行修改。

(二)版权流转制度和版权法目的的偏离

这表现在以下三个方面:①版权登记制度对登记无强制性要求,对登记效力、登记事项、登记程序和登记机关也无具体和统一的规定。这既不利于确定版权归属,也不利于作品低成本地高效传播。②孤儿作品制度的不健全影响此类作品的传播使用。《中华人民共和国著作权法实施条例》(以下简称《著作权法实施条例》)第十三条仅规定了"作者身份不明、作品原件所有人存在"这一特殊情况下的作品使用。其他孤儿作品的使用则面临侵权风险。"无人继承无人受遗赠"的作品的著作权由国家所有,法律对此类作品如何利用传播对此也无明确规定。③版权合同通常强调著作权人利益而非创作者利益,这既不利于激励创作,也不利于信息共享。处于信息不对称地位的弱势创作者,常常没有渠道知悉作品传播的市场收益,也无法通过现有版权法在版权合同中实现公平报酬权。版权法对现实中的开源代码等全部或部分放弃著作权的版权协议缺乏相应规定,现有制度供给和创作者需求不一致,这不利于信息共享。

(三)版权救济制度和版权法目的的偏离

这表现在以下四个方面:①版权救济制度侧重于对权利人的保护,对其他相关基本权利、填平原则和信息共享这一版权法目的缺乏全面考虑。②司法实践逐渐重视限制停止侵害责任的适用,以促进信息共享,但学理上缺乏理论论证,实务中尚缺乏指导性意见。③版权赔偿制度有如下不足:第一,缺乏著作人身权侵权赔偿的特殊性规定。第二,实际损失和违法所得的二选一模式,并不一定能填平权利人的损害。第三,惩罚性赔偿规则的公平性受到质疑。2021年最高人民法院《关于审理侵害知识产权民事案件适用惩罚性赔偿的解释》虽然对其作出指导,但过错的认定、赔偿数额的确定标准等问题仍值得探讨。授予版权人过高赔偿额并不一定有助于实现信息共享的目的。第四,法定赔偿额适用额度介于五百元以上五百万元以下,版权法没有对适用前提进行细分,对赔偿数额标准也无具体规定。④网络服务提供者的版权侵权责任规则存在如下问题:其一,网络服务提供者主观过错判断标准比较模糊;其二,对重复侵权问题没有作出具体规定;其三,通知与反通知相关程序性规定有待细化。另外,现有网络服务商监管责任制度对用户合理使用行为保护不足,不利于信息入口权和表达自由权的实现。

第三节　理论探讨:版权法制度偏离版权法目的(信息共享)的原因

版权法制度之所以偏离版权法信息共享的目的,主要原因是对版权法一些原则性问题的认知出现了偏差。

一、版权法法哲学基础存在一定缺陷

版权法的主要法哲学基础,一种是边沁(Bentham)的功利主义,认为版权法以经济激励形式鼓励作者进行创作,目的是促进学习和文化发展;另一种则是洛克(Roco)的自然权利理论。但这两种法哲学基础均存在一定缺陷。

对功利主义的批判由来已久,主要体现在以下四个方面:①部分作者的创作目的不是获得经济利益。他们将大量时间和金钱投入创作中,但获得的利润很少,甚至根本没有利润。以作品为生的艺术家少之又少,但艺术家比比皆是。②版权功利主义理论对经济学过于依赖。政治哲学家迈克尔·桑德尔(Michael Sandel)在其著作《公正:该如何做是好?》(*Justice: What's the Right*

Thing to Do?)中概述其反对意见:"功利主义使正义和权利成为计算问题,而不是原则问题。另外,功利主义试图将所有人类商品采用单一而统一的价值标准进行衡量,这使包括精神商品的所有商品扁平化而未能重视它们之间的质量差异。"❶③即使从经济角度而言功利主义具有优点,激励论也与当前的版权框架不相符。当前版权法的目的主要是作品的利用传播而不仅仅是创造,而功利主义者在很大程度上忽略了这一点。④对功利主义论点最具破坏性的是国际和各国版权法中存在的精神权利,这种权利无法用经济利益解释。

洛克财产权劳动理论认为,当人们将他的劳动与处于公有状态的特定物品混合在一起的时候,他就取得了该特定物品的所有权,但人们在取得财产权时必须留有足够多的、至少一样好的公共资源与他人共有。❷洛克学说为财产权提供了正当性基础,并深深影响了各国立法。1984年,美国联邦最高法院认为,因个人劳动和发明所产生的无形产品可以获得财产权,❸从此洛克理论成为保护知识产权的重要理论。洛克自然权利理论对传统产权的解释已是知识产权正当性的经典论证,但这一理论也存在如下问题:①洛克自然权利理论最初的适用范围是有形的财产而不是无形的财产。②版权的劳动理论在逻辑上意味着努力总是创造财产的。然而,当前的版权法并不接受这一结论。例如,作品必须表现出"少量的创造力"才能获得保护。知识产权授予并不总是符合"劳动—报酬"理论。我们有时将极有价值的专利权授予偶然的发现者,并将极有价值的版权授予恰巧在正确的时间出现在正确的地点的摄影师。❹③洛克语境下的创造概念也不完全适用作品的创造背景。在洛克劳动理论下,劳动者通常是个体,但目前的作品创作常常是社会创作和团队创作。因此,将版权归于一位作者并不能解释创作的社会和集体背景。

---

❶ Joseph A. R. Gerber, Locking Out Locke: A New Natural Copyright Law, 27 Fordham Intell. Prop. Media & Ent. L. J. 613(2017).

❷ 李扬. 再评洛克财产权劳动理论——兼与易继明博士商榷[J]. 现代法学,2004(1):173. 易继明. 评财产权劳动学说[J]. 法学研究,2000(3):98.

❸ Ruckelshaus v. Monsanto Co., 467 U. S. 986(1984).

❹ Mark A. Lemley, Faith-Based Intellectual Property, 62 UCLA L. Rev. 1328(2015).

而且,在集体创作时,将权利边界界定得太清楚反而不利于长远合作。另外,一些职务作品可能由多名职工共同创作而成,职工最终也可能不享有版权。这也削弱了洛克自然权利理论解释版权正当性的能力。④版权的如下特点与自然权利相违背:其一,自然权利的持续时间是永久的,而版权是有期限的;其二,自然权利是绝对的,而版权则存在着合理使用等诸多限制;其三,自然权利是固有的,而版权范围则由法律所赋予且不断扩张;其四,自然权利保护是自动的,而有时版权则是政府通过登记等授予的。❶⑤洛克理论仅对个体表示关注,并没有考虑宏观层面上人与人之间的利益冲突和价值冲突。例如,A创造了前所未有的事物,B无权使用。依洛克的观点,因为B对相同的公共领域有免费入口权,其使用公共资源的能力并没有受到伤害,A的财产权并没有增加B通过劳动获得财产权的成本,所以授予A权利是正当的。但从知识产权的特点和现实看,没有理由认为授予A知识产权必定符合这一规则。一旦A享有权利,即使后来B通过自己能力依公共资源发明此技术,其也不能使用。

二、技术红利分配过于偏向版权人而非信息共享的版权法目的

(一)历史:技术改变导致法益失衡

通常,在研究立法和考察法律实施效力时,学者们常常强调理性、历史传统和公共政策等非法律规则的重要性,而忽视技术的作用。实际上,技术对法律运行作用重大,技术改变能引发原有法律制度失衡并促使新法颁布。❷

---

❶ Derek Khanna, Reflection on the House Republican Study Committee Copyright Report, 32 Cardozo Arts & Ent. L. J. 11(2013).

❷ 有以下四种原因能导致制度失衡:"①制度选择集合改变;②技术改变;③制度服务的需求改变;④其他制度安排改变。"林毅夫.关于制度变迁的经济学理论-诱致性变迁与强制性变迁,引自 R. H. 科斯(Coase, R. H.)、阿尔钦(Alchain A.)、诺斯(North D.),等,财产权利与制度变迁——产权学派与新制度学派译文集[M].刘守英,等译.上海:格致出版社,2014:289.

技术引发法律改变的具体步骤如下：①制定法某一方面和特定活动有关。②此活动因过去的普遍技术水平而受到隐形限制。③由于创新，此活动在技术上成本变小，其可行性增加。④技术成本的减少破坏了先前的法律平衡和技术范式，法律按原规则执行则可能有失公正，应修改法律。[1]法律制度和其所提议的修改，都是在特定的技术背景中。每部法律都隐含特定的技术背景。例如，《中华人民共和国民法典》（以下简称《民法典》）合同编中同步或不同步的交流方式、电子或非电子的合同形式是在电子技术发展的背景中制定的。再如，人格权编中的隐私权涉及即时数字技术和针孔摄影机技术。以前，利用机器自动拍摄他人在住宅或宾馆房间的隐私行为，技术上具有不可行性。隐私在全国甚至全世界范围的同时公布，技术上也具有不可行性，但目前的技术使这些行为都可能得以实现。因此，《民法典》第一千零三十三条规定："除法律另有规定或者权利人明确同意外，任何组织或者个人不得实施下列行为：（一）以电话、短信、即时通信工具、电子邮件、传单等方式侵扰他人的私人生活安宁；（二）进入、拍摄、窥视他人的住宅、宾馆房间等私密空间……"版权法所保护的信息产生、复制和传播行为，直接与技术水平相关，特别容易因技术改变而受影响。这体现在以下两个方面：①作品载体呈现方式与技术水平有关。最初，人类文明被刻在甲骨上，后来写在羊皮上，印刷技术兴起后呈现在纸张上。如今，我们采用相机、手机、U盘等电子产品轻松地拍摄、录制作品，数字技术已经改变了我们日常表达的方式。②作品传播时空范围和方式与通信技术的发展有关。古人的飞鸽、烽火和书信等传播方式从文学角度看或许具有一定美感："从前的日色变得慢，车、马、邮件都慢，"[2]但从传播效率看存在不足。随着录制技术和广播技术的发展，作品传播空间范围变大，速度变快，版权法增加了放映权和广播权的相关规定。

在前互联网技术背景下，某些作品复制和传播行为的高技术成本，在防

---

[1] Harry Surden, Technological Cost As Law In Intellectual Property, 27 Harv. J. L. & Tech. 135 (2013).

[2] 木心.云雀叫了一整天[M].桂林：广西师范大学出版社，2009：82.

止版权侵权方面起隐性的但非常重要的规制作用。它阻碍了某种版权侵权行为的产生,构成作品版权保护的技术屏障。当技术屏障消失后,版权法必须修改规则以约束该行为,重新实现利益平衡。在前互联网技术背景下,某些行为(如个人复制)因该行为的技术高成本而受限,对版权人利益影响不大,因此当时法律并没有对个人复制行为进行规制。但在当前的技术背景下,个人复制行为成本低且速度快,个人复制行为的技术屏障消失,版权人利益受到损害,因此目前有学者主张个人复制行为应受法律规制。❶又如,将他人作品同时在全球范围内公布的行为,在前互联网技术背景下具有技术上的不可行性,因此法律没有相应规定。在互联网技术背景下,旧技术对作品全球共享的隐形限制消失,互联网上的作品全球传播行为严重影响了版权人的利益,打破了版权和信息共享之间原有利益平衡,法律就不得不作出适度调整以重新达成利益平衡。例如,在1999年王蒙与世纪互联通信技术有限公司侵犯著作权纠纷案中,被告未经原告许可,在国际互联网上传播原告作品。虽然我国当时并无信息网络传播权的相关规定,但法院仍判定为侵权:"我国《著作权法》第十条第五项所明确的作品使用方式中,并没有穷尽使用作品的其他方式存在的可能。随着科学技术的发展,新的作品载体的出现,作品的使用范围得到了扩张。因此,应当认定作品在国际互联网上传播是使用作品的一种方式。……作品在国际互联网上进行传播,与著作权法意义上对作品的出版、发行、公开表演、播放等传播方式虽然有不同之处,但本质上都是为实现作品向社会公众的传播使用……因此,被告作为网络内容提供服务商,其在国际互联网上对原告的作品进行传播,是一种未经著作权人许可的侵权行为。"❷这一代表性案件发生后不久,我国于2000年修改《著作权法》,增加了"信息网络传播权"的相关规定。

---

❶ 杨明.私人复制的著作权法制度应对:从机械复制到云服务[J].中国法学,2021(1):209.郭雪军.私人复制的竞争合理性——以Sony案、Napster案为例[J].山东大学学报(哲学社会科学版),2020(2):116.

❷ (1999)海知初字第57号。

(二)现状:数字技术普遍运用及由此引发的版权法利益失衡

1. 数字技术的普遍运用对以往作品传播方式的颠覆性影响

经济学家约瑟夫·熊彼特的"创造性破坏"(the Creative Destruction of Capitalism)理论认为,持续不断的创新活动同时带来创造性的破坏力量,使普通民众生活发生巨大改善。技术革新的结果在某种程度上代表已经存在的产品、公司甚至整个行业的衰退。这一理论不断被实践所证明。典型的例子包括柯达相机、固定电话、传统录音机和电视机等。市场新加入者的创新最终取代已有行业。新产品、新技术和商业实践最初由传统立法和司法机构所调整,但它们和显得滞后的法律内容已经不太和谐。破坏性改革削弱已有法律的公平和正统性,促使立法者和司法者重新调整其立场。❶

在当今的数字时代,基于创新的"创造性破坏",作品创造、复制和传播的技术背景发生巨大变化。社交媒体已经成为普通大众交流信息的一种生活方式。截至2022年1月,全球用户最多的社交媒体平台脸书的月活跃用户已达到29.12亿,大约占全球人口的36.8%。在脸书的所有的月活跃用户中,66%(19.29亿)每天都会登录平台。❷2022年8月31日,中国互联网络信息中心在京发布第50次《中国互联网络发展状况统计报告》(以下简称《报告》)。《报告》显示,截至2022年6月,我国网民规模为10.51亿,互联网普及率达74.4%。在网络接入环境方面,网民人均每周上网时长为29.5个小时。网民使用手机上网的比例达99.6%。截至2022年6月,我国短视频的用户规模增长最为明显,达9.62亿,占网民整体的91.5%。❸截至2022年6月,微信及WeChat月活跃用户12.99亿❹(我国2022年人口统计数据显

---

❶ Nathan Cortez, Regulating Disruptive Innovation, 29 Berkeley Tech. L. J. 175(2014).

❷ 2022年海外社交媒体平台特点及传播趋势[EB/OL].(2022-04-28)[2022-09-11]. http://news.sohu.com/a/542154600_121124350.

❸ 中国互联网络信息中心.CNNIC发第50次《中国互联网络发展状况统计报告[EB/OL].(2022-09-01)[2022-09-11]. https://www.gov.cn/xinwen/2022-09-01/content_5707695.htm.

❹ 中国互联网数据咨询网.腾讯:截至2022年6月微信及WeChat月活跃用户12.99亿继续同比增长3.8[EB/OL].(2022-08-18)[2022-09-11]. http://www.199it.com/archives/1480366.html.

示全国人口共 14.1178 亿人）。

版权法与技术的发展密切相关，但这次数字技术对版权法具有颠覆性的影响。不同于以往传播技术的发展引发邻接权主体和版权内容的增加，数字技术使每个公民成为潜在创作者和传播者。以往传播技术的发展可以通过增减版权法部分条款或章节，以及增加规定版权法邻接权主体和版权内容，重新达成利益平衡，且仅仅对一部分主体产生影响。例如，录音制品技术引发了录音制品邻接权主体，广播技术引发了广播电台电视台等邻接权主体。但互联网，特别是移动互联网打破了这一惯例。它对整个版权法产生了颠覆性的影响，不再是增加传播主体或某种著作权，而是影响地球上每个网民交流和传播信息的模式。在这种技术背景下，人人都可以使用网络技术，在每时每刻创作或传播作品，创作和作品传播已经日益渗透到普通人的日常生活中去。具体而言，数字技术对作品创作和传播的影响如下：①创作主体数量增多，大众创作文化重生，与原有的精英创作文化相分离相持平。这具体表现为创作的全民化、日常化和非市场化。之前，仅专业作家、摄影师等是版权法保护的作者，但在现代社会，借助网络大量的信息资源和不同编辑软件，创作已经日益渗透到普通人的日常生活中。普通公民不仅是内容使用者，而且扮演作品创造者、他人生产作品的出版者和传播者这些角色。越来越多的原先处于作品消费者身份的主体参与作品创作。❶基于自我表达、娱乐性动机而产生的作品日益普遍，创作的全民化一方面大大增加创作数量，另一方面也使作品质量良莠不齐。❷②人人都是传播者。复制传播的低成本

---

❶ Shira Perlmutter, Making Copyright Work for a Global Market: Policy Revision on Both Sides of the Atlantic, 38 Colum. J. L. & Arts 49 (2014).

❷ 这种技术变化所带来的创作主体变化，代表了某种历史趋势，但也引起一些专业创作者的反感。如中国电影人姜武认为："电影是很讲究的一活，讲究活，不能什么人都来弄。"另外一位电影人宁浩认为："我并不是歧视别人来拍电影……但是真正站在行业的角度，我觉得受到了冒犯，觉得这是对于我所从事的行业的不尊敬。"姜武：电影是很讲究一活，不能什么人都来弄[EB/OL]. (2020-10-11)[2021-05-11]. http://www.infzm.com/contents/193477. 宁浩什么都明白[EB/OL]. (2020-09-29)[2021-05-11]. https://baijiahao.baidu.com/s?id=1679139700475634837&wfr=spider&for=pc.

化、日常化、高效率化和全球化，使创作者和使用者、作品生产者和消费者之间的界限变得模糊。在不同时期，个人发现他们在创造性循环的不同点，有时生产作品，有时传播作品，有时消费作品。信息需要载体，信息载体随着技术发展而不断在发生变化。工业化以前，信息载体只能以个体化或作坊式生产，这使信息载体变得异常珍贵。进入工业社会后，现代印刷术的出现使文献成本和保存成本大大降低。因为复制传播所需要的设备成本较高，复制传播需要商业规模的投资，由印刷工厂、出版公司和广播电视台等机构集中进行。著作权人通过控制集中的复制机构能够比较容易地收回投资、获取收益。❶现在的数字技术更使信息的复制成本几乎到了可以忽略不计的地步。作品传播不再需要完全依赖出版社等专业机构。网民能做先前只能由昂贵的专业设备实施的复制和传播行为，在完全不投资或很少投资条件下，数秒便能进行大量作品的复制传播，其他网民均能通过该网址获得该作品。而且，在如今的互联网时代，作品的传播方式由以前的一人对多人的单向传播，改变为目前的多人对多人的双向传播方式。

2. 不断强化的版权保护（工具性价值）与日益弱化的信息共享（目的性价值）

如前所述，随着技术的发展，对某些传播行为隐形的技术限制能随着创新不断式微，甚至消失。当技术发生大变化时，原有法律规则失去了平衡的前提和基础。目前，版权法体系也因技术发展而出现一些问题，这主要体现在以下两个方面。

（1）理论：技术使信息共享版权法的目的更容易实现

数字技术降低了信息共享、受教育权、文化权和表达自由权的技术成本，而这些权利的充分实现，正是版权法的目标。从信息变迁历史看，在过去，尤其在工业化以前，信息载体只能以作坊式生产，信息载体笨重、不易储存且易损耗，作品复制传播的技术成本非常高。现代印刷术的出现使信息载体的生产和保存成本大大降低，但仍然比较笨重且不易运输，在使用过程中有

---

❶ 王太平.知识产权制度的未来[J].法学研究,2011,33(3):83.

消耗。进入数字时代后,信息的复制传播成本几乎可忽略为零,任何已有的信息,网络用户均可享用它。数字技术降低了表达自由权实现的技术成本,表达者不需要通过出版社等邻接权主体传播自己的观点和看法,而仅需要借助于互联网便可行使其表达自由权。另外,人们只要有手机和计算机等基本设备,就可从互联网获得诸多信息,实现教育权和文化权。因此,数字技术更容易实现信息共享的版权法目的。

(2)现实:技术强化版权保护从而削弱信息共享

随着数字技术的运用,版权人集团利用其强大经济地位,通过游说立法机构,不断修改版权法。虽然版权法也在某种程度上扩张用户权利,但更侧重版权扩张。版权人集团不但主张规定个人复制等活动,而且一直关注法规的措辞和被告进行的具体技术活动,希望确保其版权适用于所有技术(即使是立法起草者无法预料的技术),以使权利人在新平台和新媒体上能继续控制受保护作品。版权人集团以版权所有者"以任何材料形式"的复制权为基础,主张未经授权的复制,无论是通过手工复制、复印机、照相机还是计算机复制,都会触发复制权。现有版权法甚至对复制作品的专有权进行了惊人的广泛重新解释,认为只要作品出现在任何地方的任何计算机的工作存储器中,就已经制作了可操作的复制品。版权所有者甚至将交易称为许可而不是销售,从而将包含受版权保护作品的物理媒体的转让定性为材料的许可,以阻止购买者转让实物的物品。❶版权人集团还主张通过技术措施保护其版权。1996年《世界知识产权组织版权条约》第十一条对技术保护措施(*Technological Protection Measures*,TPM)提供保护,第十二条对权利管理信息(*Digital Rights Management*,DRM)提供保护。《世界知识产权组织版权条约》证明版权所有者使用 TPM 和 DRM 是正当的,并规定缔约国有义务采取法律措施防止规避这些 TPM 和 DRM。这对普通公民实施的、属于合理使用性质的日常文化交流也构成限制。在前互联网时代,普通公众可通过借阅而暂时性了解图书相关观点;但在现代,当版权人采取权利管理信息等技术措施时,使

---

❶ Jessica Litman,Imaginary Bottles,18 Duke L. & Tech. Rev. 127(2019).

用人不能入口此信息,这就阻止了人类形成自己意见和表达自我的能力。也就是说,下游创作经常依赖于进入和研究先前作品(上游创作)的可能性。如果对已有作品的进入设立限制,那么创作新作品的机会将减少。这相应地会危及包括受教育权、文化权和表达自由权在内的人权,进而危及社会文化进步。❶

著作权法的发展史堪称著作权这一私权的扩张史。法律在赋予权利人范围更广、内容更多、期限更长的著作权的同时,公众却难以分享技术进步与经济发展带来的文化红利,这造成新的不平衡。著作权法促进作品创作与传播、促进文明进步的价值目标受到冲击。❷在数字技术背景下,这一失衡更为显著。技术发展可能促进的但因为著作权保护而没能即时实现的信息共享现象更严重,而这并不符合版权法立法目的。版权的传统思维导致政策制定者集中于威胁思维而不是数字技术的美好未来,这是不对的。❸一部好的版权法必须同时考虑数字网络带来的好处和问题,并需要不时调整以取得平衡。当考虑版权应如何应用于新技术背景时,我们应该研究版权不同权利范围如何以不同的方式构建受影响各方(作者和用户、消费者和服务提供商等)之间的关系。然后,我们将考虑如何保护信息共享,以促进版权法所追求的价值和目标。信息共享所涉及的言论自由、受教育权和文化权这些基本权利,是宪法所保护的基本权利,应当超越时间、环境和技术,始终如一地成为法律保护的最终目标,以实现人最基本的尊严。面对技术变革,版权法目的应当坚定不移,拒绝因技术变革而歪曲和改变。❹

---

❶ Enrico Bonadio, File Sharing, Copyright And Freedom of Speech, E. I. P. R. 2011,33(10),619.
❷ 杨利华. 公共领域视野下著作权法价值构造研究[J]. 法学评论,2021(4):119.
❸ WilliamF. Patry, Copyright, Comunication And Culture: Towards A Relational Theory of Copyright Law, 24 I. P. J. 195(2012).
❹ Pamela Samuelson; Members of the CPP, The Copyright Principles Project: Directions For Reform, 25 Berkeley Tech. L. J. 1175(2010).

三、对创作过程缺乏社会学层面的理解的研究

现有版权法对创作的理解是静态的、孤立的,而创作过程实质上是动态的、互动的。创作本身就是和其他作者的一种互动,也是对已有信息资源的一种创新。与自然资源的公共资源不同,信息公共物品的使用人不仅使用公共资源,还生产公共资源。创造不仅是作者的成长家庭环境、性格和际遇的产物,而且还直接间接被作者所处的时空和宏观环境等其他因素所决定。法国学者埃斯卡皮先后发表《文学社会学》(1958年)、《书籍的革命》(1965年)、《文学性和社会性》(1970年)等著作,认为文学事实应当包括世界、作家、作品和读者四部分。对作家的研究应当从其时代、地理、社会阶层和职业等层面来分析。当作者处于相同社会环境时,他们的知识面相同时,很难创作出具有高度独创性特点的作品。"熟知唐诗三百首,不会吟诗也会吟"。当三百首唐诗成为大众熟知的公共资源,其创作很难不落窠臼。❶我们既要致力于作品本身研究创作激励方法,又要围绕作品产生的社会关系研究创作激励方法。

现有的一套严格的版权规则扼杀了对话、创造力和思想的自由交流,它既不尊重创作规律,又和当前集体创作现实不符。这主要表现为作品的获取受数字权利管理信息所控制,即使能获取作品,作品的每一次复制或引用也会面临侵权的威胁。过多的版权将会给公众员施加难以逾越的获取和使用障碍,从而扼杀新的创造性努力。20世纪70年代,法国兴起的改造结构主义(其代表人物有法国的巴尔特、福柯)认为:"所有写作都被视为符号的相互作用。作者是文字的客人,…… 给文本一个作者就是对文本施加限制。……

---

❶《阅微草堂笔记》有一则故事记载,一人梦中所见绝句和另一人创作内容完全相同,这不过是因为他们大脑中诗歌的信息储备大致相同而已。故事大意如下:举人戈仲坊在乾隆四十二年参加乡试,梦中到了一处,见屏风上题写了几首绝句。醒来还记得其中两句:"知是蓬莱第一仙,因何清浅几多年?"乾隆五十七年(1792年)春天, 在河间遇见景州人李某,偶然说起这事。李某惊道:"这是近人给我族弟家的屏风上题写的咏梅诗,句子一点也不出色,不知为什么入了你的梦。"

读者的诞生必须以作者的死亡为代价。"❶这一观点诚然过于偏激。但以往的作者观的确过于强调作者独特天才的形象,而低估了外部资源的重要性,艺术家及其他全部作品并不是孤立的。有一个包括艺术家在内的总体,比艺术家更广大,即他隶属的同时同地的艺术宗派或艺术家家族。❷版权作品是作者和公众共同努力的结果。❸而从现实看,社交媒体、"粉丝"媒体、文档分享扫除了个人所有权的传统思维,体现多人合作的同人创作、集体创作和单位创作等也日益增多。法律必须注意创作环境的变化并对此作出回应。在相关技术和社会交流方式变化以后,如果法律仍然维持原状,既不考虑客观现实和公共政策,又不考虑法律是否是满足原有立法目标的最佳途径,则是错误的。立法者的这种不作为甚至可能像明确的立法行为那样对法律、政策和公平正义理念造成重大影响。❹

---

❶ Lior Zemer, Multivoiced Authors, 35 Cardozo Arts & Ent. L. J. 383(2017).

❷ 傅璇琮.唐代诗人丛考[M].北京:中华书局,1980:1.

❸ Jesús-Iván Mora González, Criminal enforcement of copyright and the distinctive authorship, E.I.P.R. 2019,41(7),433-439(2019).

❹ Harry Surden, Technological Cost As Law In Intellectual Property, 27 Harv. J.L. & Tech. 135(2013).

第二章 历史模式和未来展望：版权制度变革的路径选择

第一节 历史模式：实现版权法目的（信息共享）的不同路径

一、中国历史：非版权模式下的信息共享

关于我国著作权和著作权法的历史，一直存在争议。有学者认为，我国北宋时期就有了早期的版权制度，但有学者反对："单以印刷业的繁盛，个体作坊出版商保护其利益的诉求，官方不系统地禁止翻印及盗版的敕令，甚或自古有之的创作艰辛，作者的哀怨，以及官方的个案保护等史料为据，无法得出宋代就有'版权'这种赋权民事权利保护的结论。"❶即使有争议，大家的共识是，我国宋朝以前没有著作权，也没有著作权法，我国的第一部著作权法是1910年清政府颁布的《大清著作权律》。

虽然宋代以前没有著作权和著作权法，但我国作品创作传播过程古已有之，从未停止。从周朝的风、雅、颂和赋、比、兴，到春秋战国的百家之书，再到秦汉赋，最后到唐诗、宋词和元曲，众多的思想家、政治家、文学家、艺术家、科学家和发明家，将自己的思想、感情、经验、教训和见解书之于竹帛、缣帛、纸张。❷创作作为人类尊严的体现和人生感悟的交流，一直存在并脱离创作人的生老病死，穿越历史隧道作为精神礼物呈送到后人面前。

---

❶ 刘春田.中国著作权法三十年（1990—2020）[J].知识产权，2021(3)：6.
❷ 吴汉东.关于中国著作权法观念的历史思考[J].法商研究，1995(3)：44.

不同时代作品的生产和传播途径稍有差别,这既与时代的政治和经济背景有关,也与当时的技术环境有关。在唐朝雕版印刷术发明前,复制成本高,信息传播流通和储存成本也高,加之周朝的世卿世禄、汉朝的"征辟""察举"和曹魏的九品中正制选拔人员范围小,教育并不普及,这使作品的创作传播常常仅限于有一定社会地位的读书人。宋代活字印刷术的诞生,在使作品传播成本降低的同时,老百姓受教育的成本也降低了。随着受教育人数增加,作品传播范围不再限于原来的上层阶级。为了使作品在更大范围传播,作品的形式也发生了变化,诗庄、词媚和曲俗固然说明了不同时代主流文学的风格,但也从一个侧面反映作品日益迎合下层民众的品位。

隋唐后作品的创作、传播与隋朝开始的科举制度有一定关系。下文以科举制度下和中华人民共和国成立后1950年至1970年的作品创作传播为例,分析非版权模式下的信息共享。

(一)科举制度下作品的创作传播

正如学者所述,有两种对文学意识形态的管控:一种是由国家强制性的法规条例构成的,以规范文学的"有形的文学制度";另一种是"无形的文学制度",通常包括惯例、传统、文化思潮和时尚等。❶隋朝开始的科举制度,❷可以视为一种无形的文学制度,对文学作品的创作和传播都有非常重要的影响。唐代以诗取士而诗盛,宋代以理学取士而理学盛。这些作品的创作,与统治者以某种艺术作为选取人才的依据等制度密切相关。❸科举制度作为从隋至清的选拔制度,对创作主要有以下影响。

1. 培养创作群体

清科举制度废除前,很多创作者均为科举参加者。科举制度的设置初衷

---

❶ 丁帆.文学制度与百年文学史[J].当代作家评论,2016(5):8.
❷ "科举"一词有广义和狭义之分。狭义的"科举"指进士科举,即从隋代设立进士科之后以考试来选拔人才的制度;广义的"科举"指分科举人,即从西汉已开始出现的分科目制诏策试或察举人才授予官职的制度。本文使用狭义科举概念。
❸ 余来明.科举视野下的元代戏曲[J].武汉大学学报(人文科学版),2015,68(2):113.

并不是为了选拔文学家,而是为了选拔官员。但科举以文取士的结果实际上培养和造就了大批的文学家。在古代文学家中,科举出身者占多数。据《辞海》文学分册所录中国历代作家统计,隋唐五代至清末近代,作家共有602名,其中进士和举人等出身者共有341名,占总数的56.6%,而且这还不包括诸生(秀才)一级的科举中试者。若再考虑《辞海》所录作家中有些是略载其科第经历、女作家从不应举等因素,科举出身者在文学家中的比例还会更高。从一定意义上说,科举时代的中国社会也是一个文学社会。❶宋代,统治者大量增加科举录取名额。"在科举的利诱下,读书人的数量急剧增加,读书应举成为一种社会风尚。这种风气长盛不衰,有力地推动了宋代教育的普及和文化发展。形成这种读书风气的直接结果是士人阶层扩大,而士人阶层的扩大又使从事知识生产和学习的人增加。"❷这也促生了诸多创作者。元代的少数民族当权和科举制度一度被废除,使知识分子传统的生活方式遭遇突变。很多学者认为,元曲发达的原因之一是元初废除了科举,于是科举考试时代失意的文人群体为了生存而开始了元代杂剧创作。❸元末朱经在谈及自己和元曲名家关汉卿、白朴时说:"我皇元初并海宇,而金之遗民若杜散人、白兰谷、关已斋辈,皆不屑仕进,乃嘲风弄月,流连光景。"❹在不得为官、不屑为仕或仕途不如意的情况下,许多士人把目光投向元曲以寄托对社会的所思所想。著名学者王国维也认为:"余则谓元初之废科目,却为杂剧发达之因。盖自唐宋以来,士之竞于科目者,已非一朝一夕之事。一旦废之,彼其才力无所用,而一于词曲发之。且金时科目之学,最为浅陋。此种人士,一旦失所业,固不能为学术上之事,而高文典册,又非其所素习也。适杂剧之新体出,遂多从事于此;而又有一二天才出于其间,充其才力,而元剧之作,遂为千古独绝之文字。"❺从科举制度中获利的一些公职人员,也在业余创作曲艺

---

❶ 李兵,刘海峰.科举:不只是考试[M].上海:上海教育出版社,2018:330.
❷ 李兵,刘海峰.科举:不只是考试[M].上海:上海教育出版社,2018:101.
❸ 余来明.科举视野下的元代戏曲[J].武汉大学学报(人文科学版),2015,68(2):108.
❹ 夏庭芝.青楼集笺注[M].北京:中国戏剧出版社,1990:2.
❺ 王国维.宋元戏曲考[M].北京:朝华出版社,2018:127.

作品。明清时期大批文士进行戏曲创作,这些文士中既有进士出身的朝廷显宦,也有屡试不第的失意书生。❶元代国家科举选人虽未将"曲"作为标准,民间文学社团却曾以"曲"选拔人才,是元代前期科举废黜背景下的一种"另类科举"。❷之后,文学创作日益脱离上层知识分子的控制,被普通大众所共享。这是一个文学权力下移的过程。这种下移也是地方教育不断普及、文学人才滞塞下层的表现。❸

2. 影响作品表现形式和风格

科举考试中的答卷文章,如试帖诗、策、论、科场律赋、表、判、诰、箴、铭、八股文等,都是科举人生活的一部分,也影响了科举人的创作。以唐朝为例,唐代进士科举主要考杂文,到开元、天宝年间则为诗赋。随着诗赋在进士科举考试中成为主要的考试内容和录取标准,唐代进士科举的文学性质越来越明显。这一价值取向和取士标准为唐代造就了一大批主攻诗赋之人,这也正是诗赋繁荣的重要前提。唐高宗李治登基以后,进士科举出身者在唐代政治中的影响迅速增大,重视文学辞章的社会风气逐渐形成。因此,从许多方面看,科举制度都直接促进了唐诗的兴盛和唐宋文学的繁荣。❹唐朝诗赋创作常常以应对考试为目的,具有一定的功利性,一般风格比较严谨稳重;而其后元曲则因为摆脱了科举制度而显得较为活泼。"余谓律诗与词,固莫盛于唐宋,则固未有尚于其曲者也。元曲之佳处何在?一言以蔽之,曰:'自然而已矣。'古今之大文学,无不以自然胜,而莫著于元曲。盖元曲之作者,其人均非有名位学问也;其作剧也,非有藏之名山,传之其人之意也。彼以意兴之所至为之,以自娱娱人。关目之拙劣,所不问也;思想之卑陋,所不讳也;人物之矛盾,所不顾也。彼但摹写其胸中之感想,与时代之情状,而真挚

---

❶ 包海英.试论科举与古代戏曲之关系[J].天府新论,2007(4):146.

❷ 余来明.科举视野下的元代戏曲[J].武汉大学学报(人文科学版),2015,68(2):113.

❸ 叶晔.落第再试制度的沿革与宋元明文学的流动机制[J].华南师范大学学报(社会科学版),2017(4):151.

❹ 李兵,刘海峰.科举:不只是考试[M].上海:上海教育出版社,2018:323.

之理,与秀杰之气,时流露于其间。故谓元曲为中国最自然之文学,无不可也。若其文字之自然,则又为其必然之结果,抑其次也。"❶

3. 影响作品传播途径

如前所述,我国宋朝以前没有著作权,也没有著作权法,但并不缺少作品的传播。这种传播往往并不是为了商业目的,而是创作者为扩大文学影响力而自愿传播的,以在未来科举考试或现有职务中获得声誉。例如,唐朝行卷和纳省卷制度促进作品传播。"行卷"是应考进士科的考生将自己平时创作的诗文作品择优编成文卷,投献给当时主考官的亲友、熟知的达官贵人,希望得到他们的推荐,最终被主考官看中,进而实现金榜题名的梦想。行卷是唐高宗时出现的一种社会风气,是应进士科士子的必修课。❷"纳省卷"又称"公卷",是参加进士科举的考生在考试之前,将平时创作的代表性作品交到尚书省的礼部,让官员在考试前对考生的真实水平有全面的了解,再综合考试成绩来确定最后的录取名单。纳省卷自唐天宝年间起成为一种惯例,一直沿用到五代时期。这种重视平时创作能力的考核制度,在唐代获得了不少人的支持,也有效促进了作品的传播。

4. 影响作品报酬

通常而言,以科举或公职收益为目的的创作,其作品传播常常是主动且免费的。但在科举制度中接受教育的一些文化人,有时也会基于其他目的的创作而略有收益,报酬数额和方式在不同时期情况稍有差别。西汉时,"千金求得相如赋"。"千金"是司马相如为陈皇后所作《长门赋》的对价。"不得一钱,何以润笔",❸"润笔"是郑译为自己创作索取的对价。之后,对创作诗文、碑铭、书法和绘画的文人付给一定的报酬,以作为对其脑力劳动的犒赏,便有了"润笔费"之称。隋唐时,有地位、有文采的人被邀请写碑颂。唐代李邕

---

❶ 王国维.宋元戏曲考[M].北京:朝华出版社 2018:99.

❷ 李兵,刘海峰.科举:不只是考试[M].上海:上海教育出版社,2018:45.

❸ 魏征.隋书[M].北京:中华书局,2019:78.

和韩愈擅长此道,由此收到的馈赠数目大得惊人。❶润笔费最初无固定标准和定例,明清时期才逐渐商业化。诗人的字画都可待价而沽,有的落魄文人还以卖文为生。而清末民初,报刊兴盛,稿酬使"作文受谢"有标准可循,并完全制度化、商品化。❷润笔费由宫廷到民间、由草诏获酬到作文受谢,再到书画获酬,由最初的专用银钱到后来历朝历代的钱物并用,都反映了人们对脑力劳动的认可和尊重。❸

总之,科举影响了文学创作的方方面面。科举教育还养育了一批批知识分子,促进他们的创作,而作品传播是科举制度下知识分子在官场求职推荐和任职后提高认可度的一种手段。虽然知识分子没有获得直接的物质利益,但间接获得了知名度和认可度,这为后期他们获得职业发展和经济收益打下了基础。

(二)20世纪50年代至80年代末作品的创作传播

20世纪50年代至80年代末期,我国并没有著作权法制度,但作者也会因创作获取一定报酬。这个时期产生了大量的高质量文学、影视作品。1978年12月,党的十一届三中全会召开,从此开始了具有中国特色社会主义的建设。1990年9月7日,《中华人民共和国著作权法》颁布。下文我们以1990年著作权法颁布前的作品创作和传播为样本,对当时的作品创作和传播进行研究。

1. 20世纪50年代至70年代末文学作品创作和传播

有学者认为,中华人民共和国成立后,文学生态经历了"秦汉以来最重要的变化。1949年后文学才从'帝王将相、才子佳人'转到民众。……中国文学至此突然'撞出'士大夫(知识分子)相对局限的人生视野,却接通了广阔、

---

❶ 张世敏.论文学消费与思想文化之间的关系——以明中期商人传记消费为例[J].文艺评论,2016(10):49.

❷ 朱珍."润笔"源流考略[J].河北科技图苑,2016(4):96.

❸ 徐康.古代文人"润笔"趣谈(下)[J].文史杂志,2021(4):109.

浩荡的中国社会及其万千人生。"❶这一时期作品的创作和传播有以下特点：①计划经济占绝对主导地位,作品创作和传播服从政治管控,政治性作品获得认可,农民和革命工作者等群体在其中多有呈现。单位制度使政府完成了对社会的高效管控,单位由此成为社会成员获得资源和权力再分配的唯一途径。文化人通常都依附于单位。单位制度直接规定了不同的写作类型、文学传统,甚至不同题材、形象、语言和阅读"惯例"之间的不对等。有学者曾对这一时期的经典作品进行了评选和解析,其选择的八部文学作品依次是《林海雪原》《红旗谱》《青春之歌》《创业史》《红岩》《红灯记》《白毛女》《第二次握手》。❷这些作品都带有一定的政治性,作品传播也由主管部门负责。②计划性质的创作激励和传播机制。当时作家通常是各个文化单位的在职人员,单位为其提供了稳定的收入和从容的创作环境。此外,作者还可能享有医疗、教育、疗养、会议和出国等福利。❸当时稿费标准由出版管理部门规定而非在市场中自动形成,且不同时期有所不同,稿费制度处于探索之中。中华人民共和国成立初期,在根据地和解放区沿袭的供给制对作家的思想观念影响巨大。作家的精神劳作没有稿费报酬,只是根据资历分别吃大灶、中灶和小灶。1952年,作家待遇由供给制改为薪金制。1958年3月24日,文化部向中央上报《关于请求批准文学和社会科学书籍稿酬暂行规定(草案)的请示报告》。新稿酬制度定的标准很高,著译者的收入标准与一般劳动人民的工资标准拉开了距离。此外,当时不同的作品的稿酬标准差别较大。中华人民共和国成立后,"稿费标准极不一致,通俗文艺比一般文艺创作低得多",❹如张恨水的作品虽比鲁迅的更受欢迎,但鲁迅"严肃"文学的稿费更高。此后,经主管部门同意,各地陆续实行了降低稿酬标准的措施。1966年至1976年,稿

---

❶ 张均.1950—70年代的文学制度与文学生态[J].中国现代文学研究丛刊,2015(2):11.
❷ 李杨.50-70年代中国文学经典再解读[M].济南:山东教育出版社,2003:44.
❸ 同❶.
❹ 同❶.

酬制度在"文革"中基本被废除。❶受单位认可的作品得到了广泛传播。

2. 20世纪80年代影视作品的创作和传播

"文革"前影视作品的创作和传播的特点与同时代文学作品的大致相同。"文革"结束到1990年我国《著作权法》颁布前,我国国际和国内背景发生了巨大变化,这些宏观环境对20世纪80年代作品的创作和传播产生了深远影响,并使我国影视作品迎来了一个产量和质量的高峰期。电影《人到中年》《庐山恋》《芙蓉镇》和《牧马人》,电视剧1986版《红楼梦》和《西游记》至今仍受广大观众的喜爱。这个时期也有国际上的电影公司来华寻求合作,诞生了许多深受人们喜爱的合拍片,如《末代皇帝》等。具体而言,当时的作品创作和传播环境有以下特点:①政治开明。20世纪80年代,一方面是自上而下的思想解放运动,另一方面是来自民间的自下而上的思想启蒙运动。这合力形成的时代潮流,形成了20世纪80年代大气候的基础。❷从20世纪80年代开始,针对私人生活领域的规训力量被大幅度减弱,国家对民众私生活控制的放松意味着私权的扩大,一部分创作者开始关注平常老百姓的日常生活细节而不是宏观叙事。❸在20世纪80年代中后期,中国电影开始由主旋律电影、艺术电影和商业电影共同构成。❹②经济支持。从20世纪80年代到20世纪90年代初期,我国电影产业实行计划经济体制,国营电影制片厂在整个20世纪80年代遵循的是一种"国家办厂、国家生产、国家发行"的闭合生产模式,"重制片、轻放映"的观念在改革开放以前一直存在。在发行方面,政府指导中影公司以统一价格收购影片,再按行政区域发行到国家统一管理的各地放映单位。这种计划经济式的电影体制一直持续到1993年。国营制片厂一般将投资成本控制在130万元以下,以规避亏本的风险,摄制周期"往往至少要

---

❶ 陈伟军. 著书不为稻粱谋——"十七年"稿酬制度的流变与作家的生活方式[J]. 社会科学战线,2006(1):4;刘春田. 中国著作权法三十年(1990—2020)[J]. 知识产权,2021(3):13.

❷ 胡克,张卫,陈墨,樊昊. 重思"娱乐片"及"娱乐片讨论"[J]. 当代电影,2019(8):11.

❸ 柳迪善. 从影院功能、审美潮流、国际视野看20世纪80年代中国电影思维的转变[J]. 北京电影学院学报,2021(8):64.

❹ 陈晓云. 中国电影的1987——重读20世纪80年代中国电影笔记[J]. 当代电影,2019(8):4.

半年以上,长的要两三年"。生产出的影片统一由中影公司以90万元的价格购买(延续自1979年出台的电影发行政策)。这一政策虽然后来几经调整,但总归是一种"不计经济回报"的运营模式。❶电视剧管理制度大致相同。1986版《红楼梦》18万元左右一集,比当时一般的电视剧投资高3~5倍。最初是一个月拍一集,后面是一个月拍一集半,快结束的时候差不多一个月拍两集。经济保障和时间宽裕在一定程度上保证了作品的质量。③技术引发的全球影视作品竞争尚未开始。当时市场开放程度及滞后的大众传媒的进程,使中国电影没有太大的竞争压力。之后随着市场经济和技术传媒的发展,以及录像机的普及,影视作品的竞争压力变大,生存成了创作必须首先考虑的问题。有专家认为:"我们过去往往把中国电影20世纪80年代中后期出现的危机和问题,简单归结为旧的计划经济体制,这种见解至少不全面。在计划经济体制下,也出现过相当不错的娱乐片和艺术片。当然从长远看,计划经济体制有时会不利于电影产业化和现代化,但在那个时候,这两者的关系并没有对立到不可调和。……实际上,当时对中国电影行业造成直接冲击的,是电视和录像厅的普及。"❷④大量专业人才涌现。20世纪80年代后期,我国有一批有创新精神和专业能力的优秀人才。电影精英信奉的"作者论"❸在20世纪80年代长期统治了电影创作和生产,导演中心制是当时大多数电影制片厂的原则。导演的个性和创造性并没有被电影的工业化制作方法所压抑。一批专业导演既反思旧有的意识形态和文化传统,同时又勇于对

---

❶ 周传艺.被遮蔽的民营制片——"电影个体户"与20世纪80年代的制片生态[J].当代电影,2021(11):120.

❷ 左衡.光晕下的地貌:20世纪80年代中国电影文化走向[J].艺术评论,2011(6):42.

❸ 从20世纪50年代末开始,法国的电影批评家和创作者,包括弗朗索瓦·特吕弗、让—吕克·戈达尔和雅克·里维特等人,开始提出"作者论"。他们主张导演作为一部电影的核心人物,应对电影作品的故事主题和表现风格有决定性的影响,并认为,如果要保证重拍的艺术价值,首先就要信任导演对原著精神的理解和表现力,尊重导演的创造性劳动和独立性思考。有学者认为,解决功利目的与审美追求有效平衡问题的一个可行性方法,是实行投资方决策权与导演执行权的分立。马力,刘辉.当"作者论"遭遇"结构主义"——论传统"作者"电影理论[J].当代电影,2005(3):136. 胡功胜.经典重拍的障碍与超越——以新版电视剧《红楼梦》为个案分析[J].中国电视,2011(1):18.

娱乐片说"不"而主张影视作品的艺术性。❶电影产业改革启动后,实际面临的压力促使相当多的电影精英尝试制作娱乐片,但艺术片仍然是他们的首选。当美国的卢卡斯、斯皮尔伯格、斯科西斯和中国香港的徐克、吴宇森等人相继转型成功并创造出全新的商业片模式时,内地还在为娱乐片是否低级而争吵。❷另外,从1958年"省办厂"的活动开始,建立起来的国营电影制片厂都是一个个独立而健全的生产体系,"大而全""小而全"的工厂不仅有经过多年培养出来的电影创作人员,如导演、摄像、灯光师和音响师等,而且还有摄影棚、洗印车间与录音棚等。❸电影产业各环节的专业化保障了作品的质量。

二、欧美历史:从特权到私权的版权

版权概念源于15世纪印刷术的普及。此前,书籍中多为受教廷控制的宗教内容,靠修道士手工抄写而传播,作品复制成本较高。印刷技术使低成本制作图书和期刊成为现实,威尼斯的私人书商们开始大规模地印制那些在教廷看来属于异端邪说的书籍。为了控制信息传播,教廷下令所有书籍均须通过教会审查,且一本书在特定的时间内只能由指定的书商垄断出版,印刷时还必须在封面标记作者的姓名、出版日期及书商地址。这样既能形成一种垄断授权,又便于监控危险材料。这种出版审查制度就是现代版权概念的雏形,❹它使书籍能被更广泛地传播,更容易在某些方面促进言论自由。然而,这是图书市场的附带产物,并不是当时版权特权制度的目的。

1710年,英国议会通过《安妮法令》(*Statute of Anne*)。该法令将版权的目的从审查制度转向言论自由制度。《安妮法令》将权利授予作者而不是出版

---

❶ 左衡.光晕下的地貌:20世纪80年代中国电影文化走向[J].艺术评论,2011(6):39,孟君.作者表述:源自"作者论"的电影批评观[J].北京电影学院学报,2008(2):78.

❷ 左衡.光晕下的地貌:20世纪80年代中国电影文化走向[J].艺术评论,2011(6):42.

❸ 周传艺.被遮蔽的民营制片——"电影个体户"与20世纪80年代的制片生态[J].当代电影,2021(11):114.

❹ 李响.谷歌之过抑或版权法之过——数字时代下的版权反思[J].探索与争鸣,2012(5):63.

商,以诱导博学的人写作和出版书籍。《安妮法令》确立的现代版权制度否认英国之前压制言论和反竞争的版权制度。1790年,美国版权法移植了《安妮法令》的基本原则。美国立法授予作者权利,被认为是实现促进学习和公众获取知识社会目标的一种手段,而不是版权制度的主要目标。[1]由此可见,英美两国版权法的目的都是为了实现信息共享这一公共利益。

之后,随着版权产业的不断发展壮大,英美各国的版权保护范围日益扩大,保护期限也逐渐变长。以美国为例,美国1831年版权法规定了28年的版权保护期限,作者可依作品的市场销售情况确定是否续期并可续期14年。1909年,美国版权法将版权保护客体扩大至音乐剧和戏剧作品、期刊和报纸、口头传递作品等。版权保护期限延长至28年并可续期28年,那时作品的最长保护期限为56年。在接下来的70年里,美国国会继续扩大1909年法案的范围,将保护范围扩大到电影、录制表演和录音,版权保护期限延长至自然人作者终身加死后50年。1998年,美国规定自然人作者版权保护期限为作者终身加死后70年。

不断扩张的版权与过去作为特权的版权存在一些令人不安的相似之处。这主要表现在以下方面:①利润最大化而非促进学习成为版权法的主导价值。之前,版权的目的是促进学习,版权相应地受到限制。而现在,版权行业中的主导公司表现得好像版权法的目的是权利持有人的利益最大化。对版权作品定价过高的抱怨已经很普遍。版权的持续时间长到让人无法容忍。公共领域不仅受到版权期限延长的威胁,而且还受到数字版权管理技术的限制。②作者的沉没和版权人的崛起。过去,作者被视为版权旨在促进的知识生成过程的重要参与者。但目前,版权的重点是"作品""版权""权利人",而不是作者。版权制度对权利人利益的保护远远超过对作者个人利益的保护。资本的作用日益增强,作者和人文精神不再是受关注的重点。③私人合同和执行。版权行业越来越多地使用市场许可和数字版权管理技术,并将其凌驾

---

[1] Pamela Samuelson, Copyright And Freedom Of Expression In Historical Perspective, 10 J. Intell. Prop. L. 319(2003).

于用户的法定权利之上。将信息作品的控制权完全交给私人合同可能会对社会产生有害后果,特别是对创新、竞争、言论自由和传播学习产生不利影响。❶④版权行业日益集中,并借助技术开始向上下游产业发展,垄断更加明显。

三、比较分析:实现信息共享的版权与非版权路径

(一)非版权模式的利弊分析

如上所述,在科举制度下,我国虽然没有版权制度,但存在广泛的作品创作和传播。一部分是参加科举者以考生或公职人员身份创作和传播,这带给作者一定知名度,对其本职工作有间接帮助;另一部分是参加过科举但后来成为自由职业者的知识分子,如李渔、郑板桥,他们以出售作品为生,并采用商业的方式维护自己的利益。例如,李渔曾对盗版自己作品的书商进行抗争,郑板桥曾为自己的作品标价:"大幅六两,中幅四两,小幅二两。书条、对联一两。扇子、斗方五钱。凡送礼物、食物,总不如白银为妙。公之所送,未必弟之所好也。送现银则心中喜乐,书画皆佳。"中华人民共和国成立后,我国文化产业最初实现统一管理,改革开放后逐步放开。创作收益最初通过荣誉或其他方式间接实现,后来慢慢由市场决定。

总体来说,非版权模式的优点如下:①创作目的是艺术或政治的需要,而不是为了迎合市场。②创作主体、创作者常常是参加科举制度的文人或国有单位职员,一方面有固定经济基础和来源;另一方面有较好的人文素养,通常不会因生存问题而特意迎合市场,作品质量有一定保障。③在创作经费上,创作有专用经费。④报酬机制、作品收益主要源于艺术性而非市场收益,文化产业是政治体系下的小体系和副效应。这使创作者能重视艺术而不是市场。⑤作品传播不受版权限制。不管是科举制度下的作品传播,还是我

---

❶ Pamela Samuelson, Copyright And Freedom Of Expression In Historical Perspective, 10 J. Intell. Prop. L. 319(2003).

国20世纪50至80年代的作品传播,都没有受版权的限制。作者从免费传播中获得其他利益,或者通过国家组织的传播获得间接奖励。非版权模式的不足之处:①作品过于强调主旋律,作品的文化性为政治性服务。改革开放后的历史证明,可以兼顾作品的政治性和文化性。②作品产业化和多样化的程度不够。

(二)版权模式的利弊分析

1990年后,国外和我国的版权模式表明,版权模式有以下优点:①文化产品的多样性、市场化和产业化。②作品创作效率高、竞争激烈。版权模式有以下缺点:①作品的过度商业化可能会导致作品质量低俗化。这一现象在国外和我国当下均有体现。鲁迅先生在杂文《有无相通》中曾经归纳出当时鸳鸯蝴蝶派作家公式化的写作内容和文风,如什么"嘻嘻卿卿我我""呜呼燕燕莺莺""吁磋风风雨雨",并指出:"诸公有这许多文才,大可以译几页有用的新书。我们改良点自己,保全些别人;想些互助的方法,收了互害的局面!"❶当下这样的创作仍有市场,文化市场仍需一定程度的国家引导和干预。更明显和有争议的转变涉及学术界和艺术领域。这些领域本应当根据真理和美学的自主逻辑与市场分开运作。如果将真正的学术著作和最初为艺术和科学而创作的作品后来作为市场产品进行销售,那么它们的创作标准则可能会发生根本性的变化。作者有可能将不再根据他们的真实性、思想深度或审美原创性而创作,而根据其预期市场收益进行创作。随着市场的每一次扩张,真/假(学术界)、神圣/世俗(宗教)、审美/非审美(艺术)或赢/输(体育)的非市场逻辑领域主导地位就会下降,这将削弱稳定这些领域规范的作用。虽然这种商品化可能会促进经济发展,但它挤压了人和社会的非经济层面的需求。这可能会表现出系统性影响,相应作品就会从它们的社会性中脱离出来,并融入由盈利/非盈利逻辑支配的经济秩序中。❷②传播过于商业化与作

---

❶ 鲁迅.鲁迅全集:第1卷[M].北京:人民文学出版社,2008:364.

❷ Alexander Peukert, Fictitious Commodities: A Theory Of Intellectual Property Inspired By Karl Polanyi's "Great Transformation", 29 Fordham Intell. Prop. Media & Ent. L. J. 1151(2019).

品的社会性、版权法目的相矛盾,不利于信息资源的传播和共享。一旦一部作品出版,它就不再由其所有者单独处置,而是进入社会领域,从而可以成为一个独立的因素,帮助定义所属时代的文化场景。随着时间的推移,作品不再仅受私法处置,它会成为共同文化财产,作者必须接受它将越来越多地充当艺术对话的链接。因此,作品不是为消费而生产的静态商品,而是动态交流过程的要素。它们传达给公众,而公众又将它们作为进一步创新、创造性表达和竞争的基础。所有作者向公众发送信息,并希望接收者能够接收、理解和感兴趣。只有在这种情况下,沟通才能完成并创造使用价值。❶但因为版权的垄断性,版权法具体规则授予个体所有者对作品的私人权利,所以这一措施将越来越多的技术、艺术与社会的其他部分分离,阻碍作品信息的传播与共享。

四、初步结论:数字时代版权法仍是实现信息共享的主要路径

如前所述,现有的版权法体系在数字时代面临着巨大挑战,技术打破了原有的利益平衡,版权保护力度太大,不利于使用人权利的充分实现,也不利于社会整体利益的最大化。针对此现状,各国政府和学者均试图寻找解决之道。有学者主张废除版权法。例如,全球最著名的黑客之一约翰·佩里·巴洛(John Perry Barlow)认为:"从新石器时代到古腾堡……信息适应了他们发现自己被告知的每一种文化……法律对待作品不能如同对待生铁或五花肉……将受版权保护的材料以数字形式商业化时代就好比卖酒无瓶。……知识产权的传统所有者正在徒劳地努力支持以容器为中心的旧规则,使他们能够适应新的现实。互联网将把我们从知识产权的商品化力量中解放出来。"❷他

---

❶ Alexander Peukert, Fictitious Commodities: A Theory Of Intellectual Property Inspired By Karl Polanyi's "Great Transformation", 29 Fordham Intell. Prop. Media & Ent. L. J. 1151(2019).

❷ Anupam Chander, Madhavi Sunder, Dancing On The Grave Of Copyright? 18 Duke L. & Tech. Rev. 143(2019); Jessica Litman, Imaginary Bottles, 18 Duke L. & Tech. Rev. 1(2019).

预测,传统版权法与数字技术之间的脱节将被证明是不可逾越的:知识产权法不能被修补、改造或扩展以包含数字化表达,并主张开发一套全新的方法适应全新环境。❶有学者主张用征税代替版权,指出:"我们用来描述事物的词语以我们并不总是意识到并且无法有意识控制的方式控制着我们的思维。主导版权话语的语言,如权利、所有权、财产和保护等词语,使我们忽略了版权强加的许多成本。这种语言还使我们倾向将版权视为有益和可取的,不需要任何证据证明版权的所谓利益是真实的。我们可以称之为版权政府监管,而不是财产、所有权或权利。仅仅改变我们的语言就会改变我们的看法,这让我们意识到版权制度的成本,而对其所谓的好处持怀疑态度。"❷这两种观点稍显偏激。如上所述,实现信息共享的目标并不只有版权法一种模式,中国科举制度时代和我国1950年到1980年虽然没有版权法,仍然实现了信息共享。但在数字时代,基于如下理由,版权法仍有存在的必要性。

(一)版权法仍是激励创作的最佳手段

纵观世界历史,版权法并不是一开始就存在的,也并不是在所有国家都存在的。但在经济全球化的当下,版权法仍是激励创作的最佳模式。原因有以下几点:①在当今全球化、数字化时代,非版权模式不宜成为作品创作和传播的主要模式。任何制度都有其存在的语境。科举时代任凭个人自由发挥的作品传播机制,在复制盗版成本低、收益高的今天,已经没有存在的可能性。而且,现在视听作品、新闻作品和计算机软件等常常需要大量资本和团队创作,这使科举时代的个体化和小规模制作不可能成为创作的主流模式,工业化和产业化才适合现在的团队创作。而我国20世纪50年代至80年代,在政治主导性的创作传播模式下,不仅作品单一而且产业化程度不够高,在如今的数字时代也不可能成为作品创作和传播的主要规则,因为它不利于我国文化产业在国际上的竞争。②就作品和创作动机而言,版权法也有

---

❶ Anupam Chander, Madhavi Sunder, Dancing On The Grave Of Copyright? 18 Duke L. & Tech. Rev. 143(2019); Jessica Litman, Imaginary Bottles, 18 Duke L. & Tech. Rev. 1(2019).

❷ Glynn S. Lunney, Jr. The Copyright Tax, 68 J. Copyright Soc'y U. S. A. 117(2021).

存在的必然性。作品具有稀缺性、有用性和公共性的特点,对作品赋予产权,能鼓励作品的创造。作品作为一种信息,其使用不具有排他性。假设法律不对作品进行保护,作为理性经济人的主体,将会普遍倾向采取搭便车的行为,免费使用他人的作品。从整体利益看,这不利于鼓励创新。面对这一问题,国家通过设定版权使知识产品"外部性"得以"内在化",使其利益为创作者享有。❶立法者意识到,货币体系作为作品价值评判机制,不一定能满足作者的期望,也有其本身固有的缺点,但经济激励机制仍是鼓励创作的重要手段。抛弃金钱评价体系是对社会认可其价值的一种偏见,真正的艺术家从来不因为金钱而工作,他们是为创作本身而工作。这或许是一个真命题,但授予艺术家额外的经济利益,这并不是一件恶事。❷而且,并不是所有著作权人都基于非经济动机而进行创作,一些主体,如软件和影视行业,投资巨大且面临一定投资失败风险,国家应当运用版权激励机制来鼓励他们的创作行为。

(二)保护版权是公平正义理念的实现途径

英国哲学家约翰·洛克(John Locke)认为:"(一个人)的身体所从事的劳动和他的双手所进行的工作,……是正当地属于他的,所以只要他使任何东西脱离自然所提供的和那个东西所处的状态,他就已经掺进了他的劳动,在这里面掺加他所有的某些东西,因而使它成为他的财产……,从而排斥了其他人的共同权利。因为既然劳动是劳动者无可争议的所有物,那么对于这一有所增益的东西,除他以外的人就不能够享有权利,至少在还留有足够同样好的东西给其他人所共有的情况下如此。"❸洛克还指出:"正是劳动使一切东

---

❶ H.登姆塞茨.关于产权的理论[M]//R. H.科斯(Coase, R. H.),阿尔钦(Alchain A.),诺斯(North D.),等.财产权利与制度变迁——产权学派与新制度学派译文集.刘守英,等译.北京:格致出版社,2014:108.

❷ Mira T. Sundara Rajan, Creative Commons: America's Moral Rights?, 21 Fordham Intell. Prop. Media &Ent. L. J. 905(2011).

❸ 洛克.政府论(下篇)[M].叶启芳,瞿菊农,译.北京:商务印书馆,1964:19.

西具有不同价值,……所以,在最初,只要有人愿意对原来共有的东西施加劳动,就被授予财产权。"❶另外,哲学家黑格尔也为知识产权的权属和保护提供了法律依据。黑格尔在"意志—人格"(人格就是意志的自由)体系中描述了他的财产观。黑格尔强调自由意志主要是通过私人财产的所有权来表现的。"实现绝对自由是意志的任务……意志的任务需要好几个阶段才能完成……在最初的阶段意志就以人格的形式出现……人格须在世上取得某种更为具体的存在形式……这个具体的形式通过物的使用而产生。"❷黑格尔还认为:"学问、科学知识、才能等固然是自由精神所持有的、是精神的内在东西而不是外在东西。但是精神同样可以通过表达而给它们以外部的存在,而且能将它们转让,这样就可以把它们收在物的范畴之内了。"❸就作品而言,创作人对作品施加了大量劳动,一部好作品常常需要作者赋予大量心血,所谓"两句三年得,一吟双泪流",创作者应当享有版权。授予创作者版权,也符合法的正义原则。

(三)版权法规则已以国际条约的形式在世界各国被广泛认可

21世纪的今天,基于技术现状,作品可以跨越国界通过全球网络系统传播至世界各地。这使建立一套国际社会认可的作品创作和传播规则成为必然,而版权法诸多规则已经为各国所认可,《与贸易有关的知识产权协议》到目前为止仍为各国普遍遵守。除了版权法,目前很难找到可以替代版权法、被世界各国认可的作品创作与传播规则。虽然欧盟2019年《数字单一市场版权指令》在新闻作品版权保护、文本数据挖掘和网络服务商版权侵权责任等具体规则方面与美国呈现出诸多不一致之处,但各国对版权的基本问题(如版权法目的、框架)仍然有一定共识。这有利于信息产品的跨国传播和本国文化产业的发展。我们可以废除版权法,并建立一些不同的法律或社会

---

❶ 洛克.政府论(下篇)[M].叶启芳,瞿菊农,译.北京:商务印书馆,1964:19.
❷ 吴汉东.法哲学家对知识产权法的哲学解读[J].法商研究,2003(5):85.
❸ 黑格尔.法哲学原理[M].范扬,张企泰,译.北京:商务印书馆,1961:43.

工具来阻止复制和激励创新。但这种努力在政治和经济上都是不切实际的，而且进行这样的赌博将是相当轻率的。诚如科斯第三定理所言":即便现存的制度不合理,然而,如果建立一项新制度的成本无穷大,或新制度的建立所带来的收益小于其成本,则一项制度的变革是没有必要的。"❶总之,从成本角度考虑,我们应当支持现有版权制度,尽管它们并不完美。

综上,保护版权、维系版权法,对个人、企业和国家都具有积极意义。从个人来讲,它有利于调动人们从事科技研究和文艺创作的积极性,将人们有限的时间和精力用于作品创作上,促进社会资源的优化配置;从企业来讲,保护版权能够保护企业对作品的前期投资,为企业带来预期的经济效益,并进一步增加企业投资文化产业的积极性和主动性;从国家来讲,保护版权,继续维持信息产品创作和传播方面的共识,有利于文化产品的国际传播交流,促进本国科研和文化等产业的发展。

第二节　国际趋势:版权弱保护的理论探讨与立法路径

一、国际版权弱保护的理论探讨

如前所述,现有版权法的具体制度已经偏离信息共享的目的。很多学者主张改革版权法。在瑞典、德国和法国等兴起的盗版党(The Pirate Party)❷甚至认为,1790年以来的版权制度,不适应数字时代的文化健康发展,不应该对非商业的创造性作品传播进行限制,主张从根本上改革版权法。至于如何改革版权法,学者们提出了以下三种方案:①缩小版权法的适用范围。有学

---

❶ 科斯.社会成本问题.法律与经济杂志[J].第3卷,1960(10).

❷ Miaoran Li, The Pirate Party And The Pirate Bay: How The Pirate Bay Influences Sweden And International Copyright Relations, 21 Pace Int'l L. Rev. 281(2009).

者以印度软件工业为例,主张在没有强知识产权保护情况下,软件产业也能成长。[1]②降低版权保护的强度。有学者认为:"知识产权给我们的自由带来了巨大的成本。……开明、合理的做法是重新评估该知识产权政策。如果知识产权较弱,更多的人可能会过得更好。"[2]以学者为中心组成的美国版权改革研究团队认为,只有通过许多版权行业团体认为激进的实质性改革才能挽救版权法。这些变化将包括缩短版权的期限、缩减保护范围、授予受保护作品的私人、非商业用途的特权。[3]③缩小版权法的适用范围和降低版权的保护强度。有学者主张应适度保护版权法,且仅适用于部分行业:"从功利的角度来看,知识产权只能在产生净积极影响的范围内被证明是合理的。……创新成本高昂的行业(如制药行业)需要大量的金钱激励来确保最佳的创新水平。这些行业不太可能仅通过社会规范来刺激高水平的创新。但创新成本相对较低的创意空间(如时装行业)不必适用版权法。在没有版权保护的情况下,许多创意产业都做得很好——喜剧演员和时尚界。……反对强有力的知识产权保护,但适度的知识产权措施对于打击市场竞争对手的大规模复制仍然很必要。……在一个创作者可以确定消费者偏好并可部署吸引消费者定价模型的世界中,知识产权范围应缩小或至少重新校准。"[4]版权的弱保护,除采用上述版权法改革模式外,还可实施自下而上的弃权意思模式。在实践中,一些权利人通过意思自治,放弃部分或全部版权的方式,自下而上地开始在某些领域实现信息共享。例如,自由和开源软件(Free and Open

---

[1] Aarthi S. Anand,"Less Is More":New Property Paradigm in the Information Age? 11 Duke L. & Tech. Rev. 65,(2012).

[2] Mark A. Lemley, Faith-Based Intellectual Property, 62 UCLA L. Rev. 1328(2015).

[3] Pamela Samuelson;Members of the CPP, The Copyright Principles Project: Directions For Reform, 25 Berkeley Tech. L. J. 1175(2010).致力于美国版权法律制度的完善的美国版权原则项目组(The Copyright Principles Project,CPP),在多年研究的基础上发表了论文《版权原则项目:改革方向》(*The Copyright Principles Project:Directions for Reform*),介绍了美国版权专家们对美国版权改革的看法。

[4] Shani Shisha, Fairness, Copyright, And Video Games: Hate The Game, Not The Player, 31 Fordham Intell. Prop. Media & Ent. L. J. 694(2021).

Source Software，FOSS)运动激发了其他创意部门和学术界的信息共享运动。该运动的内容：软件、音乐和学术著作的作者——知识产权的受益者，允许未指定的其他人访问和使用他们的作品。这种慷慨有时与互惠要求相结合，称为"copyleft"，旨在扩大非市场交流和创新领域，保护知识共享免受专有内容和市场交换模式的渗透。❶美国著名的知识产权专家劳伦斯·莱西格❷(Lawrence Lessig)发起了主张自愿放弃部分版权的知识共享运动(Creative Commons，CC)。一些学术圈也加入此运动，通过对相关研究区域的成员进行合同约束来形成公共领域。他们将学术研究产生的科学数据许可给存储库，以保留开放访问、提取和重用数据的权利，共享研究数据和成果。

二、国际版权弱保护的不同立法路径及原因探析

20世纪中后期，以世界贸易组织为中心的国际贸易体制逐步形成。在此基础上，现代知识产权法律一体化格局也逐渐形成。2017年1月，美国正式退出试图加大版权保护力度的跨太平洋伙伴关系协定(Trans-Pacific Partnership Agreement，TPP)，并宣布将与其他国家发掘双边贸易机会。这意味着知识产权法律一体化格局有所松动并向多元化的方向发展。❸目前，国际版权弱保护有如下两种代表性路径：①美国路径。美国关于文本数据挖掘非表达性使用的司法判例(见本书第三章)、孤儿作品制度(见本书第四章)和2020年美国版权局关于美国《版权法》第五百一十二条网络服务提供者责任的改革建议(见本书第五章)均不主张加强版权保护，而更侧重促进信息共

---

❶ 据此规则，使用免费或开放内容的作者有义务在其已从中受益的相同免费/开放条件下向所有人提供其添加和修改。在这种情况下，版权人不是简单地放弃或授予版权，而是积极使用它并将版权排他性转变为包容性工具。

❷ 劳伦斯·莱西格(Lawrence Lessig)在《网络空间的代码和其他法律》(Code and other laws of cyberspace)、《思想的未来》(The Future of Ideas)和《自由文化》(Free Culture)这三本书中宣传自己关于CC(Creative Commons)运动的观点。

❸ 吴汉东.中国知识产权法律体系论纲——以《知识产权强国建设纲要(2021—2035年)》为研究文本[J].知识产权，2022(6)：4.

享的版权法目的。②欧盟路径。欧盟一方面注意维护信息共享的版权法目的,另一方面强调版权人利益的可实现性和版权利益分配的合理性。2019年,欧盟颁布了《数字单一市场版权指令》,其文本数据挖掘和延伸性版权集体管理的相关规则,弱化了版权保护而更倾向维护信息共享的版权法目的(见本书第三章和第四章),而其版权合同规则(第十八条至二十二条)和网络服务提供者上传作品前须获得版权许可的相关规定(第十七条)则侧重落实版权人利益和创作者利益分配的合理性,虽然其可操作性备受质疑(见本书第四章和第五章)。

美国和欧盟的不同路径是由其法律文化和配套制度所决定的。美国一直崇尚市场经济,反对国家干预,且其没有相配套的强大集体管理制度,所以法律反对延伸性的版权集体管理规则,也没有强大的集体管理组织足以高效透明地监督对作品的利用和管理。因此,其版权合同和网络服务提供者相关规定和欧盟不同。

第三节 中国路径:构建版权市场为主、国家计划为辅的信息共享二元体系

如前所述,实现信息共享存在版权模式和非版权模式。信息共享的版权模式常常导致作品过于市场化,有时甚至因故意迎合消费者的低俗品位而影响作品质量,同时这一模式有时会妨碍实现信息共享。而完全拒绝为信息付费则可能导致信息数量过少或质量不好。❶在版权统一治理和完全信息传播自由之间,或许我国可以在借鉴美国、欧盟相关规则的基础上,根据本国国情选择第三条道路。也就是说,部分作品或产业由版权法规制,部分结合我国现有配套制度由其他路径规制,以充分实现信息共享。这种模式有其理论基础并具有可操作性。

---

❶ Joseph A. R. Gerber, Locking Out Locke: A New Natural Copyright Law, 27 Fordham Intell. Prop. Media & Ent. L. J. 613(2017).

一、二元体系理论学说

奥地利哲学家鲁道夫·斯坦纳（Rudolf Steiner）的三元社会秩序理论将社会分为三个领域：文化领域、政治领域及经济领域。如果文化过于经济化、商业化，则会加大信息交流成本，不利于基本科研信息和有艺术性而无商业性信息的传播，推迟甚至破坏自发的交流和创新。针对这一问题，国内外学者均提出信息共享二元体系解决方案，提倡信息共享的版权保护与非版权保护制度的共存。例如，有学者认为：“从规范的角度来看，知识产权法律和政策应确保基于市场的获取和共享信息的非市场模式共存，以便作者、发明者和其他企业家拥有尽可能多的选择，社会的所有成员都有足够的机会获得知识。"[1]有学者主张权属传播分离的二元制体系。他们承认文化创作过程不同于作品利用过程，并希望创作者能不依赖作品利用体系而进行创作。为达到此目标，国家应当引进一个互补性的体系。此互补性体系强调作品的创作而非利用，代表个人作品而非企业作品的利益。它和作品利用具有同样重要的地位，其目的是为创作提供自由。这两种相平行的分离体系，版权体系强调经济，新建体系强调文化。权利人受益于最大经济利益，而创造者和消费者则更受益于文化的再使用。不同主体利益在不同制度下得以实现，而不是在同一制度下解决两种不同的利益。[2]我国也有类似的观点，有学者在分析我国 1949—1979 年版权制度的基础上指出：“当时，文化生产和经济刺激全然分开。至于作品的质量，出版者和传播者……帮助他们（作者）把作品提升到一个更高的层次。"还有学者提出，我国应当"构想一种超越权利话语的新模式"。[3]总之，信息本质上是"非损耗"的公共产品（其内容不会因为使用者增

---

[1] Alexander Peukert, Fictitious Commodities: A Theory Of Intellectual Property Inspired By Karl Polanyi's "Great Transformation", 29 Fordham Intell. Prop. Media & Ent. L.J. 1151 (2019).

[2] Dr. James Griffin, Making A New Copyright Economy: A New System Parallel To The Notion of Proprietary Exploitation In Copyright, I. P. Q. 2013, 1, 69-87 (2013).

[3] 彭丽君，张春田.著作权与所有权——以1949至1979年的中国实践为例[J].杭州师范大学学报(社会科学版)，2013，35(4):46.

加而有损耗)。高质量信息的最大化推广,有利于促进国家文化水平和公共利益。此外,以信息为标的的商品和服务市场无法达到经济学家所谓的帕累托最优。而新技术的发展使私人复制越来越容易,版权所有者对私人复制的监控和监管变得越来越昂贵。从这些角度看,采用版权市场和非市场方式联合促进信息共享有一定的可取之处。

二、以版权市场为主:未来版权法理念和制度的重塑

综上,版权保护的最终目的仍然应当是扩大信息公共池的范围,让大众共享更多的可自由利用的智力成果。未来著作权法修改应当弱化版权保护,而侧重"实现作品'公共效用'指向的社会价值目的"。❶未来应当建立以促进作品传播为目的的版权制度。毕竟,自由利用是原则,权利保护是例外。版权权属制度(权利限制)、流转制度和保护制度,都须以作品的公众利用为目的。具体而言,版权法应做以下改革。

(一)未来版权法理念基础的再构

1. 重塑版权法的法哲学基础

目前,各国版权法的法哲学基础都比较多元。主张自然权利的大陆法系国家,对于数据库等也进行保护。主张功利主义的美国,也承认自然权利。曾经,普通法财产权的功利主义观点导致美国国会不愿承认精神权利。在功利主义的前提下,美国版权法的中心目的是为作者"将其作品推向市场"创造经济激励。版权所有者享有的大多数权利都与经济有关,可以转让或许可,具有较大灵活性。1991年6月,美国颁布了《视觉艺术家权利法案》(*Visual Art Right Act*,VARA),授予视觉艺术作品作者"非经济的'精神权利'",即署名权和保护作品完整权。根据《视觉艺术家权利法案》,"视觉艺术作品"仅包括存在于单一副本或"200份或更少的限量版"中的绘画、素描、印刷

---

❶ 李杨. 公共效用与权利作用构造:从"作品"到"著作权"的功能性分析[J]. 出版科学,2013,21(1):21.

品、雕塑和用于展览的静态摄影图像中。《视觉艺术家权利法案》明确排除了出租作品、电影和其他视听作品及实用艺术作品。关于版权法的法哲学基础,有学者主张用亚里士多德的目的论来证明版权法的正当性,并认为:"用目的论方法重建版权,不仅符合大部分执法的核心原则,而且在社会变得越来越依赖技术背景下还可以阐明不断出现的关键问题。"❶亚里士多德的目的论认为:"法律的最终目的是促进人类的繁荣——使人类能够过上卓越的生活。"笔者赞同此看法。各国版权法的立法目的符合目的论。例如,我国《著作权法》第一条关于立法的目的是"促进社会主义文化和科学事业的发展与繁荣",美国版权法的目的则是"促进学习和文化",都符合亚里士多德的目的论。我国著作权法具体规则也符合目的论。例如,我国《著作权法》第十四条第二款:"合作作品的著作权由合作作者通过协商一致行使;不能协商一致又无正当理由的,任何一方不得阻止他方行使除转让、许可他人专有使用、出质以外的其他权利,但是所得收益应当合理分配给所有合作作者。"该条款具有明显的目的性,它一方面否定了合作作者某种程度的精神权利;另一方面又认可了其物质利益,不是标准的功利主义、洛克劳动论和尊重作者精神权利等所能解释的。

2. 以最低成本实现信息共享为原则分配技术红利

(1)数字技术间接引发的版权法修改多方博弈

如前所述,在当今的数字时代,数字技术使人人都成为潜在的创作者和传播者。因此,版权法修改牵涉每个人的利益,版权法已经永远不再仅是好莱坞和硅谷之间的博弈,而是包括广大公众直接参与的多方博弈。❷在目前遍及全球的版权法修改活动中,一些不道德的人和组织声称拥有公共领域作品的版权,而一些贪婪的版权所有者则一如既往地尝试加大版权保护力度,并积极地试图阻挠对受版权保护作品的合法使用,但他们的目标面临一些阻

---

❶ Joseph A. R. Gerber, Locking Out Locke: A New Natural Copyright Law, 27 Fordham Intell. Prop. Media & Ent. L. J. 613(2017).

❷ Bill D. Herman, A Political History of DRM and Related Copyright Debates, 1987—2012, 14 YJLT 162(2012).

力。因为目前版权法获得了各国网民的普遍关注,他们日益主动地参与版权改革,甚至呼吁版权法的修改应当更关注信息共享而非版权的过度保护。例如,在我国自2011年启动著作权法第三次修改工作后,相关话题热度就居高不下。2020年著作权法草案公布后,关注度节节攀升。截至2020年6月5日18时,参与公开征求意见的人数达到50026人,意见数量达162324条,均高于其他法律草案。❶2012年1月18日,维基、谷歌和很多其他网站进行了24小时的黑屏罢工行为,超过700万美国人参与,以抗议美国议会提出的两个反盗版法案,即《禁止网络盗版法》(the Stop Online Piracy Act)和《保护知识产权法案》(Preventing Real Online Threats to Economic Creativity and Theft of Intellectual Property Act,PIPA)。许多美国普通公民向公众宣传关于这两个法案的知识并鼓励普通公民集体行动,以向议会表达其对知识产权过度保护的焦虑。最终,这两部法案没有得以通过。❷美国学者认为,《禁止网络盗版法》和《保护知识产权法案》引发的斗争将使政策制定者努力地与更广阔的互联网公共政策相接触,虽然短期内这一事实让人不舒服,但从长远看这有利于每一个人。❸2020年5月21日,美国版权局公布其关于《版权法》第五百一十二条的调查报告。他们收到了来自广泛的各方的92000多份书面答复。这些公众包括权利持有人、技术公司、图书馆、法律学者、公共利益团体和很多个人成员。❹在欧洲,2019年3月26日,欧洲议会以348票赞成、274票反对的结果,最终审议通过此前备受争议的《数字单一市场版权指令》。超过500万民众签署了反对此项法案的请愿书,称它会让互联网自由陷入危险境地。此次

---

❶ 著作权法草案相关话题热度不减[EB/OL]. (2020-06-06)[2022-09-20]. https://www.sohu.com/a/305037642_120054912.

❷ Yafit Lev-Aretz, Copyright Lawmaking And Public Choice: From Legislative Battles To Private Ordering, 27 Harv. J. L. & Tech. 203(2013).

❸ Bill D. Herman, A Political History of DRM and Related Copyright Debates, 1987—2012, 14 YJLT 162(2012).

❹ section 512 of title 17 a report of the register of copyrights[EB/OL]. (2020-05-30)[2022-06-20]. https://www.copyright.gov/policy/section512/section-512-full-report.pdf.

欧盟议会开始前,约40000抗议者在德国街头集会,举着"拯救你的互联网"标语进行游行示威。❶这均表明版权法涉及每个人的利益。

(2)"技术中立"应当是版权法目的层面的中立而非复制方式层面的中立

如前所述,技术的变化可能影响交易费用,使原先不起作用的某些制度安排起作用,也可能使原先公平的制度不再公平。版权法如何应对技术挑战？学者们提出了技术中立原则,但对技术中立原则的具体内容,则存在以下三种不同的理解:①它侧重版权所有者"以任何材料形式"的复制权,旨在确保权利人在新平台和新媒体上控制和利用受保护作品的持续能力。这种理解关注法规的细微措辞和被告进行的具体技术活动,以确保版权的专有权适用所有的技术,即使是立法起草者无法预料的技术。②不仅关注功能等效技术手段的平等对待,而且关注技术是否实现类似结果。这种理解不仅着眼于所有者权利的扩展,而且还主张用户权利的扩展是合理的,以实现技术中立的结果。③对"中立"的理解,既不同于①中对不同复制手段和活动平等对待,又不同于②中对版权人和用户权利一视同仁,它是将"中立"上升到更高的版权法目的层面。也就是说,面对技术的不断发展,版权法必须保持一致的是核心版权概念和原则的应用,以适当平衡所涉及的法益。从这个意义上说,技术中立作为一种框架运作原则,要求将旧法律应用于新情况中,在新的技术平台下重新实现利益平衡。❷这种技术中立原则体现在操作层面上,就是限制版权权利范围,以避免新技术对普通网民不利并最终阻碍版权法信息共享目的的实现。第三种理解目前受到理论界和司法界的关注。例如,以学者为中心组成的美国版权改革研究团队认为:"版权法应该认识到新技术可能会创造分发和使用受版权保护作品的新机会,但不是全部机会应

---

❶ 域外传真!重磅!谷歌等互联网巨头抓狂,欧盟新版权法案表决通过[EB/OL].(2019-03-31)[2022-06-26]. https://www.sohu.com/a/305037642_120054912.

❷ Carys J. Craig, The Constitution of Information: From Gutenberg to Snowden, 17 Theoretical Inquiries L. 601(2016).

受版权所有者的控制。"❶以版权法目的为导向的"技术中立"已在某些司法实践中实现。在 Record TV 诉 Mediacorp TV 案❷中,新加坡上诉法院拒绝将版权责任扩展到新的"技术和活动",认为"这些技术和活动,虽然理论上能够被纳入版权法,但只是偶然牵连版权"。裁定用于播放免费无线内容的"互联网数字视频录像机",没有将原告的广播内容"传播"给公众,因此不构成侵权。新加坡法院以下列目的性术语对其进行理论分析:"法院应当平衡几个利益相关者(消费者、内容提供商及技术和服务供应商)的竞争利益,以一种能够对整个社会施加最小成本和带来最大利益的方式理解版权法。"

总之,版权法的目的是信息共享,我们应当致力于确保版权法结果跨技术的一致性,以目的来指导技术。这种基于目的的技术中立,能在不断追求其规范目标的过程中,随着条件的变化重新校准版权平衡。这意味着,传统上在版权法中寻求的利益平衡应该在新技术环境中得到保留。换句话说,立法者需要随着技术的演进而不断进行"均衡调整",不断将合法权利无缝扩展到新的技术环境中,还需要根据不断变化的环境对权利限制进行重新校准,以便在技术变革的波涛中始终如一地实现信息共享的版权法目的最大化。❸

3. 构建契合创作过程社会化版权法的具体制度

如前所述,创作本身是对已有信息资源的一种创新,它本质上是一种对话。从这个角度讲,作品不是一个需要控制的独立事物,而是一个文本或话语,只有在与过去和未来的对话关系中才能理解。如果每个文本都存在与其他文本的对话关系,并且创造力本质上是互相促进的,那么使用、复制、改编和改造现有文本的表达过程就不应被过于限制。继后现代著名思想家罗兰·巴特提到"作者之死"后,近年来,人工智能技术已蔓延至过往被视为人类专

---

❶ Pamela Samuelson; Members of the CPP, The Copyright Principles Project: Directions For Reform, 25 Berkeley Tech. L. J. 1175(2010).

❷ RecordTV Pte Ltd v MediaCorp TV Singapore Pte Ltd(2011).

❸ Carys J. Craig, The Constitution of Information: From Gutenberg to Snowden, 17 Theoretical Inquiries L. 601(2016).

属的创造性领域,如音乐、绘画、文学的创作。一些人工智能创作程序甚至能在一定程度上替代人类作者,这几乎可视为又一次的"作者之死"。❶另外,现代网络技术和人工智能的发展,为信息资源的高效对话提供了更好的技术背景。跨国网络、数字通信和跨文化接触强化了创意灵感及思想和知识的迁移,并导致不同个体学习并形成多种立场或声音。对于有创造力的个人来说尤其如此,他们是这种迁移的最大消费者。因此,巴洛建议我们将网络数字环境中的信息重新概念化,使其更像是一个活的有机体,而不是一个静态的知识包。巴洛主张,作为一种非碳基生命形式,信息会进化、传播,并且随着时间的推移还会变质,它创造了关系和意义。一些信息的价值取决于排他性,其他信息则越广泛传播越具有价值。❷

综上,符号学理论使我们意识到作品的本质是对话,而现有通信技术则使高效对话交流更容易实现。于是,我们有必要进行版权法改革。一方面,版权法需要适应这些变化,并奖励作者将他们的多发性人格投入具有表现力的作品中,以增加我们社会和文化的现实价值。另一方面,为了让新的声音进入个人创作领域,作者需要访问受版权保护的材料,因此需要享有与受版权保护的财产进行交流的自由。❸这些观点得到了学术界的认可。例如,有学者认为:"版权中作品是通信和社会的一个组成部分。我们应当抵御作品商品化的破坏性影响,将作品重新嵌入社会和环境中,以实现版权法目的。"❹还有学者认为:"应构建一种关注公共领域和合理使用的新的知识产权政治。……新的知识产权公共政治必须有自己的积极主张。它不能仅反对内容行业组织支持的任何立法举措,而应该建立在认识到如下事实的基础上,即信息不仅是商品,而且也是对学习、文化、竞争、创新和民主话语至关

---

❶ 郑鹏.人工智能创作、"作者之死"与人的主体性之反思[J].安徽大学学报(哲学社会科学版),2020,44(3):74.

❷ Jessica Litman, Imaginary Bottles, 18 Duke L. & Tech. Rev. 127(2019).

❸ Lior Zemer, Multivoiced Authors, 35 Cardozo Arts & Ent. L. J. 383(2017).

❹ Alexander Peukert, Fictitious Commodities: A Theory Of Intellectual Property Inspired By Karl Polanyi's "Great Transformation", 29 Fordham Intell. Prop. Media & Ent. L. J. 1151(2019).

重要的资源和投入。知识产权必须在更广泛的信息政策中找到归宿,并成为信息社会的仆人,而不是主人。"❶纵观现有的版权法体系,其组成部分——从对公共领域的承认到思想表达二分法、场景理论、合并原则和排除事实——可以被视为版权法试图适应对话主义的手段。即使在受版权保护的表达的理论范围内,版权也有限制和例外。合理使用制度有效地促进了对话,并为这种互文性创造了空间。但这远远不够,版权法应当实施如下改革:①鼓励权利人部分或全部弃权,以促进公民对话能力。❷②扩大合理使用和法定许可的范围。③在侵权判定时,应当将非独创性内容排除出复制范围。并非所有复制都在法律上是错误的,创造性复制可以从本质上改变原始复制作品的"整体概念和感觉",从而促进达成版权制度的最终目标。并非受保护作品的每一部分都在版权所有者的专有领域范围内,只有归属作者的原始可保护元素属于排他性范围。分清一部作品中不受保护的元素和受保护的元素,这对于防止版权过度延伸至关重要。❸

(二)未来版权法目的逻辑链条和具体制度的重构

1. 修补版权法目的逻辑链条中各步骤的缺陷

如前所述,在"版权激励—作品创新—作品利用传播—以最低制度成本实现信息共享的公共利益"这一版权法目的逻辑链条中存在着诸多缺陷,我国《著作权法》应当采用如下措施以解决此问题。

(1)采用更多模式来激发作品创新

现有版权激励机制存在单一性弊端。例如,有学者认为:"不同的作者和创作类型可能对应不同的最佳激励方式。例如,艺术创作过程的内在满足

---

❶ Pamela Samuelson, Mapping The Digital Public Domain: Threats And Opportunities, Law & Contemp. Probs. 147(2003).

❷ Jesús-Iván Mora González, Criminal enforcement of copyright and the distinctive authorship, E. I. P. R. 2019, 41(7), 433–439(2019).

❸ Carys J. Craig, Transforming "Total Concept And Feel": Dialogic Creativity And Copyright's Substantial Similarity Doctrine, 38 Cardozo Arts & Ent. L. J. 603(2020).

感,也许就足以为艺术家提供充分的动力,有的作者更注重社会名气和地位……因此,产权激励并不一定比荣誉回报、劳务报酬或者政府的财政支持更优。"❶还有学者认为:"在新环境下,知识创作者将会有更多的收入获取途径和形式,发现激励创造的新途径可能比修补已有法规的漏洞更有现实意义。"❷

如同本书第一章第二节所述,除获得经济报酬外,获得许可、分享交流和获得规模效应均可能成为创新的动机。版权法应当鼓励这些创新的动机。另外,在数字时代,在个性化的个体创作激增的同时,工业化的作品生产更普遍,公司越来越多地持有版权作品的权利。更多学者开始考虑工业创作并考虑被雇佣状态下如何提高员工的创新力。例如,有学者从心理学和组织行为学的角度出发,提出应当重视私人协议,认为"私人协议的灵活性为公司提供了满足员工特殊需求的空间。与'一刀切'的方法相比,私人协议的预期结果是公司提供一系列独特的激励方案。这种多样性使潜在员工能够选择最适合其特定创意需求的公司"。有学者认为,以下因素有助于员工创新:①增强社会与经济交流。当员工将雇主作为社会合作主体而非经济交换对象时更有创造力。某些管理行为会在雇主和雇员之间产生人际信任。雇主和经理可以通过允许员工参与决策、对员工的成就给予认可和赞扬,努力满足员工个人的需求和利益等方式对待员工,以使员工更具创新。②使员工自主性和能力得到发挥。自主思考和行动的机会有助于人们发展成为心理健康和富有成效的社会成员。在合适的环境中,人们会将外部任务内化,从而更具有创造力。③促进多样性和平衡。当人们在工作时间和个人时间之间取得适当的平衡时,他们会感到更快乐。如果他们的个人时间被用于满足社交和自决等个人需求,则尤其如此。工作需要掌握各种任务的专业人员比那些工作种类较少的人表现出更多的创造性行为。④让职员对其创造性作

---

❶ 章凯业.版权保护与创作、文化发展的关系[J].法学研究,2022,44(1):210.
❷ 王京安,刘佳.著作权的未来——基于互联网时代特征的研究[J].南京工业大学学报(社会科学版),2015,14(2):113.

品享有署名权,能促进其自身对能力的感知并促进社会交流。❶

综上,未来版权法应当重视不同作者的创作动机,除了予以物质激励外,还应当认可并鼓励作者的非经济动机。例如,对以获得他人认可为动机的创作活动,版权法应当加强对其署名权等版权人身权的保护;对以获得规模效应和以交流为目的的创作,版权法应当鼓励其放弃权利,并制定公示等程序性规定,以使公众理解创作者弃权意愿,使信息供求者和需求者之间的意思自治得以实现,达到版权法信息共享的目的。

(2)鼓励作品利用传播

如前所述,有些作品创作完成后并没有传播,但仍然享有权利,如日记等。有些版权人怠于传播自己的作品,更有甚者,依赖起诉他人对此作品的传播而获利。版权法应当借鉴商标法的相关规定,当权利人自己在一定期间不传播作品时,法律可以规定由作者收回著作权,或规定其他人传播此作品合法。欧盟2019年《数字单一市场版权指令》规定作者对合同有撤销权,这一方面是为了维护作者的利益;另一方面也有助于作品传播,从而实现版权法信息共享的目的。

(3)作品利用传播与最低成本实现信息共享目的相一致

未来版权法应当作出如下修改:①立足版权法的立法目的——实现信息共享的公共利益。将版权视为实现信息共享的工具而不是版权法的最高目标。这符合洛克劳动论,也体现了功利主义原则。直到最近,国际版权制度在全球范围内维护作者和版权所有者的权利。如本书第一章所述,1994年的《与贸易有关的知识产权协议》、1996年《世界知识产权组织版权条约》《世界知识产权组织表演和录音制品条约》虽然均提到利益平衡,但并没有具体限制版权的规定。2016年生效的《关于为盲人、视力障碍者或其他印刷品阅读障碍者获得已出版作品提供便利的马拉喀什条约》(*Marrakesh Treaty to Facilitate Access to Published Works for Persons Who Are Blind, Visually Impaired or Otherwise Print Disabled*,简称《马拉喀什条约》)要求缔约方制定版权的具体例

---

❶ Stephanie Plamondon Bair, Innovation Inc. 32 Berkeley Tech. L. J. 713(2017).

外,因此被誉为"转型时刻"。版权限制和例外正在成为版权改革中最关键和最有争议的领域之一。②实现版权私人利益和信息共享利益的平衡时,在保证版权主体利益的基础上,应尽可能将利益向公众倾斜。但平衡点在哪里?这仍然值得进一步研究。或许,将现代版权从厄运中拯救出来的可能是目前的技术背景,包括互联网的开放架构,以及用于制作新作品和共享信息的信息技术。❶

总之,版权法立法的目的,是通过授予作者版权以鼓励创作从而促进信息共享。此外,版权体系应当是更大文化和社会政策的一个子体系。这些文化和社会政策的目的在于鼓励新技术所引发的更便利的信息交流和基本人权的实现。当版权体系不利于版权法信息共享目标时,我们应当重新设计版权法的利益平衡机制。

2. 未来版权法具体制度的重构

如前所述,版权法的立法目的是信息共享这一公共利益。为达到此目的,版权法一方面鼓励创作以确保作品创造,另一方面保证传播作品制作成本较低。版权法可通过以下方式进一步推进版权法的总体目标:①向内容创作者提供保护。②降低交易成本,提高版权作品利用效率。版权法的立法目的是信息共享,这决定了版权法的重心在于作品的动态利用而非作品的静态归属。当下,数字网络环境创造了交互、即时和分散的作品创作入口及消费平台,作品传播成本非常低。版权法在保护版权人利益的同时,应当尽量利用数字技术平台,降低版权作品的交易成本,以提高作品传播效率。❷具体而言,我国《著作权法》应当从以下几个方面加以完善。

(1)修改版权的权属制度

①维护创作者的利益。科斯第二定理认为,当交易成本为正时,产权的初始界定有利于提高效率,因此权属制度非常重要。我国2020年《著作权

---

❶ Pamela Samuelson, Copyright And Freedom Of Expression In Historical Perspective, 10 J. Intell. Prop. L. 319(2003).

❷ Tyler Ackerson, It's Time For The Copyright Act To Patch-In A Statutory License For Video Game Streaming, 48 AIPLA Q. J. 325(2020).

法》第十八条和第四十条修改了职务作品和职务表演的相关规定。笔者认为,在维护投资者的利益的同时,应当注意保护作者的利益,因为他们是创新的源头。职务作品归属应当注意维护作者的利益,职务表演规则应当注意维护表演者的利益。②增加作品类型规则的灵活性。关于著作权客体作品的界定,我国2020年《著作权法》第三条第(九)项设置了开放式条款,即"符合作品特征的其他智力成果"。但在司法实践中,新型作品(如涂鸦、体育赛事节目)的定性仍无结论。我国司法应以开放的态度认可新作品。③保护符合作品构成要件的人工智能生成内容。④重视合理使用,并将公共利益视为合理使用要素之一。合理使用制度并不是偶尔被容忍的可有可无的例外,而是版权法整体设计的必要组成部分,它有助于版权法信息共享目的的实现。为实现合理使用的价值诉求,我国著作权法不仅应当将版权人利益作为考虑的重要因素,还应当将信息共享这一公共利益作为考量要素。版权法还应当认可文本数据挖掘等非表达性使用的合理使用性质。⑤缩短作品的版权保护时间,并建立续期模式。此外,版权从发表之日或登记之日起作为起算点更合理。它以促进信息共享作为赋予私权的条件,更有利于实现版权法的目的(见本书第三章)。

(2)完善版权流转制度

正如学者所述:"我国知识产权的修改应当体现促进资源有效运用的改革方向。……2020年,第三次修改后的《著作权法》仍然没有突出在保护的基础上促进运用,即未突出作品的有效传播和利用。"❶具体而言,我国应当从以下几个方面进行完善:①关于版权登记制度,法律不仅应当考虑行政机关等传统管理主体的作用,还应当注意发挥网络服务商在版权登记中的重要作用,应当规定归属登记和变动登记。至于登记效力,版权归属登记应当遵循自愿原则,但法律可授予已经登记的作品获得法定损害赔偿。另外,法律应当规定版权许可转让登记具有登记对抗效力。②明确界定孤儿作品概念,终止"无人继承和无人受遗赠"孤儿作品的著作权,以促进版权法信息共享的

---

❶ 冯晓青.知识产权制度的效率之维[J].现代法学,2022,44(4):188.

立法目的,完善孤儿作品使用主体和范围的相关规定,建议采用"勤勉寻找+登记+事后补偿"的原则以降低孤儿作品使用成本。③完善我国版权合同制度。一方面,版权法应当增加维护作者(表演者)利益的版权合同法定条款,如知情权和撤销权,以体现公平原则;另一方面,版权法应当认可部分放弃版权的合同(OA 和 CC 协议)以遵循自愿原则,并按其自由意志加强对其未放弃部分权利的保护(见第四章)。

(3) 重构版权救济制度

虽然版权保护激励了某些知识产品的创造,但过度保护可能会抑制信息传播。❶我国应当从以下方面完善版权救济制度。①以法律原则形式对比例原则作出规定。版权法应当从宪法视域考虑比例原则所涉及的各种法益,不仅包括版权,还应包括公众的表达自由权和隐私权,以及网络传播平台的经营自由权。②限制停止侵害责任。这符合版权法的目的、比例原则和版权的性质。在确定是否限制停止侵害责任时,法官应当着重考虑侵权人的过错、当事人利益对比和公共利益三个要素。例如,红色经典作品在创作时背景特殊,且具有重要公共利益,所以应当限制停止侵害责任的适用。③完善损害赔偿制度。我国著作权法应当遵循填平原则,依比例原则明确惩罚性赔偿规定和法定赔偿额适用额度。④完善网络服务提供者的责任制度,包括完善对网络服务提供者过错要件的规定和完善通知与反通知的相关程序性规定。版权人在发出移除通知前应考虑合理使用问题,对于明显的合理使用、权利人主张通知程序的,视为滥用"通知和移除"程序,应当承担相应法律责任,以进一步维系版权人与公众之间的利益平衡,更好地实现网络用户的信息入口权和表达自由权❷(见本书第五章)。

---

❶ Faith O. Aboyeji , Copyright, access to knowledge, and the United Nations' Sustainable Development Goals, E. I. P. R. 2020,42(1),42-54.

❷ 阮开欣. 网络版权法下滥用"通知与移除"程序的规制——兼评美国"跳舞婴儿"案[J]. 中国版权,2015(6):48.Lenz v. Universal Music Corp., 801F. 3d1126(2016).

三、以国家计划为辅：未来国家计划体系初步构想

目前过于商业化的版权体系不利于信息共享，特别不利于基本科研信息和有艺术性无商业性信息的传播，有时会推迟甚至破坏自发的交流和创新。因此，有必要建立与传统版权法相平行的信息共享体制，以促进对公共利益有重要作用的作品的传播。如何建立这一非版权路径的信息共享体系，是值得探讨的问题。

纵观历史，在科举制度下，我国虽然没有版权制度，但存在广泛的作品创作传播。中华人民共和国成立后，我国文化产业最初实现统一管理，改革开放后逐步放开。创作收益最初通过荣誉或其他方式间接实现，后来慢慢由市场收益所决定。其创作带有一定政治色彩，但文化艺术性较强，在传播方面由于没有版权法限制，能较好地实现信息共享。相对于科举制度下的非版权模式，新中国成立初期的非版权模式更适合未来。毕竟，在数字时代下，诸多文化产业（如影视产业和计算机软件）都是团队创作的。它们对国内经济文化和国际竞争有重要意义，科举制度下的业务创作和个人性创作，满足不了这些作品产业化、全球化的需要。我国未来应适度借鉴20世纪50年代至80年代的文化创作管理模式的优点，培养一批科研机构和事业单位，鼓励其员工在一定程度创作自由的基础上，创造出高质量的基础科学作品和具有高艺术性的文学艺术作品。

非版权模式促进信息共享这一思路在我国政策中已有所体现。2021年9月，中共中央、国务院印发的《知识产权强国建设纲要（2021—2035年）》提出："完善开源知识产权和法律体系。改革国有知识产权归属和权益分配机制，……推动知识产权信息开放共享。"2022年10月，习近平总书记在党的二十大报告中提出："要繁荣发展文化事业和文化产业。坚持以人民为中心的创作导向，推出更多增强人民精神力量的优秀作品。"

就著作权法领域而言，未来国有知识产权应当针对哪些客体？学者们看法不一。有学者主张，与公共利益密切相关的作品，应当由政府免费供给。

例如,"自由软件运动"发起人斯多尔曼的纲领性文献《GNU宣言》主张:软件应该像空气一样供人自由呼吸,软件私有危害了社会公共利益。因此,软件的源代码应该共享,尤其是操作系统。他主张政府应该建立起相应制度如"软件税"来保证软件研发获得充裕的资金,因为软件是社会最重要的公共产品。❶我国有学者认为:"实施文化事业与文化产业并行的措施,运用文化事业克服文化产业自身市场逻辑存在的缺陷。……政府有必要依靠财政资源和公权力对那些无利可图的处于市场弱势的高雅文化、不断失落的主流文化、濒临消失的传统文化进行必要的扶持甚至直接资助。"❷

笔者认为,除可以按我国《著作权法》第三条的表现形式分类外,作品还可以有其他分类。例如,按作品的相互关系,可以分为原创作品和再创作品、单一客体和共同客体;❸按学术性分为学术作品和非学术作品;按其与公共利益之间的关系,分为公益作品和非公益作品。非版权模式涉及的作品,应当包括以学术作品为代表的、与公共利益密切相关的所有作品。基于公共利益,这些作品应当得到普遍传播,以促进公民素质的普遍提升和公共利益的最大化。下文以学术作品纠纷为例,探讨对国家计划体系具体规则的大致看法。

目前,基于其基础性和公益性,学术性作品版权与信息共享之间的矛盾正日益受到国际关注。许多学术数据库的经营者和高校学术资源的主要创作者或使用者之间也矛盾不断。例如,全球最大的学术期刊出版商爱思唯尔与国外高校因数据库的使用产生诸多争议。如本书引言所述,2019年美国加利福尼亚大学正式宣布,停止订阅爱思唯尔出版的所有期刊。2020年,麻

---

❶ 鄢显俊."自由软件"运动要追求什么样的"自由"——斯多尔曼思想评述[J].国外社会科学,2011(2):136.

❷ 徐小奔.论版权战略的私权属性与公共政策目标——以文化产业与文化事业二元管理模式为视角[J].国家行政学院学报,2014(2):93.

❸ 肖峋.论我国著作权法保护的作品[J].中国法学,1990(6):66.

省理工学院也终止了与爱思唯尔的合同。[1]在我国,2022年4月,北京知识产权法院针对中南财经政法大学退休教授周秀鸾状告中国知网经营者《中国学术期刊(光盘版)》电子杂志社有限公司侵害作品信息网络传播权案[2]作出终审判决,中国知网就原告各篇学术文章给予法定赔偿2100元到2400元不等。法院确定赔偿数额的依据:①涉案作品为专业学术文章,独创性较高,但创作、发表时间较早。②学术期刊公司的涉案侵权行为影响范围较大、主观过错程度明显。③涉案文章的字数。在此案中,法院认可了学术创作的时效性,但并没有针对学术作品的创作动机(通常不具有盈利目的)、价值(与公共利益相关、不能完全由市场受欢迎度衡量)和赔偿数额(可能和精神损害和评职称等机会成本有关)等作出不同于非学术作品的分析。

综上所述,学术著作已经被科学数据的逐步私有化和商业化所破坏。这个结果一部分源自学术论文著作的版权法保护,另一部分来自对数据库强大的法律和技术保护。对版权法的广泛解释,由反规避法规支持的访问控制的使用及限制性的数据库许可协议,都限制了对迄今为止的公共领域资源(如科学数据)的访问和重用,破坏了传统合作和共享精神这一公共科学基础规范和习惯。

在目前版权法保护体系下,学术作品版权纠纷的判决结果是否达到了法律所追求的公平正义和当事人所追求的目标,似乎值得商榷。在上述周秀鸾状告中国知网经营者案件中,法院在计算侵权赔偿时,将学术作品和非学术作品同等对待地计算侵权赔偿数额,这或许合乎法律规定,但其后所追求的"损失"似乎与原告的诉讼动机并不相符。作为大学教师,周秀鸾教授起诉的目的,与其说是为了个人的财产损失,倒不如说是代表中国知识分子对中国知网数据库既不尊重作者又利用学术作品谋利经营方式的一种不满。法院也忽略了学术作品和非学术作品不同的价值追求和评价标准。但在目前

---

[1] 加州大学宣布取消所有 Elsevier 期刊订阅,并向全球读者免费提供加州大学作者的所有论文[EB/OL].(2019-07-13)[2022-06-26]. https://www.sohu.com/a/326519244_777213. 孙晋,袁野.学术数据库经营者不公平高价行为的规制困局及其破解[J].现代法学,2019,41(5):100.

[2] (2022)京73民终40号.

立法现状下,法院能做的似乎也只有这些。

学术性作品应当有不同于版权法的特殊法律规制手段,这基于它的以下特点:①创作动机常常来源于对科学的追求和好奇,而不是从市场传播中获利。"对非营利性质的知识产品生产活动而言,创造者在很多情况下具有不受限制地传播其创造性成果的愿望,而不大考虑经济上的收益情况。因此,非营利性质的知识产品创造活动对著作权法的激励机制的敏感程度较低。"❶ "学术作品市场性不强,财产利益要弱化一些。同时,学术作品对传播的广泛性有更强烈的需求。其创作动机是获得较为普遍的认同进而成为学界的一种共识。因此,对它的评价应该是科学性而不是市场性。针对学术作品不以财产利益为目的的创作特征,著作权保护时就应充分尊重它的特质,以减少传播中的阻碍。"❷②专业性强,受众数量低于非学术性作品,甚至远远不如通俗娱乐作品。③公益性强,需要国家大力支持。学术作品的价值不取决于其在普通大众中的受欢迎程度和阅读量,而取决于创新性,即不取决于市场性而取决于学术性。因为学术作品与公共利益密切相关,所以作品传播具有重要意义,且版权机制无法对其发挥重大激励作用。正如学者所说:"不同的作者和创作类型可能对应不同的最佳激励方式。……有些作品则严重依赖国家的支持,尤其是基础科研。因此,产权激励并不一定比荣誉回报、劳务报酬或者政府的财政支持更优。"❸

大体而言,针对与公共利益密切相关的学术作品信息共享,具体到周秀鸾状告中国知网经营者案,有两个问题值得研究:①学术作品的著作权。②学术数据库的著作权。因为学术作品的专业性和公益性,有学者认为,纳税人出资进行的研究仅使著作权人、出版商或数据库权利人受益是不对的,相关主体甚至公众应该对国家资金资助的研究有免费入口权,并认为相关主体至少包括以下几方面:①进入和使用公共数据的科学家,他们自己也是数

---

❶ 冯晓青.著作权合理使用制度之正当性研究[J].现代法学,2009,31(4):31.

❷ 苏雪梅.论学术作品的网络传播与著作权保护[J].四川师范大学学报(社会科学版),2012,39(6):138.

❸ 章凯业.版权保护与创作、文化发展的关系[J].法学研究,2022,44(1):210.

据产生者。②产生和发布数据到共同体的科学家。③科学家所工作的学术机构和企业。④这些数据使用人的学术机构和企业。⑤公共数据的分发者和其他中介人,如数据库、科学杂志,甚至数据产生者本身。⑥研究投资人,如政府、私人基金或工业企业。❶有学者则建议,"把网络数据库转载学术作品修改为法定许可,或通过著作权集体管理组织来集中管理作者与网络数据库商之间的著作权问题,使学术作品的著作权在得到保护的同时又不影响其广泛传播"❷。有学者以美国著名法律数据库Westlaw为例,一方面指出学术数据库的作用,"一些公共领域的作品可能会变得比完全没有知识产权的区域更容易被公众访问",因为它们将广泛分布在各网络的有版权和无版权的信息进行分类汇编,为原始公共领域信息增加价值,使读者可以在短时间内得到被浓缩的精确信息;另一方面又指出,"政府显然可以行使其征用权,以获得在互联网上免费提供这些信息的权利。但是,即使可以鼓起政治意愿来做到这一点,情况会不会变得更好?谁会继续投资维护数据库、扩展数据库和改进工具?也许社会福利是通过数字公共领域和专有数据库的混合来增强的,公共领域网站提供了一些竞争来遏制市场参与者的垄断趋势,并提供对关键信息(如最高法院意见)的访问,以将信息提供给那些无力支付数据库访问费的人"。❸

学术著作的共享一直备受关注。我国应采取以下方式,尽量促进学术作品的免费传播:①在作品归属方面,应当具体问题具体分析。第一,对于由纳税人出资进行的学术研究成果,如国家基金项目成果,相关立法或合同中应规定:资助方排他或非排他地传播作品的权利。同时,作者应享有署名权和从作品后期传播效果中获得奖金等间接奖励的权利。有学者认为,我国知

---

❶ Dr. James Griffin, Making A New Copyright Economy: A New System Parallel To The Notion of Proprietary Exploitation In Copyright, I. P. Q. 2013, 1, 69–87(2013).

❷ 苏雪梅.论学术作品的网络传播与著作权保护[J].四川师范大学学报(社会科学版),2012,39(6):138.

❸ Pamela Samuelson, Mapping The Digital Public Domain: Threats And Opportunities, Law & Contemp. Probs. 147(2003).

识产权制度体系还包括其他一些与知识产权相关的替代性制度。这些替代性制度主要包括"非现代性"的知识保护形式（如传统文化、民间文学艺术和遗传资源保护制度）和"非市场性"的产权保护形式（如科技创新奖励制度）。后者可采取"专利奖赏制度"，即国家以向专利权人支付金钱补偿为对价，让发明专利归社会成员共享，从而有助于专利技术的推广和应用；或可采用"发明和发现奖励制度"，即以国家给发明人、发现人颁发奖章、证书和奖金为对价，换取该项科技成果进入公有领域，以激励基础性研究和科学发现。❶ 学术作品也可采用此激励机制，通过国家社会科学成果奖等形式，对学术作品作者进行激励。第二，对于作者个人出资研究所取得的学术成果，版权法应当在授予作者版权的同时，通过认可版权全部或部分弃权行为以激励作品传播。目前的开放存取运动是国际科技界、学术界、出版界和信息传播界在20世纪90年代末发起的，它是以推动科研成果网络自由传播为目的的自下而上的运动。版权法应当鼓励这种弃权行为，并对此意思表示形式要件作出具体的法律规定并进行公示（如在版权局作出书面表示），使版权所有者可以采用公示方式将其作品奉献给公共领域。版权法还应当通过加大赔偿数额途径，以对作者没有放弃的著作权（如署名权）进行保护。这样一方面能有效地维护作者的利益，另一方面能加大打击学术造假的力度。❷ 在作品传播方面，建立政府学术性公益网站，促进作品的传播交流。目前，我国的政府网站主要着重行政事务，公益性和学术性网站相对较少。国家已经在全国哲学社会科学工作办公室网站的《基金专刊》和《成果集萃》等栏目公布了国家基金项目成果的部分内容，这极大地推动了学术研究成果的传播。未来国家有关部门可进一步促进国家基金项目成果的传播，建立除全国哲学社会科学工作办公室网站外的更多学术或艺术作品网站，供公众免费下载。

学术数据库的著作权是值得研究的另一个问题。版权法一方面应当认

---

❶ 吴汉东.中国知识产权制度现代化的实践与发展[J].中国法学：2022(5)：10.
❷ Pamela Samuelson；Members of the CPP，The Copyright Principles Project：Directions For Reform，25 Berkeley Tech. L. J. 1175(2010).

可数据库创办的版权,另一方面应当警惕学术数据库的垄断。上述版权弃权行为和学术性公益网站的建立,可在一定程度上限制学术数据库的垄断。当学术界许多作者参与开放存取运动传播自己作品时,读者能免费获得学术作品,这对学术数据库的垄断起到一定的制止作用。有学者认为,我国能够对开放存取运动作出更大的贡献。理由如下:首先,中国绝大多数学术期刊归属国有,它不以盈利为目的且多数得到各种公益性资金的支持。其次,我国相对集中的科学研究和教育体制更便于统筹协调以建立包含各种开放获取资源的统一平台。❶笔者并不赞同上述观点,虽然学术期刊可能归属国有,但并不是说学者的作品版权也同样归属国有,更不是说期刊的所有作品的著作权人都认可OA运动。OA运动的权利主体主要是作者而非期刊。建立政府学术性公益网站,一方面能促进学术性作品的低成本传播,另一方面即使无力支付数据库费用的读者获得免费的学术知识,对市场主体建立的相关学术数据库或网站也形成一定的竞争互补关系。

四、二元体系下权益的转换和作品传播问题——以芭蕾舞剧《红色娘子军》侵权案为例

(一)芭蕾舞剧《红色娘子军》侵权案简介及学术探讨

1. 芭蕾舞剧《红色娘子军》侵权案简介

1961年,上海天马电影制片厂根据原告梁信创作的电影文学剧本《红色娘子军》拍摄成同名电影并公映发行。1964年,中央芭蕾舞团将电影剧本改编为芭蕾舞剧《红色娘子军》并公演。1993年6月,梁信与中央芭蕾舞团依照我国1991年公布实施的《著作权法》以"补订"的方式签订协议,双方确认了梁信享有电影剧本的著作权;确认了中央芭蕾舞团的芭蕾舞剧《红色娘子军》系根据梁信电影剧本改编而成;确认了中央芭蕾舞团负有标注"根据梁

---

❶ 张立,崔政,许为民.开放获取——科学公有主义的当代形塑[J].自然辩证法研究,2014,30(1):42.

信同名电影文学剧本改编"的署名义务;同时,约定中央芭蕾舞团一次性付给梁信人民币伍仟元整作为表演作品向作者支付的报酬。因为1991年《著作权法》规定著作权许可使用合同的有效期不超过10年,故该协议应于2003年6月期满失效。此后,双方并未协商续约,而且中央芭蕾舞团也未按合同约定给梁信署名。据此,原告梁信认为,中央芭蕾舞团自2003年6月后对于《红色娘子军》的演出行为已侵犯了自己的改编权、表演权及署名权,请求法院判令中央芭蕾舞团停止侵权、赔礼道歉并赔偿梁信经济损失人民币50万元及为制止侵权行为而支付律师费5万元。一审法院判决中央芭蕾舞团就其未向梁信支付表演改编作品报酬的行为,赔偿梁信人民币12万元。❶二审法院维持原判。❷

2. 学术界观点:"红色经典"作品纠纷的特殊性和版权法规则的可适用性

自1990年《著作权法》颁布至今,除上述"红色娘子军"案外,很多"红色经典"作品著作权纠纷案出现。一些作者根据《著作权法》,对无著作权的历史时期创作的作品主张私人权益。对此,最高人民法院2018年5月11日发布《关于加强"红色经典"和英雄烈士合法权益司法保护弘扬社会主义核心价值观的通知(2018)》(法〔2018〕68号),主张要依法妥善审理好使用红色经典作品报酬纠纷和英雄烈士合法权益纠纷案件,并指出:"要深刻认识使用红色经典作品报酬纠纷和英雄烈士合法权益纠纷案件的特殊性,在侵权认定、报酬计算和判令停止行为时,应当秉承尊重历史、尊重法律、尊重权利的原则,坚持红色经典和英雄烈士合法权益司法保护的利益平衡。为维护党和国家利益、社会公共利益,对因使用红色经典作品产生的报酬纠纷案件,不得判令红色经典作品停止表演或者演出。在确定红色经典作品报酬时,要与其他商品化作品主要由市场决定交易价格和报酬的计算方法相区别,要综合考量红色经典作品的类型、实际表演或者演出情形及演绎作品对红色经典作

---

❶ (2012)西民初字第1240号。

❷ (2015)京知民终字第1147号。

品使用比例等因素,同时充分考量创作红色经典时的特殊时代背景,以有利于发挥传承红色经典和宣传英雄烈士光辉事迹的导向作用,酌情确定合理的报酬数额,防止简单化计算金钱给付。"

在这种背景下,学者们对"红色娘子军"的个案问题及上述最高人民法院的通知进行了深入分析。对于红色经典案纠纷是否适用现有版权法规则,学者们看法有异。有学者认为,红色经典案纠纷可适用现有版权法规则:"在法社会学上,可将之化约为'公益与私权'的对峙、'权利与义务'的分离,以及版权权衡标准在'技术与原则'上的变动等命题。化解红色经典著作权纠纷这样的社会争议,其关键就在于如何在实践中提炼出清晰且可预测的普遍性规则或分布相关指导性案例,而不是为法官裁决设置宽泛的政策准则。"❶"法律溯及既往对个体私有版权进行确认与保护是一种必要的历史还原,具有正当性。尽管实践中存在困难,但是在红色经典作品上的公私权益平衡问题还是可以通过法律技术来予以解决的。"❷也有学者认为,红色经典案纠纷不宜适用现有的版权法规则:"芭蕾舞剧的特点是产权的高度碎片化,如简单套用个人产权/著作权制度,将导致财产无法被有效使用的'反公地悲剧'。"❸

3. 笔者对"红色娘子军"个案的理解

在"红色娘子军"案中,一审和二审法院对以下焦点问题看法不同:①1964年原告和被告双方签订的著作权许可合同是否存在。一审法院持肯定态度;二审法院认为其是"许可行为"但不是"著作权许可使用合同"。②一审和二审法院认为被告应当对原告作者梁信进行赔偿,但赔偿理由不同。一审法院否认侵权;二审法院认同侵权。③一审和二审法院在

---

❶ 王峰.作为社会争议的版权纠纷——以芭蕾舞剧《红色娘子军》侵权案为例[J].南大法学,2021(5):144.

❷ 蒋鸣湄.红色经典作品版权"私有化"辨析——从"红色娘子军"版权案争论说起[J].理论月刊,2019(6):113.

❸ 苏力.昔日"琼花",今日"秋菊"——关于芭蕾舞剧《红色娘子军》产权争议的一个法理分析[J].学术月刊,2018,50(7):110.

确定赔偿数额时，均适用《著作权法》在"权利人损失和侵权人违法所得不确定"前提下的法定赔偿条款而不是违约的相关规定，且考察相关因素也略有不同。一审法院根据《著作权法》的相关规定，芭蕾舞剧的表现形式、文学剧本在舞剧中的作用，以及中央芭蕾舞团芭蕾舞剧《红色娘子军》演出和获益情况，酌情予以考虑。二审法院认为，需要综合考虑相关因素对赔偿数额予以酌情处理。虽应参考《红色娘子军》的实际演出情形，但同样应考虑的是，《红色娘子军》虽系中央芭蕾舞团的保留剧目，具有相对较高的演出频率，但其所具有的红色艺术经典地位，使其演出场次中有相当比例并非纯粹意义上的商业演出，因此不能仅根据其演出场次而认定其具有较高获利。此外，在赔偿数额的确定过程中，也需要考虑芭蕾舞剧与电影剧本两种不同作品类型的差别对于使用比例的限制，以及该作品产生的时代背景和作品特点等因素。

笔者观点如下：①1964年梁信对于《红色娘子军》舞剧的改编及表演实施了许可行为，1993年协议中"补订"的表述是对1964年许可行为的确认。虽然1964年我国没有著作权法制度，但不可否认的是我国仍然有作品的创作和使用事实。原告当年也通过许可作品使用行为获得了一定的物质利益和精神利益。虽然这些利益当时没有被纳入法益范畴，更没有采用著作权权利进行表述，但并不能否定当时的作品许可使用行为。②被告应当对原告进行赔偿，但赔偿理由应当是违约而非侵权。1964年梁信实施了许可行为，其和中央芭蕾舞团成立了类似长期合同的关系。1993年，双方签订协议，对于未来十年的报酬进行协商。2003年，当中央芭蕾舞团一直未向梁信支付报酬，可视为一种违约行为。二审法院认为"无论是依据2001年《著作权法》，还是2010年《著作权法》第十条第二款，表演权均既包括禁止权，也包括获得报酬权。他人未经许可表演作品的行为，以及虽经过许可但未支付报酬的行为均构成对于表演权的侵犯。……中央芭蕾舞团2003年6月后的表演行为虽应视为经过梁信许可但并未向梁信支付报酬，该行为也构成对于梁信表演权的侵犯。"这一观点有待商榷。原告"获得报酬"

是其许可他人使用自己著作权的一种对价,很难说是一种权利。正如权利人销售动产或不动产取得报酬很难说卖方享有报酬权一样。正因为"取得报酬"是许可或转让权利的对价而不是权利本身,所以我国自2000年修改《著作权法》时起,不再采用1990年《著作权法》的"获得报酬权"这一术语。❶③中央芭蕾舞团表演节目的公益性,不应成为他人免费使用享有著作权作品的充分理由。有学者认为,"芭蕾舞剧的特点是产权的高度碎片化,如简单套用个人产权或著作权制度,将导致财产无法被有效使用的'反公地悲剧'。……鉴于芭蕾舞及其他类似的强调现场表演的高雅艺术基本很难自负盈亏,直接豁免这类艺术团体因改编表演他人已发表作品……必须支付原作者的报酬,可以视这一豁免为国家对高雅艺术行业的法律政策支持,但其最主要的社会功能是降低改编演出高雅艺术品的交易费用,因此可能激励更多和更好地演绎作品。"❷诚然,产权制度设定得过于细碎化会增加交易成本,且有时会造成对公共利益的伤害,但这不能成为免费使用他人享有私权作品的理由。国家既然认可著作权制度,就有义务维护著作权这一财产权。毕竟,依照《中华人民共和国宪法》第十三条第一款,公民合法私有财产不受侵犯。另外,"公共利益"从来不能成为侵害他人权利的理由。《中华人民共和国宪法》第十三条第二款规定,"征收""征用"必须"依照法律规定"并且"给予补偿"。④现有红色经典作品上的公私权益平衡问题完全可以通过现有著作权法法律技术予以解决,而无须由最高人民法院专门发布《关于加强"红色经典"和英雄烈士合法权益司法保护弘扬社会主义核心价值观的通知(2018)》,因为这些公共利益导向的规定是现有著作权法的原则和具体规则的应有之义。就本案而言,中央芭蕾舞团作为

---

❶ 1990年《著作权法》第十条规定:"著作权包括下列人身权和财产权:发表权,署名权,修改权,保护作品完整权,使用权和获得报酬权,即以复制、表演、播放、展览、发行、摄制电影、电视、录像或者改编、翻译、注释、编辑等方式使用作品的权利;以及许可他人以上述方式使用作品,并由此获得报酬的权利。"

❷ 苏力. 昔日"琼花",今日"秋菊"——关于芭蕾舞剧《红色娘子军》产权争议的一个法理分析[J]. 学术月刊,2018,50(7):118.

中国艺术代表性团体多次获得机会出现在国际舞台,《红色娘子军》是国家经典剧目,代表了我国文化软实力,本应是"公共利益"的一部分。针对这些作品,著作权法完全可以基于公共利益,不作"停止侵权"的判令。就国内外现有著作权法发展的趋势而言,为了实现信息共享,欧盟和美国均有限制"停止侵权"责任的趋势。我国也有司法判决主张改停止侵权为加大赔偿。❶另外,最高人民法院《关于加强"红色经典"和英雄烈士合法权益司法保护弘扬社会主义核心价值观的通知(2018)》中的"使用比例""创作红色经典时的特殊时代背景",本就是现有著作权法司法判例中运用的方法,也符合法学传统的公平正义原则。例如,在金庸诉江南等著作权侵权及不正当竞争纠纷案❷中,法院认为"原告作品元素在《此间的少年》中所占比例及重要性程度,本院酌情确定贡献率为30%"。又如,在胡进庆、吴云初与上海美术电影制片厂著作权权属纠纷上诉案中,上海第二中级人民法院二审认为:"双方当事人的确没有就系争作品的著作权归属签订书面合同,但这是特定历史条件下的行为,故应深入探究当事人行为时所采取的具体形式及其真实意思表示,在此基础上才能正确判断系争职务作品著作权的归属。……完成法人交付的工作指标任务,取得工资、奖金及相关的医疗、分房等福利待遇,创作成果则归属法人,符合当时社会人们的普遍认知,也是社会公众普遍认同的行为准则。……针对动画电影的整个创作而言,完成工作任务所创作的成果归属于单位,是符合当时人们的普遍认知的。"❸

---

❶ (2014)杭滨知初字第634、635、636号。

❷ (2016)粤0106民初12068号。

❸ 上海市第二中级人民法院[2011]沪二中民五(知)终字第62号。胡进庆、吴云初是上海美术电影制片厂的职工,20世纪80年代,上海美术电影制片厂指派胡进庆、吴云初担任国产系列动画片《葫芦兄弟》的造型设计,二人共同创作了"葫芦兄弟"角色造型形象。胡进庆、吴云初认为,"葫芦兄弟"形象作为美术作品可以独立于影片而由作者享有著作权,该美术作品属于一般职务作品,在双方未就著作权进行约定的情况下,"葫芦兄弟"角色造型形象的美术作品著作权应归二人所有,遂诉至上海市黄浦区人民法院,请求法院确认《葫芦兄弟》及其续集《葫芦小金刚》系列剪纸动画电影中"葫芦娃"(即葫芦兄弟和金刚葫芦娃)角色形象造型原创美术作品的著作权归胡进庆、吴云初所有。

(二)未来二元体系下权益转换和作品传播规则的初步思考

2021年9月,中共中央、国务院印发《知识产权强国建设纲要(2021—2035年)》提出:"推动知识产权信息公共服务和市场化服务协调发展。"2022年10月,习近平总书记在党的二十大报告中提出:"要繁荣发展文化事业和文化产业。……健全现代文化产业体系和市场体系,实施重大文化产业项目带动战略。"在未来,如何具体构建国家计划体系和版权体系,如何实现两者的兼容和协调发展,最终促进作品信息共享,是值得深入研究的问题。

结合上述"红色娘子军"案,笔者认为,在国家计划和版权市场体系的转换方面,当国家认可私人版权作品并计划以之为基础进行演绎或传播时,可通过转让或排他性许可方式,用国家财政收入采购部分私权主体享有著作权的作品,将之上传到公益网站上供公众免费下载观看和学习。这能促进信息共享,也符合我国宪法的相关规定。例如,《中华人民共和国宪法》第十九条规定:"国家发展各种教育设施,扫除文盲,对工人、农民、国家工作人员和其他劳动者进行政治、文化、科学和技术业务的教育,鼓励自学成才。"第二十条规定:"国家发展自然科学和社会科学事业,普及科学和技术知识,奖励科学研究成果和技术发明创造。"第二十三条规定:"国家培养为社会主义服务的各种专业人才"。第四十七条规定:"国家对于从事教育、科学、技术、文学、艺术和其他文化事业的公民的有益于人民的创造性工作,给以鼓励和帮助。"

第三章 版权法目的视角下的版权权属制度变革

第一节 版权的主体和客体

一、2020年《著作权法》关于版权主体的新修改及看法

科斯第二定理认为：①在交易费用为零的情况下，不管权利如何进行初始配置，当事人之间的谈判都会导致这些财富最大化的安排。②在交易费用不为零的情况下，不同的权利配置界定会带来不同的资源配置。③因为存在交易费用，不同的权利界定和分配会带来不同效益的资源配置，所以产权制度的设置是优化资源配置的基础。科斯第二定理揭示了产权界定的重要性，指出当存在交易费用时，可交易权利的初始配置将影响交易效率。[1]在版权交易成本较高的当下，这意味着版权权属制度意义重大。

目前，我国著作权主体分为自然人主体和非自然人主体两种。2020年《著作权法》第二章第二节规定了著作权的归属，第十三条至第十九条依次规定了演绎作品、合作作品、汇编作品、视听作品、职务作品和委托作品的权利归属。我国《著作权法》修改了视听作品、职务作品的相关规定。第十七条将视听作品分为影视视听作品和非影视视听作品两类。前者的著作权由制片者享有，后者的著作权归属约定优先，没有约定或者约定不明确的由制作者享有。第十八条规定："报社、期刊社、通讯社、广播电台、电视台的工作人员创作的职务作品"，除署名权外，著作权的其他权利由法人或者非法人

---

[1] 科斯.社会成本问题.法律与经济杂志[J].第3卷,1960(10).

组织享有,法人或者非法人组织"可以"给予作者奖励。我国《著作权法》修改的原因,可能与新闻作品的诉讼难有一定关系,但将著作权利益倾向单位是否科学,还有待实践进一步检验。对于资深新闻人员而言,他们应当享有出版自己作品合集的权利。

另外,2020年《著作权法》第四十条第一款规定,演员为完成本演出单位的演出任务进行的表演为职务表演,演员享有表明身份和保护表演形象不受歪曲的权利,其他的权利归属约定优先,否则权利由演出单位享有。职务表演的权利由演员享有的,演出单位可以在其业务范围内免费使用该表演。相对于职务作品的相关规定,此规定有以下问题:①规则过度倾向资本的利益。法律规定,关于职务表演中的财产权,有约定的按约定,没有约定或者约定不明确的,职务表演的权利由演出单位享有。一般而言,演员作为单位职工,在经济实力和信息各方面处于弱势地位。一般情况下,在签订就业合同时,演员不会主动提出由自己享有表演权利。而演出单位可能会基于此规则,故意对相关权利和义务避而不谈,最终获得表演中的权利。②我国《著作权法》第四十条第二款规定"职务表演的权利由演员享有的,演出单位可以在其业务范围内免费使用该表演"。该条并没有针对业务范围和使用时间进行具体规定。笔者认为,此条应当借鉴职务作品和委托作品的相关规定,作出如下修改:①关于职务表演中的财产权,有约定的按约定,没有约定或者约定不明确的,职务表演的权利由演员享有。这一规则能鼓励单位就演员表演的权利和义务主动与演员进行协商约定。②我国《著作权法》第四十条第二款应当规定:"职务表演的权利由演员享有的,演出单位可以在其业务范围内一定时间内免费使用该表演。作品完成两年内,未经单位同意,作者不得许可第三人以与单位使用的相同方式使用该作品。"

二、版权客体的变迁与作品类型规则的灵活性

在2016年"音乐喷泉案"中,原告设计了随着音乐、灯光和色彩而舞动的喷泉,之后提起诉讼,要求保护"喷泉在特定音乐配合而形成的喷射表演效

果、具有美感的独特视觉效果"。一审法院认为:"《著作权法》规定的具体作品类型中,并无音乐喷泉作品或音乐喷泉编曲作品这种作品类别,但这种作品本身确实具有独创性。……这种作品应受著作权法保护。"❶二审法院则认为,虽然《著作权法》为当时尚未列入而以后可能列入法定类型的作品预留了空间,但"其他作品"受到"法律、行政法规规定"的限制,司法不能对该条款进行扩大解释适用,因此将音乐喷泉定为"其他作品"是不正确的。法律对"美术作品"规定的要件中"并未有意排除动态的、存续时间较短的造型表达"。因此,二审法院认定"涉案音乐喷泉喷射效果的呈现属于美术作品的保护范畴"。❷

此案涉及作品类型的法定性和灵活性问题。2020年《著作权法》修改前,《著作权法》第三条采用"概括+列举"的方式界定作品的范围。作品除包括法定的文字作品、口述作品等八类外,还包括"(九)法律、行政法规规定的其他作品"。针对此条规定,实务界法官一方面认为:我国在制定《著作权法》时,为当时尚未列入但以后可能列入法定类型的作品预留了空间。但由于这种"其他作品"有"法律、行政法规规定"所设定条件的限制,这意味着在立法之初就明确限制了司法对该条款进行扩大解释适用。另一方面又认为,进行法律解释时应当顺应我国《著作权法》的立法目的。我国《著作权法》通过对具有独创性的表达给予保护,鼓励文学、艺术和科学领域创作的积极性,促使更多高质量的作品产生和传播。伴随着科学技术的发展,人们进行思想表达的载体随之扩展,创作的丰富性和多样性得到提升。在文学、艺术和科学领域,美的表达和呈现方式,甚至完全超乎以往形成的固有思维认知和概念体系。如果机械地拘泥于法律条文和惯常认知,不仅会囿于法律局限故步自封,而与立法原意相背离,而且将挫伤权利人积极投入和努力创造的动力,最终影响广大公众从中受益。因此,法律的解释要顺应科技的发展、

---

❶ (2016)京0108民初15322号。

❷ (2017)京73民终1404号。

跟上时代的步伐。❶2020年《著作权法》第三条在对"作品"下定义并列举作品类型的同时,在第(九)项设置了开放式条款,即"符合作品特征的其他智力成果"。这意味着只要符合作品的定义,便可作为作品受到我国《著作权法》的保护,增强了我国《著作权法》的灵活性,并体现了鼓励新类型作品创作传播的价值理念,与著作权法的目的相一致。

2020年《著作权法》第三条第(九)项的开放式条款"符合作品特征的其他智力成果",既回应了版权客体不断变迁这一现状,又和国际趋势相一致。在20世纪和21世纪初,艺术世界以奇特而美妙的方式呈现。马塞尔·杜尚(Marcel Duchamp)放在艺术展览地的小便池、毛里齐奥·卡特兰(Maurizio Cattelan)用胶带粘在画廊墙上的香蕉和班克斯在2018年苏富比拍卖会上的碎纸恶作剧,都反映了艺术处于不断变化中。然而,法定语言的变化并不频繁。当艺术形式发生重大转变时,版权法有必要适应这种转变,这就要求法律体系满足以下要求:①立法必须包含足够的"回旋余地",以便法官在处理出现的新问题时具有一定的灵活性。从国际版权立法看,版权客体以两种主要方式被概念化。一些国家采用《伯尔尼公约》第二条第一款的范式,将"文学和艺术作品"称为版权的客体。另一些国家列举了符合版权保护条件的特定客体类型。例如,英国有一份受版权保护的作品的"封闭清单"规定版权存在于以下作品中:(a)原创文学、戏剧、音乐或艺术作品。(b)录音、电影或广播。(c)出版版本的排版安排。但类型的存在并没有影响其开放式,因为各类型本身是开放式的,这使新作品受保护成为可能。❷美国宪法的起草者并没有打算限制国会将版权授予某些特定类型的智力创作。国会有权根据宪法指定任何的"写作"作为"作品",并通过法律保护其版权,只要能"促进科学和实用艺术的进步"即可。❸②法官必须有一定创造性,他们必须了解艺术世界,并深入思考如何使用法定语言来应对新的发展。但关于新艺术的质

---

❶ (2017)京73民终1404号。

❷ Dr Poorna Mysoor, Does UK really have a "closed" list of works protected by copyright? E. I. P. R. 2019, 41(8), 474–479.

❸ Pamela Samuelson, Evolving Conceptions Of Copyright Subject Matter, 78 U. Pitt. L. Rev. 17(2016).

量和重要性,应由社会大众而不是法官所决定。❶在 Feist Publications,Inc. 诉 Rural Telephone Service Co. 案❷中,法官指出:"原创,作为版权中使用的术语,仅意味着该作品是由作者独立创作的(而不是从其他作品中复制而来),并且它至少具有一定程度的创造力……当然,所需的创造力水平极低,即使是少量的也足够了。"我国《著作权法》第三条第(九)项"符合作品特征的其他智力成果",主要是指符合独创性。但独创性本身则面临独创性是否有高度要求的争议。1990年,我国第一部《著作权法》颁布时,全国人大常委会法制工作委员会的工作人员肖峋认为:"只有当创造性的个性达到了所要求的创作高度时,才会产生受保护的作品。著作权保护的下限就是这样确定的。只有那些有个性的、有一定创作高度的,才是作品,受著作权法保护。"❸当前,以王迁为代表的部分学者认为,我国著作权法中的独创性须达到一定的高度才能满足具有独创性这一构成要件。❹也有学者对此持反对意见,认为一部作品只要体现个性便满足原创性标准从而受版权保护,原创性是一个有无问题,而不是高低问题。❺以独创性的"有无"作为认定作品的判断标准符合著作权法的立法目的。因为独创性"高低"的判断标准是极具主观性和不确定性的,❻它涉及判断主体的美学理解和主观价值判断。❼再者,普通人通常能鉴赏中等水平的独创性,开创式独创则在初期常常面临质疑甚至被唾弃,如梵高的画、电影《美国往事》等。法官不应当代替公众或专业人士对艺术质

---

❶ Richard Chused, Protectable "Art": Urinals, Bananas, And Shredders, 31 Fordham Intell. Prop. Media & Ent. L. J. 166(2020).

❷ Rural Telephone Service Co. v. Feist Publications, Inc., 737 F. Supp. 610,622.

❸ 肖峋. 论我国著作权法保护的作品[J]. 中国法学,1990(6):66.

❹ 王迁. 体育赛事现场直播画面著作权保护若干问题——评"凤凰网赛事转播案"再审判决[J]. 知识产权,2020(11):49.

❺ 卢海君. 著作权法语境中的"创作高度"批判[J]. 社会科学,2017(8):104.

❻ 杨幸芳. 体育赛事节目的法律性质与保护之评析——兼评新浪诉凤凰网中超赛事案[J]. 电子知识产权,2019(12):71.

❼ 储翔,陈倚天. 新著作权法视野下体育赛事直播画面的法律保护[J]. 电子知识产权,2021(11):65.

量进行评价。基于以上理由,版权法仅要求作品必须具备必要的创造力水平。

虽然法律对作品概念应当具备灵活性已经有共识,但在实务中,哪些文学艺术和科学领域智力成果应当属于作品,仍具有一定争议。这不仅包括著作权法规定的法定作品(如杂技),[1]还包括著作权法没有具体规定的符合作品构成要件的新作品。正如学者所说,体育赛事节目、网络游戏直播节目、网络游戏、烟花秀、灯光秀、喷泉秀(音乐喷泉的整体喷射效果)、包括花园设计和盆景设计在内的园艺设计、广播体操、瑜伽动作等是否属于作品,是否属于著作权法中的何种作品类型,仍是著作权法理论界和实务界争论的热点话题之一。[2]下文以涂鸦艺术作品和体育赛事节目的保护为例,论述版权客体问题。

1. 涂鸦艺术作品

在2020年Castillo v. G&M Realty L. P.案[3]中,法院将《视觉艺术家权利法案》的精神权利保护扩展到临时涂鸦艺术作品上。该案案情如下:2002年,杰出的涂鸦艺术家乔纳森·科恩(Jonathan Cohen)与几家公司的所有者杰拉尔德·沃尔科夫(Gerald Wolkoff)达成了口头协议。随后他们将纽约长岛市的仓库建筑5Pointz变成了"全球主要的涂鸦艺术中心"。在11年的时间里,该地展示了大约10650件不同的艺术作品。2013年5月,科恩发现沃尔科夫计划拆除5Pointz并在该地块上建造豪华公寓,沃尔科夫已经为此申请了市政批准。以科恩为首的一群艺术家根据《视觉艺术家权利法案》对沃尔科夫提起诉讼。艺术家获得了临时限制令,但在其到期后,法院驳回了他们的初步

---

[1] 如在2019年中国杂技团有限公司与吴桥县桑园镇张硕杂技团等著作权权属及侵害著作权纠纷案中,北京知识产权法院二审认为,涉案杂技的形体动作编排设计体现了创作者的个性化选择,属于具备独创性的表达,构成著作权法规定的杂技作品。被告表演的《俏花旦》在开场部分的走位、动作衔接安排,以及多次出现的标志性集体动作等编排设计方面,与原告独创性表达部分等构成实质性相似。见北京知识产权法院(2019)京73民终2823号民事判决书。

[2] 卢海君.“作品类型法定原则”批判[J]. 社会科学,2020(9):98.

[3] Castillo v. G&M Realty L. P.,950 F. 3d 155,164(2d Cir. 2020).

禁令请求。禁令被拒绝后,沃尔科夫指示几名工人粉饰所有艺术品。随着他们的作品被毁,艺术家们根据《视觉艺术家权利法案》寻求金钱赔偿。一审法院认定,涂鸦艺术作品获得了公认的地位,被告销毁它们违反了《视觉艺术家权利法案》,而且这种侵犯行为是故意的。由于法院无法辨别被毁艺术品的实际价值,因此法院给予每件作品15万美元的法定赔偿,共计675万美元。被告向第二巡回法院提出上诉。上诉的主要争议是,5Pointz的作品是否具有公认的地位,从而依照《视觉艺术家权利法案》第一百零六条A(a)条受到保护。第二巡回法院认为,一项作品如果是高质量、有地位的,被相关社区承认为作品,则具有公认的地位。2020年,第二巡回法院认为,有些艺术品是暂时的,原告知道5Pointz将来可能被拆除,这一事实并不排除涂鸦艺术作品受到《视觉艺术家权利法案》保护。

虽然此案暂告一段落,但仍存在一些悬而未决的问题。例如,涂鸦艺术的地位,以及涂鸦艺术的版权和其所依附建筑所有权之间的关系。有学者认为,鉴于合法涂鸦已被证明对许多美国社区产生的积极影响,现在是版权法反映这种日益增长的、有价值的艺术流派的时候了。❶还有学者认为,考虑到所有权人和艺术家的紧张关系,法院应采用多因素平衡测试来确定一件特定地点的作品是否应受《视觉艺术家权利法案》的精神权利保护。考虑的因素应包括以下几个方面:①艺术品的可移除性。②艺术家的意图。③业主的负担。④业主的诚信行为和态度。⑤公众声音。法院应使用多因素测试来确定特定地点的艺术作品是否属于《视觉艺术家权利法案》的范围。❷这些问题仍有待深入研究。

---

❶ Kayla Epstein, Legal Graffiti And Copyright: How The Law Falls Short In Protecting This Important Artform, 38 Cardozo Arts & Ent. L. J. 681(2020); The Harvard Law Review Association, Intellectual Property--Copyright--Second Circuit Finds Temporary Art Protected Under The Visual Artists Rights Act.--Castillo V. G&M Realty L. P., 950 F. 3D 155(2D CIR. 2020), 134 Harv. L. Rev. 1881(2021).

❷ Lang Chen, My Art Versus Your Property: A Proposal For Vara Application To Site-Specific Art, 46 AIPLA Q. J. 341(2018).

2. 体育赛事节目

1990年，我国第一部《著作权法》颁布时，全国人大常委会法制工作委员会的工作人员肖峋认为："文学、科学和艺术领域是十分宽广的概念，可以装进所有的智力成果。"❶2020年《著作权法》第三条明确规定了作品定义："文学、艺术和科学领域内具有独创性并能以一定形式表现的智力成果。"与《著作权法实施条例》第二条相比较可知，新的作品定义删除了"可复制"的要求，一定程度上扩大了作品的范围，但在司法实践中仍存在难以判断的问题，如最近学术界关注的对体育赛事节目的定性问题。

关于体育赛事节目的法律性质，有些法院认为赛事节目达到了作品独创性的要求，❷而有些法院认定其为录像制品。❸学术界也有"作品说"和"录像制品说"两种观点。赞成"作品说"的学者认为，我国应取消录像制品这一概念，将体育赛事节目统一纳入视听作品的范畴给予保护。❹这些学者认为，有关体育赛事节目的争议主要源于我国著作权法中关于邻接权的规范设置，应重新审视我国的邻接权制度，"创作高度"的高低不是区分作品与录像制品的标准。❺如果体育赛节目达到了最低限度的创造性要求，就理应将其纳入作品中进行保护，不应在视听表达成果的认定上提高创造性程度的标准。❻也有学者持"录像制品说"，如有学者认为不宜将直播画面认定为作品，因为体育赛事直播时可以选择的画面受限，独创性程度较低，达不到作品的要

---

❶ 肖峋. 论我国著作权法保护的作品[J]. 中国法学,1990(6):63.

❷ (2019)沪0115民初44265号、(2020)晋民终431号、(2020)京民再128号、(2020)京民再127号。

❸ (2020)吉民终270号和(2020)津03民终1122号。

❹ 卢海君. 论体育赛事节目的著作权法地位[J]. 社会科学,2015(2):105.

❺ 卢海君. 论我国邻接权制度的改进——以"体育赛事节目"的著作权法保护切入[J]. 知识产权,2020(11):58.

❻ 马丽萍. 论体育赛事节目的法律性质——兼评新浪诉天盈九州体育赛事转播案终审判决[J]. 天津体育学院学报,2020,35(4):471.

求。❶在合法转播体育赛事节目过程中保护的权益应与邻接权的保护对象相契合。❷如前所述,独创性是一个有无问题,而不是高低问题。体育赛事节目的法律性质应当具体问题具体分析,无法作出统一结论。诚如1990年全国人大常委会法制工作委员会的工作人员肖峋对"为什么著作权法将录像分为录像作品和录像制品"作出的解释:"区分两者的标准就是录像制作者是否进行了创作。当录像制作者用类似摄制电影的方法对剧本进行了内容上的处理,按照剧本的要求组织音乐、美术等方面的创作,并将它们合成,用磁带加以固定,那么产生的就是录像作品而不是复制品了。但假如录像制作者录制的是某教授的讲课过程,并没有对其讲课内容进行任何创作,只是忠实地加以录制和再现,则产生的只能是作品的复制品,即录像制品,教授的讲课内容才是作品。"❸

第二节 人工智能生成内容的版权问题分析

人工智能❹冲击着已有的法律制度,特别是知识产权法中的专利法和版权法。有学者在谈到专利法时认为:"我们有理由怀疑,专利学说中一些曾经看似坚不可摧的真理,如人类中心主义,即将瓦解。……一旦我们接受世界即将发生变化,我们必须看到这意味着我们所知道的专利法的终结。……我们必须着眼于为未来建立专利制度。这需要一种前瞻性的法律改革方

---

❶ 王迁.论体育赛事现场直播画面的著作权保护——兼评"凤凰网赛事转播案"[J].法律科学(西北政法大学学报),2016,34(1):183;张志伟.体育赛事节目直播画面是否具备独创性[J].电子知识产权,2018(4):38.

❷ 管育鹰.体育赛事直播相关法律问题探讨[J].法学论坛,2019,34(6):76.

❸ 肖峋.论我国著作权法保护的作品[J].中国法学,1990(6):66.

❹ 人工智能机器及其输出的三个关键步骤。第一步需要编写人工智能机器的代码。就目前而言,这段代码主要是由人类程序员编写的。第二步是"机器学习"(ML)。第三步是人工智能机器的生产(不可预测)的输出,它是通过使用大量数字化训练数据或所谓的"数据资料库"产生的。

法——鼓励而不是阻碍人工智能和人工智能的创新。"❶除专利法外,版权法也面临人工智能的冲击,人工智能已经能创造出版权法的诸多作品。

2015年,谷歌创建了DeepDream计算机视觉程序,它最初仅供科学家和工程师查看图像用。现该算法成为流行的抽象艺术作品生成器。

2016年,SONYCSL研究实验室开发了Flow Machines系统。它可利用庞大的歌曲数据库创作新音乐作品。该程序以披头士乐队的风格创作了《爸爸的车》(Daddy's Car)的旋律。

2016年,电影制片人奥斯卡·夏普(Oscar Sharp)与罗斯·古德温(Ross Goodwin)合作打造了一台人工智能机器以编写剧本。两人为这台名为本杰明(Benjamin)的机器提供了数百个脚本。最终机器制造了很多电影剧本,最著名的《太阳之泉》(Sunspring)是由托马斯·米德利奇(Thomas Middleditch)和其他人表演的视听作品。这部9分钟长的视听作品普遍受到好评。

更著名的例子是"下一个伦勃朗"项目——不同机构合作创造了一幅伦勃朗风格的画作。来自各个领域的专家检查伦勃朗作品的特征并收集数据,然后将其汇编到数据库中。随后,开发人员确定了新图片的主题并开发了配置文件,并从与配置文件匹配的所有图像中提取特征。最终,他们使用3D打印机创作了一幅新画,该作品由1.48亿个像素组成,基于伦勃朗画作的168263个片段。2018年,这幅人工智能机器生成的艺术品在佳士得拍卖行以432500美元成交。

一、制度现状:版权法的人类中心主义

从历史上看,版权法均是以人类为中心的。例如,国际版权协议《伯尔尼公约》第七条规定:"本公约给予保护的期限为作者终生及其死后五十年。"除英国外,各国版权法均不承认人工智能生成内容是版权法的保护对象。

---

❶ Tim W. Dornis, Artificial Intelligence And Innovation: The End Of Patent Law As We Know It, 23 Yale J. L. & Tech. 97(2020).

（一）美国

美国版权法没有明确规定作者须是人类，但强调版权存在于固定在有形媒介的"原创作品"中。美国版权局颁布的指导性文件《美国版权局实践纲要》（Compendium of the U. S. Copyright Office Practices）规定，版权局注册的原创作品，前提是该作品是由人类创作的："由机器或纯粹的机械过程随机运行产生，或在没有任何创造性投入或人类作者干预的情况下'自动'产生的作品不会被授予版权注册。"这也表明主张授予人工智能辅助生成内容的版权保护，只要求人类创造者所扮演的角色是重要的且具有创造性的。[1]《美国版权实践纲要》是内部文件，缺乏法律效力。但美国判例法也主张作者身份以人类创作为条件。美国法院没有提供"作者身份"一词的定义，"原创性"通常是司法分析的重点。[2]2011年，野生动物摄影师斯莱特（Slater）在印度尼西亚的一个野生动物保护区内放了一台无人看管的相机。一只生活在保护区内的猕猴"火影忍者"用无人看管相机拍了几张自拍照。斯莱特是否计划让猕猴使用相机尚不清楚，他自己坚持认为他曾诱使它们拿起相机、看镜头和按下快门。斯莱特让他的经纪人将这些照片分发给几个新闻机构，以便可能出版。其中两张自拍《火影忍者》由《每日邮报》出版后在网上疯传。斯莱特指出他自己和他的公司是这些照片的版权所有者。自始至终，斯莱特都承认"火影忍者"拍摄了他出版的照片。到2014年，博客、Techdirt（技术丑闻网）和维基百科都使用了"火影忍者"拍摄的照片。斯莱特试图要求网站停止使用这些照片，但网站声称这些照片不受保护，因为它们是由一只猴子创造的。善待动物组织（People for the Ethical Treatment of Animals，PETA）在加利福尼亚州代表"火影忍者"向斯莱特提起了版权侵权投诉，主张版权的所有者是猴子。地区法院支持斯莱特并以火影忍者缺乏法定资格为由批准了他的驳回动议。第九巡回法院维持了该决定。法院的理由是，该法案并未

---

[1] Feist Publications, Inc. v. Rural Telephone Service Co., Inc., 499 U. S. 340(1991).

[2] Patrick Goold, Artificial Authors: Case Studies Of Copyright In Works Of Machine Learning, 67 J. Copyright Soc'y U. S. A. 427(2020).

"明确授权动物根据法规提起版权侵权诉讼",并且认为继承权利的条款暗示作者身份是人类。❶

(二)欧盟

欧盟《计算机程序可专利性指令》规定:"如果计算机程序是原创的,就其是作者自己的智力创造而言,它应受到保护。不得应用其他标准来确定其保护的资格。"❷在司法方面,欧盟法院在 Infopaq 案❸中指出,作品有资格获得版权保护的前提是它代表作者的"自己的智力创造",反映作者的个性。随后法院在 Painer 案❹中进一步主张,为了证明作者自己的智力创造,作品必须来自作者的"自由和创造性的选择",包括人类采用技术的情况。在 Painer 案中,自由摄影师 Painer 女士在 1998 年为一名名叫"K"的 10 岁女子拍摄了肖像照片,其后不久她被绑架。8 年后,各家媒体用 10 岁的"K"的照片报道了她的逃跑事件。各种报纸还发表了"合影",这是在计算机的帮助下生成的一张肖像,描绘了尚未公开露面的"K"在 2006 年的样子。Painer 女士起诉声称,她作为作者的肖像照片在未经她授权且未承认其作者身份的情况下被使用和改编。法院认为,版权保护的程度不取决于不同类别作品的创作自由程度。如果肖像照片通过在照片制作过程中的自由和创造性选择而获得版权保护,则其保护程度与任何其他艺术作品一样。法院认为,"只要证明照片版权保护的个人智力创作体现在照片中,合影照片便是作为其制作模板的肖像照片的复制品……合影越远离原模板,构成原模板的个人智力创造的元素在合影中的作用,就越容易被压制到不再重要程度,并且因此不再值得考虑"。从这种观点可以推断,在计算机的帮助下生成的肖像,它使用旧照片只是为了记录一个人的生物特征,不是复制品,因为它不包含构成照片原始智力创作的元素。因此,这样的合影将是一件独立的作品。如果它是由计算

---

❶ Naruto v. Slater,888 F. 3d 418(9th Cir. 2018).

❷ 杨红菊.欧盟《计算机程序可专利性指令》的进展[J].电子知识产权,2004(8):28.

❸ Infopaq International v. Danske Dagblades Forening[2009]ECDR 16(Case C-5/08).

❹ Painer v Standard VerlagsGmbH(C-145/10)EU:C:2011:798;[2012]E. C. D. R. 6.

机程序用户的自由和创造性选择产生的原创作品,则受版权保护。这种考虑适用所有类型的创造性作品,而不仅是照片。❶简言之,如果一个人使用人工智能技术来支持创作过程,只要该内容是原创的,体现"作者的智力创造的表达",那么人类在人工智能帮助下创建的内容就可以受到版权保护。基于这些规定,欧盟法院统一了作品的受保护条件,将作品描述为"作者自己的智力创作",从而暗示人类作者身份是先决条件。使用人工智能作为技术辅助的人(就像使用相机一样)可能有资格获得版权保护,难以或不可能确定人为因素的作品不符合欧盟版权法的版权保护条件,因为这些作品没有容易识别的作者。❷

(三)英国

1988年英国《版权、设计和专利法》(the Copyright, Designs and Patents Act, CDPA)为作者和计算机生成的作品提供了法律依据。该法第一条第一款规定:"版权是存在于……原创……艺术作品中的财产权。"第九条第一款规定:"对于作品,作者被假定是创造它的人"。第九条第三款规定:"就计算机生成的文学、戏剧、音乐或艺术作品而言,作者应被视为对创作作品进行必要安排的人"。第一百七十八条规定,"计算机生成"一词是指"在没有人类作者的情况下由计算机生成"的作品。计算机生成作品仅适用文学、戏剧、音乐或艺术作品。关于文学、戏剧、音乐和艺术作品的版权保护期限。《版权、设计和专利法》第十二条规定"版权保护在作者死亡的日历年的第七十年末到期"。但是,如果作品是计算机生成的,则"版权在作品制作日历年的第五十年末到期"。虽然有上述规定,但《版权、设计和专利法》对计算机生成作品规则的许多细节有待澄清。例如,"创作进行必要安排"这一要求,对需要什么样的人类参与及何种程度的参与并无明确规定。版权持有人可以是计

---

❶ Giuseppe B. Abbamonte, The rise of the artificial artist: AI creativity, copyright and database right, E. I. P. R. 2021,43(11),702-709(2021).

❷ Wietse Vanpoucke, Copyright challenged by art created by artificial intelligence, E. I. P. R. 2021,43(8),495-503(2021).

算机的操作员或软件的程序员,重要的是人类行为者对计算机生成的作品作出了贡献("进行了安排")。❶

(四)中国

我国《著作权法》并没有对人工智能生成内容作出直接规定。在最近的两个案例中,法院对此有相关论述。

1. 菲林律师事务所诉百度公司案❷

该案被称为"全国首例人工智能生成内容版权案"。原告于2018年9月9日首次在其微信公众号上发表涉案文章。2018年9月10日,百度网讯公司下属的百家号平台上发布了被诉侵权的文章。原告起诉,被告认为涉案文章是由分析软件依据既定程序生成的,不是由原告进行劳动创作完成的,并主张涉案文章不属于我国现行版权相关法律的保护范围。❸一审法院北京互联网法院认为:"根据现行法律规定,文字作品应由自然人创作完成。虽然随着科学技术的发展,计算机软件智能生成的此类作品在内容、形态,甚至表达方式上日趋接近自然人,但根据现实的科技及产业发展水平,若在现行法律的权利保护体系内可以对此类软件的智力、经济投入予以充分保护,则不宜对民法主体的基本规范予以突破。……从某种意义上讲,可认定威科先行库'创作'了该分析报告。由于分析报告不是自然人创作的,因此,即使威科先行库'创作'的分析报告具有独创性,该分析报告也不是著作权法意义上的作品,依然不能认定威科先行库是作者并享有著作权法规定的相关权利。……软件研发者(所有者)和使用者均不应成为该分析报告的作者。……软件使用者不能以作者的身份在分析报告上署名,但可以采用合理方式表明其享有相关权益。"2020年5月,二审维持原判。❹

---

❶ Tim W. Dornis, Artificial Creativity: Emergent Works And The Void In Current Copyright Doctrine, 22 Yale J. L. & Tech. 1(2020).

❷ (2018)京0491民初239号判决。

❸ 李艾真.美国人工智能生成物著作权保护的探索及启示[J].电子知识产权,2020(11):82.

❹ (2019)京73民终2030号。

2. 腾讯公司与上海盈讯公司的版权纠纷案❶

在该案中,原告起诉称,Dream writer 计算机软件是由原告关联企业腾讯科技(北京)有限公司自主开发的一套基于数据和算法的智能写作辅助系统,并将该计算机软件著作权许可给原告使用。自 2015 年以来,原告主持创作人员使用 Dream writer 智能写作助手每年可以完成大约 30 万篇作品。原告于 2018 年 8 月 20 日在腾讯证券网站上首次发表的标题为《午评:沪指小幅上涨 0.11% 报 2671.93 点　通信运营、石油开采等板块领涨》的财经报道文章,之后发现被告未经原告许可,在原告文章发表当日复制了原告涉案文章,并在被告运营的"网贷之家"网站通过信息网络向公众传播。原告于是向法院提起诉讼。在该案中,针对 Dream writer 智能写作辅助系统所生成的财经报道文章的版权问题,腾讯公司称,涉案文章是由其员工运用软件创造而成的,因此原告下属团体应依法被视为涉案文章的作者。法院认为,涉案文章是否构成文字作品的关键在于判断涉案文章的是否具有独创性。涉案文章由原告团队运用 Dream writer 软件生成,其外在表现符合文字作品的形式要求,其表现的内容体现出对当日上午相关股市信息、数据的选择、分析和判断,文章结构合理、表达逻辑清晰,具有一定的独创性。本案中原告主创团队在数据输入、触发条件设定、模板和语料风格的取舍上的安排与选择,属于与涉案文章的特定表现形式之间具有直接联系的智力活动。从涉案文章的生成过程来分析,该文章的表现形式是由原告主创团队的相关人员个性化的安排与选择所决定的,其表现形式并非唯一,具有一定的独创性。至于Dream writer 软件研发人员的相关工作与涉案文章的独创性之间有无直接关联,考虑到本案的实际情况及软件著作权人已和原告约定其使用授权软件所创作的作品的著作权归原告所有,已无查明必要。❷综上,从涉案文章的外在表现形式与生成过程来分析,该文章的特定表现形式及其源于创作者个性化的选择与安排,并由 Dream writer 软件在技术上生成的创作过程,均满足著作

---

❶ (2019)粤 0305 民初 14010 号。

❷ 同❶。

权法对文字作品的保护条件,法院认定涉案文章属于我国《著作权法》所保护的文字作品。被告侵害了原告享有的信息网络传播权,应承担相应的民事责任。

二、学术观点:法律的人类中心主义探讨

人工智能生成内容的背后,是人工智能技术的不断发展。与之前技术革命不同,当前的问题不是创意作品的加速复制或它们通过网络无处不在地传播,而是我们正处于人工创造力取代人类创造力时代的门槛上。人工智能创新和随之而来的人工智能创造性生产的扩散可能会更快、更多地为我们的经济作出贡献。摆在我们面前的任务不是优化人类的产出,而是决定人类是否保留其作为唯一创造者的角色,即人类对艺术和信息内容的垄断是否会持续下去。这一问题的答案将使劳动力市场、文化内容和公共信息领域都面临根本性的变化。❶目前,有两种相反的观点。

(一)反对人工智能生成内容的版权保护

不少学者反对人工智能生成内容的版权保护。例如,有学者认为,鉴于未经检查的人工智能生成内容可能对人类作者身份造成严重破坏,有充分的功利主义理由不将技术的发展优先于人类激励结构,以维护未来人类作者的尊严。❷有学者认为,授予人工智能设备主体资格的决定还涉及其他权利和义务,以及民事和刑事责任。将此类权利赋予机器会带来非常危险的前景,即机器可能被用作人类责任的替罪羊。❸还有学者基于以下理由否定人工智

---

❶ Tim W. Dornis, Artificial Creativity: Emergent Works And The Void In Current Copyright Doctrine, 22 Yale J. L. & Tech. 1(2020).

❷ Eric Sunray, Sounds Of Science: Copyright Infringement In Ai Music Generator Outputs, 29 Cath. U. J. L. & Tech. 185(2021).

❸ Benjamin Williams, Painting by numbers: copyright protection and AI-generated art, E. I. P. R. 2021,43(12),786-792(2021).

能生成内容的版权保护:①不满足作品要求。❶算法缺乏创造力的关键技能,如目的、理解、意识、直觉、灵感和反思。性格特征、经历和情感等是创造性思维的来源,技能、鉴赏力和想象力是创造力的基准。机器缺乏对自己正在做的事情的内在理解和意识,不能反映时代精神,不能处理社会影响,也不会在潜意识层面受到启发,而这是版权保护的一个关键因素。②市场失灵不存在,无适用激励的前提。人工智能行业和人工智能用户可能出于各种动机投资和使用该技术,而这可能并不总是包括版权保护。现有法律保护可能已经对人工智能技术的投资和使用产生足够的激励。投资的持续增加可能是因为开发成本较低,如时装设计等行业仅需较小的激励就足够。③过多的垄断不利于创新和竞争。智能机器可以将知识产权产品的数量提升到远远超出我们想象的水平。过多的知识产权的垄断,会导致竞争受到限制从而危及创新,而同时获得该技术的主体仅限于相对较少的参与者,这将导致信息商业化、集中化和同质化的威胁。④防止人类创造的取代。人工智能创作质量可能不如人类天才创造的质量高,但它们可能比普通作者创作得好。在这种情况下,两者共存很可能会导致对人工智能创作的青睐,这可能损害以其手艺为生的创作者。将法律保护的优势留给人类创造可以防止过多的投资从人造作品中转移,从而促进必要的创新以维护版权的主要目的。❷

---

❶ 我国也有学者持类似观点。见陈虎.论人工智能生成内容的可版权性——以我国著作权法语境中的独创性为中心进行考察[J].情报杂志,2020(5):149.曹思婕.人工智能出版物的立法思考——基于著作权法中作品的创造性[J].编辑之友,2020(5):96.刘银良.论人工智能作品的著作权法地位[J].政治与法律,2020(3):13.王迁.论人工智能生成的内容在著作权法中的定性[J].法律科学(西北政法大学学报),2017(5):148.其中,王迁教授认为:"如果人工智能生成的内容在表现形式与人类创作的作品类似……则需要从其产生过程判断其是否构成作品。迄今为止这些内容都是应用算法、规则和模板的结果,不能体现创作者独特的个性,并不能被认定为作品。在不披露相关内容由人工智能生成时,该内容可能因具备作品的表现形式而实际受到了保护,但该现象是举证规则造成的,并不意味着著作权法因人工智能而改变。"

❷ Patrick Zurth, Artificial Creativity? A Case Against Copyright Protection For Ai-Generated Works, UCLA J. L. & Tech. i(2021).

(二)赞同人工智能生成内容的版权法保护

更多学者赞同人工智能生成内容的版权法保护,但对保护模式看法不一。

1. 主张采用版权模式保护

主张采用版权模式保护的学者具体观点如下:①修改版权法,取消版权作品必须有人类作者的要求。该主张认为我们没有必要在财产层面上区分人类生产的作品和其他方式生产的作品,"将两者区别对待,误解了财产的功能并篡夺了市场的作用。决定何种有价值的不应该是法律体系,而是市场"。❶②版权属于人工智能投资者。有学者认为:"著作权授予人工智能生成物的投资者更恰当,这不仅可以保持既有制度伦理基础的稳固,而且可以激励人工智能生成产业的投资。"❷"应构建一套以人工智能投资者(一般为所有者)为著作权人,同时辅之以意思自治原则的智能创作物归属制度。"❸③版权属于人工智能所有者。有学者认为:"权利归属也应借鉴早已存在且运作成熟的法人作品制度安排,将人工智能的所有者视为著作权人。"❹④版权属于用户(使用者)。有学者认为:"在著作权归属问题上,人工智能本身无法成为权利主体,符合作品特征的人工智能生成内容著作权原则上应当归属于人工智能的使用者,但同时也要兼顾对投资者利益的保护。"❺还有学者认为,

---

❶ Mark Sherwood-Edwards, Data, and copyright in its teenage years, E. I. P. R. 2019,41(11),697-703(2019).

❷ 曹新明,杨绪东.人工智能生成物著作权伦理探究[J].知识产权,2019(11):39.

❸ 陈全真.人工智能创作物的著作权归属:投资者对创作者的超越[J].哈尔滨工业大学学报(社会科学版),2019(6):28.有学者有类似观点:"应当建立以人工智能的投资所有者为主,以合同约定为辅的归属制度。"李艾真.美国人工智能生成物著作权保护的探索及启示[J].电子知识产权,2020(11):82.

❹ 熊琦.人工智能生成内容的著作权认定[J].知识产权,2017(3):6.

❺ 杨利华.人工智能生成物著作权问题探究[J].现代法学,2021(4):112.其他相同观点如"基于人工智能创作过程的自主性,避免对算法所有者的多重激励,应当拟制算法使用者就人工智能创作成果享有著作权""可将非创作主体的人工智能使用者拟制为作者,之后根据我国著作权法相关权利归属的规定,进行具体的权利分配。"参刘维.人工智能时代著作权法的挑战和应对[J].上海交通大学学报(哲学社会科学版),2021(2)48.谢琳,陈薇.拟制作者规则下人工智能生成物的著作权困境解决[J].法律适用,2019(9):46.

用户应被视为人工智能生成艺术品的版权持有者,因为他们的创造性判断(使用该工具创作作品的决定)满足了使他们成为作者并获得资格所需的"技能、劳动和判断"测试前提条件。用户付出了创造性表达和足够的"技巧、劳动和判断力",要求摄影师充分预见其过程的精确结果才能获得版权是荒谬的。上游程序员应当作为人工智能系统的发明者,在专利法下得到更好的服务。人工智能软件应当受到类似乐器和相机的专利保护。❶⑤具体问题具体分析。有学者认为:"即使是我们这个时代技术最先进的机器,也只不过是设计或使用它们的人类的忠实代理人。因此,询问计算机是否可以成为作者是错误的问题;正确的问题涉及如何评估参与准备或使用人工智能的人类的作者权利主张。在许多情况下,无论是对机器进行编程和训练以产生输出的上游人,还是请求输出的下游人,都充分参与了由此产生作品的构思和执行,从而获得了作者身份。但在某些情况下,人类设计师和用户的贡献会因作品的创作而被削弱,以至于两者都无法成为'作者'。"❷有学者认为:"不同类型的人工智能生成的内容所凝结的创造性智力劳动不同,开发者和使用者谁投入的创造性智力劳动多,谁就作为生成内容的作者享有著作权;就无法确定作者的人工智能生成内容而言,将权利配置给使用者更能发挥著作权法的激励功能,实现法律的最终目的;同时,在约定优先的基础上,既有的法人作品、职务作品、委托作品等法律规则完全可以被吸收运用以实现合理的权利配置。"❸

2. 主张采用邻接权模式保护

有学者认为"出于激励投资和繁荣文化创作的目的,邻接权制度或可为人工智能生成内容提供法律规制,但仍有待立法者根据我国国情作出安

---

❶ Benjamin Williams, Painting by numbers: copyright protection and AI-generated art, E. I. P. R. 2021,43(12),786–792(2021).

❷ Jane C. Ginsburg & Luke Ali Budiardjo, Authors And Machines, 34 Berkeley Tech. L. J. 343(2019).

❸ 孙正樑. 人工智能生成内容的著作权问题探析[J]. 清华法学,2019(6):198.

排。"❶有学者认为:"出于人工智能产业健康、持续发展的考量,以及人工智能生成物的自身属性和特点,应当在现行著作权法律体系内创设新的邻接权权利类型,同时对人工智能生成物予以类型化区分,以对具有一定程度创造性的人工智能生成物给予邻接权保护。"❷还有学者认为:"可将人工智能生成成果作为广义上的邻接权的客体。在我国《著作权法》上应设立一项由产生数据的程序或设备的使用权人享有的对数据成果的'数据处理者权'。"❸

三、个人建议:运用版权保护人工智能生成内容并依具体情况确定版权归属

对于法律关系而言,人工智能生成内容是技术引发的新事物。当考虑是否将其纳入法律范畴时,立法者首先应当从宏观层面思考其对经济、政治和社会文化的影响,其次再从法律角度思考如何引导其向有利于社会公共利益方向发展。从宏观层面观察,人工智能会在一定程度上影响劳动力市场和国际竞争。因为传统上由脑力劳动者完成的任务可能会被人工智能所替代。人工智能生成的内容也可能会造成全球性分配差异,毕竟人工智能生产绝大多数掌握在主要位于美国和日本的少数参与者手中。另外,潜在的人工智能扩散对人类文化和信息圈及政治和民主等非经济领域也会存在较大影响。它增加了创意产品的生产和消费并使它们变得更便宜,因此也将决定艺术、文化、公共传播和信息的更大领域。❹在此大前提下,我们再思考以下问

---

❶ 张怀印,甘竞圆.人工智能生成物著作权归属问题研究——谁有资格放弃《阳光失了玻璃窗》的版权?[J].科技与法律,2019(3):39.

❷ 魏丽丽.人工智能生成物的著作权问题探讨[J].郑州大学学报(哲学社会科学版),2019,52(3):25.

❸ 陶乾.论著作权法对人工智能生成成果的保护——作为邻接权的数据处理者权之证立[J].法学,2018(4):9.

❹ Tim W. Dornis, Artificial Creativity: Emergent Works And The Void In Current Copyright Doctrine, 22 Yale J. L. & Tech. 1(2020).

题：①该社会关系是否应当纳入法律体系？②如果纳入法律体系,是否应当纳入版权法律体系？

1. 人工智能生成内容所引发的社会关系应当纳入法律体系

人工智能生成内容不仅涉及人工智能行业的发展,还与人工智能领域的国际竞争密切相关。国家应当通过立法对其进行引导。如前所述,有学者反对人工智能生成内容版权保护,理由如下：人工智能缺少创造力、市场失灵不存在、无适用激励前提、过多的垄断不利于创新和竞争、防止人类创造的取代。笔者认为,这均不能否定人工智能生成内容的立法干预,理由如下：①人工智能生成的内容虽然可能不是直接源于人类大脑,但是间接源于人类大脑,且很难说其不具有创造力,人类大脑所创作的作品也不过是一堆程序运作之后的结果。如有学者所言："'机器作品'与他者作品不构成'实质性相似',并基于以人类读者为基础的'一般社会公众'认可,即可作为著作权作品看待。"❶再者,抓拍的摄影作品也很难说是出于人类大脑而不是基于偶然性。②由于人工智能所涉及的产业既与国内劳动力市场有关,又与国际竞争关联,所以国家有必要对其进行产业促进,对相关主体进行激励。③人工智能生成内容的法律规制并不必然导致过多的垄断,而且垄断程度可由法律作出特别规定。④人类创造不可能被取代。从历史上看,技术的每一次发展均或多或少地造成了人类创造被取代的恐慌,但机械产品等从未取代人工产品,人工智能生成内容也不可能取代纯人类创作。

2. 采用版权法的版权模式进行保护

如前所述,人工智能生成内容属于文学、艺术和科学领域,具有为一般公众所认可的创造力,符合版权法保护的客体要求,因此应当以版权法进行保护。此外,人工智能生成内容的保护属于创作者利益保护而非传播者利益保护,应当采用版权模式。

制定人工智能生成内容版权归属的法律,应当遵循以下原则：①尊重脑力劳动者的付出。因为版权法保护主体在创作过程中付出的脑力劳动。人

---

❶ 吴汉东.人工智能生成作品的著作权法之问[J].中外法学,2020,32(3):654.

工智能生成内容的每一步骤都离不开自然人的操作,法律应当根据自然人在操作机器过程中付出脑力劳动的具体情况,确定人工智能生成内容的权属和内容。②结合实际,具有可操作性。即使是程序自动生成的人工智能生成内容间接与程序开发者/使用者的脑力劳动相关,可操作性决定了不宜将权利分配给初始程序员或其雇主。如果新兴作品的权利授予人工智能的制造商(程序员或雇主),那么人工智能软件和设备的任何转让或传播,都会导致人工智能生成内容本身的使用权和版权主体相分离,这将不利于后期交易成本降低。诚然,我们必须保证从新兴作品开发中获得的收益进入创新者的口袋,但这不一定必须授予创新者版权。即使没有直接将版权分配给创新者,市场机制也会建立最优激励。这是因为当人工智能设备被出售时,它本身的市场价格将反映所有预期的使用收益。这些收益既包括直接创造新兴作品的收益,也包括进一步利用它们的收益(如复制新兴作品和分发副本)。❶③尊重意思自治原则。有时我们仅需要法律上的作者,而不是事实上的作者。如果当事人在合法基础上达成协议,则有必要尊重当事人意思。

依据以上原则,笔者观点如下。

(1)人工智能生成内容既与最终使用者的劳动有关,又和人工智能产品开发者的劳动有关,但人工智能产品开发者显然不是人工智能生成内容的版权主体,理由如下:其一,人工智能的开发者既不是人工智能生成内容所涉思想的具体表达主体,也不是合作作品的作者。首先,人工智能开发者不是人工智能生成内容所涉思想的具体表达主体,这点也被我国法院所认可:"软件研发者(所有者)没有根据其需求输入关键词进行检索,该分析报告并未传递软件研发者(所有者)的思想、感情的独创性表达,故不应认定该分析报告为软件研发者(所有者)创作完成。"❷其次,人工智能的开发者也不是合作作品的作者。合作作品的构成要件:当事人之间主观上有合作意愿,客观上有共同创作行为。人工智能产品开发者和最终用户虽然都对作品的创作

---

❶ Tim W. Dornis, Artificial Creativity: Emergent Works And The Void In Current Copyright Doctrine, 22 Yale J. L. & Tech. 1(2020).

❷ (2018)京0491民初239号判决。

作出了贡献,但他们之间并不存在共同创作的主观意思,也没有就同一主题进行创作的共同创作行为。❶其二,从制度成本考虑,如果将人工智能生成内容的权利授予人工智能产品的开发者,那么使用人工智能软件人工智能生成内容的使用者,其任何转让或传播都须经过人工智能产品开发者的同意。这增加了交易的制度成本,不足为取。就现状而言,市场机制已经为人工智能开发者建立了最优激励。因为当人工智能软件/设备被出售时,它本身市场价格将反映所有预期的使用收益。这些收益既包括直接创作人工智能生成内容的收益,也包括进一步利用人工智能生成内容的收益(如传播此人工智能生成内容或利用它进行决策)。❷其三,从版权法目的的角度考虑,人工智能开发者既没有参与具体人工智能生成内容的创作,也没有传播人工智能生成内容的动力,将版权授予人工智能开发者,不利于作品的传播和信息共享的版权法目的。正如法院所述:"软件研发者(所有者)对其缺乏传播动力。因此,如果将分析报告的相关权益赋予软件研发者(所有者)享有,软件研发者(所有者)并不会积极应用,不利于文化传播和科学事业的发展。"❸

(2)人工智能生成内容的版权归属应当根据人工智能使用者的劳动和当事人的意思自治,具体问题具体分析:①如果使用者进行详细构思,人工智能仅仅是受控执行,那么在这种情况下,人工智能仅是类似相机的一种辅助手段,操控机器的使用者就应当是作者。②如果人工智能使用者对框架和主旨等进行构思和组织等,则使用者就应当是作者。要求摄影师充分预见其过

---

❶ 这点和电子游戏不同。在一些电子游戏中,游戏开发商向下游最终游戏玩家展示一系列可能性,让他在决策树的分支中进行选择,在"上游"作者许可范围内,使所扮角色履行有限的创意计划,将他们的个人贡献(构思和执行)合并为一个整体,这是否属于合作作品则存在着争议。有学者认为,在这种情况下,无论是对机器进行编程和训练以产生输出的上游人,还是请求输出的下游人,都充分参与了由此产生作品的构思和执行,从而获得了作者身份。Jane C. Ginsburg & Luke Ali Budiardjo, Authors And Machines, 34 Berkeley Tech. L. J. 343(2019).

❷ Tim W. Dornis, Artificial Creativity: Emergent Works And The Void In Current Copyright Doctrine, 22 Yale J. L. & Tech. 1(2020).

❸ (2018)京0491民初239号判决。

程的精确结果才能获得版权是荒谬的。人工智能软件类似于乐器和相机。❶③如果使用者仅进行简单的搜索和加工,则使用者并非作者。如使用翻译软件将文章从英语翻译成法语的网络用户。该网络用户将文章的文本录入翻译网站,该网站使用复杂的机器学习模型将文本翻译成法语。因为网络用户无法控制翻译的工作方式,且不同网络用户针对同一文章文本导出的翻译是完全相同的,所以网络用户不能声明其作者身份,否则将面临多个未实施脑力劳动的法律主体对同一客体主张版权的后果。这点也为我国法院所认可:"软件用户仅提交了关键词进行搜索,应用'可视化'功能自动生成的分析报告并非传递软件用户思想、感情的独创性表达,故该分析报告也不宜认定为使用者创作完成。"❷④人工智能生成内容的权利归属可由当事人依意思自治进行协商。在不违背法律强制性规定的前提下,该意思自治有效。在我国司法实践中,法院也遵循此原则,如在上述腾讯公司与上海盈讯公司的版权纠纷案中,法院认为:"至于Dream writer软件研发人员的相关工作与涉案文章的独创性之间有无直接的关联,考虑到本案的实际情况及软件著作权人已和原告约定其使用授权软件所创作的作品的著作权归原告所有,故无查明的必要。"❸

第三节 版权法目的视角下的合理使用制度

一、合理使用制度的挑战:从谷歌公司两个非表达性的使用纠纷案说起

2021年4月5日,就美国甲骨文公司与谷歌公司的著作权侵权诉讼,美

---

❶ Benjamin Williams, Painting by numbers: copyright protection and AI-generated art, E. I. P. R. 2021,43(12),792(2021).

❷ (2018)京0491民初239号判决。

❸ (2019)粤0305民初14010号。

国最高法院作出终审判决,以6∶2的多数决判令谷歌公司未经许可复制甲骨文公司享有著作权的Java API程序的行为属于合理使用,不侵犯甲骨文公司的著作权。这一案例可追溯于2005年,当时谷歌收购了安卓公司以进军新兴移动设备市场的软件开发。为了吸引"大量熟练的程序员"为谷歌智能手机开发应用程序,它与Java的开发商就Java技术的许可进行了谈判,但谈判并未成功。谷歌随后选择独立创建安卓平台,并复制了来自Java API的11500行代码37个Java应用程序编程接口包,以构建其用于移动设备的安卓平台。API的这一部分确定为"声明代码",它反映了Java的创建者如何安排不同的任务,这是一种关于"结构、顺序和组织"的组织方案。2010年,甲骨文公司于美国加利福尼亚州北区地方法院对谷歌提起法律诉讼。2012年5月,美国旧金山联邦法院作出一审判决,裁定甲骨文的Java API不受版权保护,并作出有利于谷歌的判决。但这一裁定在2014年被美国联邦巡回上诉法院推翻。案件被发回旧金山联邦法院进行审理,争论的焦点由甲骨文API是否受版权保护,转为谷歌的行为是否符合版权保护下的合理使用原则。2016年5月,旧金山联邦法院判定,谷歌使用Java API属于合理使用。2018年3月,联邦上诉法院认定谷歌侵权,并将案件发回加利福尼亚法院,以确定谷歌赔偿甲骨文的金额。2021年4月,美国最高法院的多数法官认为,谷歌复制甲骨文的Java API在法律上是对这些代码的合理使用。❶

美国的另一个纠纷案the Authors Guild, Inc. v. Google❷也与作品的非表达性使用相关。2004年,谷歌公司宣布它正浏览和数字化美国几个领头大学

---

❶ 美国著名知识产权学者Mark A. Lemley对该案法院立场持否定态度,主张Oracle Ⅲ中有争议的Java API不具有版权,并在梳理美国以往判例历史基础上指出,"虽然法院有时采用不同的理论路径,但他们在二十多年里得出了相同的结论:实现兼容性所需的程序接口不受版权法的保护。联邦巡回法院在裁定Oracle Ⅲ中有争议的Java API具有版权时,明显偏离了以往20年来的共识决定"。作者希望法院裁定支持兼容性的程序接口不受版权法保护。见Mark A. Lemley, Pamela Samuelson, Interfaces And Interoperability After Google V. Oracle, 100 Tex. L. Rev. 1(2021)。

❷ The Authors Guild, Inc. v. Google, Inc.954 F. Supp. 2d 282(2013)。

图书馆的所有藏书。此工程将允许使用者查找被浏览作品的全部内容。谷歌公司建立了电子数据库,使网络用户通过图书片段"snippets"可在线搜索图书,查知图书的销售地点和图书片段的上下文。谷歌图书馆"在人类历史上第一次实现了用任何一种语言印刷的图书,都能被享有互联网入口权的任何人所获取"。❶但是,由于对版权作品的使用事先未经权利人同意,谷歌公司在美国、中国和法国被提起侵权诉讼,但基于同一事实的诉讼在各国的结果并不一致。在美国,历经十年的诉讼后,美国第二巡回法院于2015年10月16日认为谷歌图书馆计划属合理使用,它符合美国版权法立法者试图通过获取信息入口从而促进进步的这一目的。❷在法国,法院认定谷歌侵权,但因为谷歌数字化行为带来的商业利益和公共利益,当事人双方最终以和解方式结案。❸之后,谷歌公司与法国出版业巨头马蒂尼埃集团等达成关于数字化作品的协议。❹在中国,北京市高级人民法院认定谷歌公司应承担侵权责任,

---

❶ Hannibal Travis, The Future According To Google: Technology Policy From The Standpoint of America's Fastest-Growing Technology Company, 11 Yale J. L. & Tech. 209(2009).

❷ The Authors Guild, Inc. v. Google, Inc. 954 F.Supp. 2d 282 (2013)。原告不服提起上诉,2015年10月16日,美国第二巡回法院认为谷歌图书馆计划属合理使用,没有构成侵权。美国版权专家学者对此案曾展开专题讨论,多数学者认为谷歌图书馆计划构成合理使用。Angel Siegfried Diaz, Fair Use & Mass Digitization: The Future of Copy-Dependent Technologies After Authors Guild v. Hathitrust, 2013, 28 Berkeley Tech. L. J. 683(2013).

❸ 唐仙丽."Google侵权门"引发的数字图书馆版权问题思考[J].中国出版,2010(12):54.

❹ 2011年8月25日,谷歌公司与法国出版业巨头马蒂尼埃集团共同宣布,他们已经达成一项关于数字化作品的协议。谷歌方面表示,该协议旨在"在马蒂尼埃集团的控制下,以电子书的形式扫描和营销图书"。2010年11月17日,法国第一大出版集团阿歇特出版集团(Hachette Livre)宣布与美国谷歌公司签署数字化合作协议。2012年6月,谷歌公司与法国作家协会(SGDL)就扫描图书版权纠纷一案达成和解协议。见朱晓云、许鹏.阿歇特与谷歌签署图书数字化协议遭质疑[EB/OL].(2010-11-30)[2022-08-28]. Http://Epaper.Ccdy.Cn/Html/2010-11/30/Content_36447.Htm. 朱南.谷歌与法国作家协会就图书版权纠纷达成协议[EB/OL].(2012-06-11)[2022-08-29]. Http://Tech.163.Com/12/0611/19/83082TT8000915BF.Html.

它对图书的电子化扫描行为不构成合理使用。[1]谷歌图书馆计划在多国引发的诉讼,一方面说明各国的版权制度不尽统一,另一方面也说明非表达性使用对各国已有版权法造成了重大冲击。

上述两案均涉及技术发展对版权法的挑战。美国法院最终采用更宏观的视角,合理评估案件所涉公共利益和权利人的商业利益。[2]法院在该案中认为,即使是与原件具有相同目的的精确复制件,如果其发生在完全不同的环境中,也可能构成合理使用。在限制版权持有人权利的同时,法院的做法朝着进一步推进版权法的目标"促进科学进步和有用艺术"迈出了重要一步。[3]

二、比较研究:合理使用与基于文本数据挖掘的非表达性使用

《与贸易有关的知识产权协议》第九条第二款规定:"版权保护应延伸至表达,而不是思想、程序、操作方法或数学概念本身。"这一简洁的规定既构成对表达的强制包含,又构成对思想、程序、操作方法和数学概念的强制排除。思想表达的二分法将版权所有者的权利限制在作者作品的表达元素上。在印刷时代,这体现为复制事实和思想不侵权。在数字时代,思想表达的二分法则意味着出于纯粹非表达目的复制作品也不侵权。

---

[1] 谷歌公司与王莘侵害著作权纠纷上诉案〔北京市高级人民法院(2013)高民终字第1221号〕. 石必胜. 国内首例作家诉谷歌数字图书侵害著作权案胜诉[EB/OL].(2014-01-16)[2022-09-17]. https://www.chinacourt.org/article/detail/2014/01/id/1172693.shtml.

[2] Harry Surden, Technological Cost As Law In Intellectual Property, 27 Harv. J. L. & Tech. 135 (2013); Jennifer Jenkins, In Ambiguous Battle: THE Promise(And Pathos) of Public Domain Day, 12 Duke L. & Tech. Rev. 1(2013).

[3] The Harvard Law Review Association, Copyright Act Of 1976--Intellectual Property--Fair Use--Google LLC V. Oracle America, INC. 135 Harv. L. Rev. 431(2021).

(一)文本数据挖掘概述

文本数据挖掘(Text Data Mining,TDM)是筛选、组织和分析大量文本的工具。文本数据挖掘研究项目可分为四个阶段：①访问（物理或数字）。②提取（复制）。③挖掘（分析处理、内部验证、外部验证）。④使用。要让计算机"阅读"文本，它们必须首先复制文本。但是，计算机不像人类那样能理解或欣赏受版权保护的作品，计算机将数学函数应用于作品（将作品作为原材料）以生成抽象的统计数据。这包括使用软件扫描作品以识别语音模式、不寻常的关系，或者只是统计特定单词的频率，是一种非表达性的使用。因为它是为了获取有关作品的元信息，而不是从作品的表达中受益。文本数据挖掘可能涉及复制受版权保护的内容，但目前版权保护例外和限制制度并没有为某些文本数据挖掘活动提供足够的空间。❶

(二)美国和欧盟对文本数据挖掘的相关规定

美国和欧盟的版权法规定大体相似，主要区别之一是立法模式。美国采用合理使用制度，欧盟采用例外和限制的封闭清单。

1. 美国合理使用制度和基于文本数据挖掘的非表达性使用

如前所述，2021年4月5日，就美国甲骨文公司与谷歌公司的著作权侵权诉讼，美国最高法院作出终审判决，以6∶2的多数决判令谷歌公司未经许可复制甲骨文公司享有著作权的Java API程序的行为属于合理使用，不侵犯甲骨文公司的著作权。2015年10月16日，在The Authors Guild, Inc.起诉谷歌案中，❷美国第二巡回法院认为谷歌图书馆计划属合理使用。该法院认为，谷歌复制受版权保护的原始书籍的目的是提供有关这些书籍的重要信息，允许搜索者识别包含感兴趣的单词或术语的书籍。此外，谷歌可以让读者了解不同历史时期出版书籍的聚合语料库中选定单词的使用频率。这种复制的

---

❶ Rossana Ducato, Alain Strowel, Ensuring text and data mining: remaining issues with the EU copyright exceptions and possible ways out, E. I. P. R. 2021, 43(5), 322–337(2021).

❷ The Authors Guild, Inc. v. Google, Inc. 954 F. Supp. 2d 282(2013).

目的是非表达性使用。

非表达性使用不同于转化性使用。这两个类别之间的主要区别在于,非表达性使用不会篡夺版权所有者的原始表达,因为该表达方式并未被传达,非表达性使用也不会对表达性构成任何替换性威胁,而转换性使用虽然通常不会威胁替换到表达性使用,但在特定情况下可能会。因此,转化性使用将继续要求法院密切关注第三个和第四个合理使用因素——使用数量和该使用的市场效应。相比之下,由于非表达性使用不将作者的原始表达传达给公众,所以复制的数量几乎不具有指导意义,也不会有可识别的市场效应。

就美国合理使用的四个要素而言,文本数据挖掘符合其要求。文本挖掘研究的全部意义在于生成与作品不同的有价值的信息。在大多数情况下,通过仔细阅读文本无法得出从文本数据挖掘中收集到的见解。这一事实只会加强这一结论。因此,文本数据挖掘的使用目的是获得新信息,符合公共利益,这符合第一要素。文本数据挖掘收集的是文本数据事实而非表达,与版权作品性质没有关系,这符合第二要素。至于第三要素,即所用部分的数量和实质,文本数据挖掘几乎总是会涉及整部作品复制,但版权所有者的原始表达几乎没有向公众传播。为文本数据挖掘和类似的非表达用途制作版权作品的完整数字副本,在第三个因素下应被视为在质量上微不足道,即使它涉及对整个作品的字面复制。文本挖掘和类似的非表达性使用对第四个合理使用要素,即"受版权保护作品的潜在市场或价值",也没有可识别的影响。❶

美国有学者认为,包括文本数据挖掘的非表达性使用都属于合理使用。例如,拍摄肯尼迪遇刺或雷金纳德·丹尼被殴打的视频创作了受版权保护的作品,但观众和新闻媒体对受版权保护的部分不感兴趣。他们想看看实际发生的事实,而不是原告的独创性表达。将所有控制权交给版权所有者会锁定

---

❶ Matthew Sag, The New Legal Landscape For Text Mining And Machine Learning, 66 J. Copyright Soc'y U. S. A. 291(2019).

全部不受保护的部分和受保护的部分。又如一系列的瑜伽姿势,它们可能具有创造性和表现力,但它们显然是为了锻炼身体而设计的,而不仅是一种舞蹈形式和服装设计。当其他人以锻炼身体形式对瑜伽进行复制,则同属非表达性使用。❶

2. 欧盟《数字单一市场版权指令》的文本数据挖掘例外

2019年4月,欧盟通过了《数字单一市场版权指令》,其中包含两项强制性文本数据挖掘例外。

《数字单一市场版权指令》第三条规定,成员国必须允许研究组织和文化遗产机构"出于科学研究目的的文本和数据挖掘"复制和提取受版权保护的作品。这一豁免有如下的两个特点:①适用主体有限。此规定的受益人包括研究组织和文化遗产机构(cultural heritage institutions, CHI)。研究组织除大学或其他高等教育机构及其图书馆外,还应包括研究机构和医院等开展研究的实体。该指令引言第十二条指出:"研究组织通常有一个共同点,即它们要么在非营利的基础上行事,要么在国家承认的公共利益使命的背景下行事。"❷另外,引言第十一条指出:"根据现有的欧盟研究政策,鼓励大学和研究机构与私营部门合作。当研究组织的研究活动在公私伙伴关系的框架内进行时,也应从这种例外中受益。虽然研究组织和文化遗产机构应继续成为这一例外的受益者,但它们也应能够依靠其私人合作伙伴进行文本和数据挖掘,包括利用其技术工具。"②适用客体是"用户可以合法访问"的作品。该指令引言第十四条指出,它"包括基于开放获取政策或通过权利持有人与研究组织或文化遗产机构之间的合同安排(如订阅)或通过其他合法手段获取内容。例如,在研究机构或文化遗产机构订阅的情况下,这些订阅所涵盖的人应被视为具有合法访问权限。合法访问还应包括访问可在线免费获取的内容"。③对权利人的限制。"合法访问"要求并不意味着权利持有人可以在

---

❶ Mark A. Lemley & Bryan Casey, Fair Learning, 99 Tex. L. Rev. 743(2021).

❷ Ted Shapiro, The DSM Copyright Directive-EU copyright will indeed never be the same, E. I. P. R. 2019, 41(7), 404-414(2019).

合同条款中协商超越文本数据挖掘的协议条款。因为根据该指令引言第七条第一款第三条,豁免不受合同优先权的影响。引言第十条说明了立法理由:"随着研究越来越多地在数字技术的帮助下进行,除非采取措施解决与文本和数据挖掘有关的法律不确定性,否则欧盟作为研究领域的竞争地位可能会受到影响。"此外,《数字单一市场版权指令》第三条第三款规定,权利人可以采取措施保护其网络和数据库的安全,但"此类措施不得超出实现该目标所必需的范围"。

《数字单一市场版权指令》第四条豁免对所有潜在的数据挖掘者(商业和非商业等)开放,与第三条相同之处在于,第四条豁免适用客体是合法获取的相关作品。与第三条不同之处:①第四条豁免更重视对权利人的保护。尽管将文本数据挖掘应用于文本的权利成为整个欧盟的默认设置,但权利人能够选择退出默认设置。对于在线公开提供的内容,权利人必须通过机器可读的方式,作出将文本数据挖掘权利保留给权利人的声明。对于未在线公开提供的内容,权利人可以通过其他方式如合同协议或单方面声明保留权利。❶ ②对作为文本挖掘的一部分复制作品的保留相关规定不同。根据该指令第三条,组织机构可以"出于科学研究目的,包括为验证研究结果目的"保留作品,但必须采取"适当的安全级别"。而根据第四条,作品只能"在文本数据挖掘所需的时间内"保留。

总体而言,与美国规定相比,欧盟《数字单一市场版权指令》例外范围狭窄,以合法接入作为文本数据挖掘的先决条件。❷美国司法对文本数据挖掘持宽容态度。

---

❶ Giuseppe B. Abbamonte, The rise of the artificial artist: AI creativity, copyright and database right, E. I. P. R. 2021, 43(11), 702-709(2021).

❷ Rossana Ducato, Alain Strowel, Ensuring text and data mining: remaining issues with the EU copyright exceptions and possible ways out, E. I. P. R. 2021, 43(5), 322-337(2021).

三、版权法目的视野下我国未来的合理使用制度

我国2020年《著作权法》第二十四条采用概括加列举方式规定了合理使用问题,规定了个人学习研究目的的复制(列举类型1)、介绍评论性质的复制(列举类型2)、新闻报道性质的使用(列举类型3~5)、教学和科研使用(列举类型6)、执行公务使用(列举类型7)、图书馆等文化机构的陈列保存目的的使用(列举类型8)、表演性使用(列举类型9)、对室外公共场所艺术作品的使用(列举类型10)、与少数民族有关的翻译性使用(列举类型11)、将发表作品改成盲文使用(列举类型12)等。"法律、行政法规规定的其他情形"则属于兜底条款,具有一定的灵活性,同时也具有法定性,因为必须是"法律、行政法规规定的其他情形"。我国2020年《著作权法》新修改的"不得影响作品的正常使用,也不得不合理地损害著作权人的合法利益"兼顾了著作权人利益。但我国合理使用制度也存在诸多问题,这体现在以下方面:①合理使用制度的地位有待提高,且应当更重视公共利益。长久以来,合理使用仅作为著作权侵权的特殊例外情况而存在。如前所述,信息共享是版权法目的,技术中立是技术在版权法体系目的层面上的中立。不管是印刷术时代还是数字时代,技术的使命都是以最低成本(弱版权保护)实现信息共享。而促使技术实现这一目标的制度就是合理使用制度。从立法形式看,我国《著作权法》仅在第二十四条规定了合理使用制度,具体内容过于具体琐碎,不足以实现信息共享的版权法目的。另外,合理使用制度对公共利益不够重视。目前,我国《著作权法》第二十四条的十二种列举式使用方式均促进公共利益,但并没有概括性规定公共利益是合理使用制度重要的考量因素。第二十四条虽然概括性规定"不得影响作品的正常使用,也不得不合理地损害著作权人的合法利益",但没有考量公共利益。②合理使用稳定性有余,灵活性不足。从立法内容看,我国以概括加列举的方式规定了适用合理使用的情形。但在列举中,仅第(十三)"法律、行政法规规定的其他情形"有一定灵活性,且必须"法律、行政法规规定"。这不仅不能满足技术日新月异地发展所带来的

现实需要,而且不能及时解决文本数据挖掘等非表达性使用等技术引发的新问题。③对于技术引发的文本数据挖掘等非表达性使用缺少具体明确规定。

针对我国现有立法,在比较他国相关规定之后,未来我国合理使用制度可作如下修改:①我国版权法应当重视合理使用地位,并将公共利益视为合理使用要素之一。合理使用制度并不是偶尔被容忍的可有可无的例外,而是版权法整体设计的必要组成部分,它有助于版权法信息共享目的的实现。❶为实现合理使用的价值诉求,我国《著作权法》不仅应当将版权人利益作为考虑的重要因素,而且还应当将信息共享这一公共利益作为考量要素。这不仅与版权法目的相一致,也与现代法学理论相符合。从法学理论史看,近代法学理论认为,私人财产权神圣不可侵犯。现代法学则认为,私人财产权负有社会义务,法律应当在维护权利人利益的同时考量权利相对人和社会整体利益,在更深层次上实现私人利益与公共利益的共赢。②应当加强我国合理使用制度的灵活性。未来我国《著作权法》在确定是否构成合理使用时,法院应当将使用的目的和性质,以及受版权保护作品的性质、与被使用作品整体对比体现出来的使用数量、实质比例和使用对版权作品的潜在市场价值的影响进行综合考量,❷并侧重对公共利益和版权人市场份额增减的分析。如果作品的使用一方面有益于公共利益,另一方面又影响原作品的市场价值,则应当针对使用行为的社会成本和社会收益进行具体分析。如果社会收益大于成本,则应当倾向认定其为合理使用行为。③认可文本数据挖掘等非表

---

❶ Campbell v. Acuff-Rose Music, Inc., 510 U. S. 569, (1994).

❷ 美国也规定了此四要素。美国议会既没有为分析这四因素建立任何额外的指导方针或策略,也没有规定四者重要性顺序。法院在不断总结案例基础上提出以下观点:①合理使用制度是列举式而不是限制性的,它仅仅对复制种类提供总体指导。法院在司法实践中应当进行个案分析,而不能采用整齐划一的简单形式。②这四个要件并不能孤立对待,法院应当将此四要件一起考虑,结果一起权衡,每个要件都作为问题评价(如何定义权利人排他权的边界)的一部分,以在保护创作动机的情况下最好地服务版权法促进信息共享的最终目标。③法院指出,合理使用四要件的权重并非完全等同,一些应当比另一些更重要。Pamela Samuelson, Unbundling Fair Uses, 77 Fordham L. Rev. 2537(2009); William F. Patry.Patry On Fair Use §2.6. Thomson West, (2020).

达性使用属于合理使用。关于文本数据挖掘,我国学者有不同观点。有学者建议引入数据挖掘专门例外。❶有学者主张采用版权法合理使用制度进行规定。针对适用合理使用制度的文本数据挖掘范围,部分学者主张借鉴欧盟做法,进行较窄范围的规定:"为科学研究目标的文本与数据挖掘,应构成著作权合理使用。有权进行文本与数据挖掘的主体,并应包括公益性科研机构和文化机构。文本与数据挖掘的对象,至少包括合法获得的作品。……文本与数据挖掘的作品或者其他客体的复制件,应当基于合理安全水平保存,并应基于验证研究结果的科研目的而保留。"❷部分学者认为,我国文本与数据挖掘应当借鉴美国,概括性适用合理使用条款是目前最具可行性的应对策略。❸笔者认为,我国应当认可所有文本数据挖掘等非表达性使用均属于合理使用范围。因为版权保护的是表达,至于非表达性使用,它不应被列入保护范围之列。此外,文本数据挖掘等非表达性使用往往是一种学习性质的使用,它的使用与版权法目的一致。

第四节 版权法目的视角下的版权保护期限问题研究

一、版权保护期限延长史

版权作品今天享有的长保护期限(作者寿命加上50年或70年)远非一

---

❶ 万勇.人工智能时代著作权法合理使用制度的困境与出路[J].社会科学辑刊,2021(5):98.

❷ 赵力.文本与数据挖掘著作权合理使用的域外实践与借鉴[J].图书馆,2022(3):68.也有学者持类似规定。如有学者认为:应当设置著作权合理使用例外规范,并建议我国立法在TDM主体、目的、客体、行为等4个层面形成封闭式许可例外规范体系。参杨娟.文本与数据挖掘合理使用例外规范的体系化设置[J].图书馆论坛,2020(4):150.张惠彬,肖启贤.人工智能时代文本与数据挖掘的版权豁免规则建构[J].科技与法律,2021(6):78.

❸ 马治国,赵龙.文本与数据挖掘对著作权例外体系的冲击与应对[J].西北师大学报(社会科学版),2021,58(4):109.

开始就如此,大概也并非永远如此。世界第一部现代意义的版权法——1710年英国《安娜法》规定,作品自首次出版之日起,享有14年版权保护期,期满如作者尚未去世,可以顺延14年。1790年,美国版权法直接移植《安娜法》版权保护时间的相关规定,授权作者14年的保护期限。作者可在14年期满之前采取续期程序再延长14年。之后,美国不断延长版权保护期限。1831年《版权法》规定了28年版权保护期限并可自愿续期14年。1909年《版权法》规定了28年版权保护期限并可自愿续期28年。1976年,美国将版权保护期限延长至自然人作者终身加去世后50年,主要原因是使美国法律符合《伯尔尼公约》确立的国际强制性最低的保护时间。美国众议院报告(第94-1476号)(HOUSE REPORT NO. 94-1476)关于版权保护期限延长理由如下:①目前的56年期限不足以确保作者及其家属从其作品中获得公平的经济利益。预期寿命大大增加,越来越多的作者看到他们的作品在有生之年落入公共领域,迫使后来的作品与他们自己的版权到期的早期作品竞争。②传播媒介的迅猛发展大大延长了许多作品的商业寿命。短期备受歧视的严肃音乐、文学和艺术作品,其价值可能要到多年后才被承认。③过短的期限不仅损害了作者的利益,而且没有给公众带来任何实质性的利益。公众经常为无版权作品支付同版权作品大致相同的费用,唯一的结果是某些经营者代替作者获得商业暴利。此外,在某些情况下,缺乏版权保护实际上限制了作品的传播。因为出版商和其他用户不愿意冒险投资作品,除非得到专有权的保证。④一个基于作者生平的系统将大大有助于澄清之前"出版"这个模糊概念所包含的混乱和不确定性,并为计算该术语提供一种更简单、更清晰的方法。版权所有者也支持版权期限更改,他们将受益额外的期限。1998年,美国版权保护期限延长至自然人作者终身加去世后70年。

在近300年的时间里,技术使作品传播速度日益加快,传播空间逐步扩大,版权保护期限也越来越长。

二、版权保护期限延长的正当性理论争论

版权保护期限多长合适？这一问题的争议一直存在。1886年，英国作为原始签字国加入《伯尔尼公约》。关于延长版权保护期限，议会成员反复表达两个担忧：首先，这一规定不符合公共利益；其次，它实际上有利于出版商而不是作者。1911年英国版权法草案还考虑了归还权：在受让人破产情况下，版权归还给作者，以限制合同自由，保护作者利益。❶美国的现有版权保护期限规则也面临诸多争议。美国1998年通过的《版权保护期延长法案》(Copyright Term Extension Act, CTEA)将版权保护期延长20年。美国著名知识产权专家劳伦斯·莱西格(Lawrence Lessig)等人起诉该法案违宪。❷如前所述，美国联邦最高法院最终认为其并没有违背宪法规定，但审理该案的法官之间并非没有争议。例如，大法官布雷耶(Breyer)认为该法规违宪。布雷耶大法官主要依靠对《版权保护期延长法案》的经济分析来支持他的结论。他认为，"它的实际效果不是促进，而是抑制'科学'的进步"。布雷耶大法官的核心立场是，如果《版权保护期延长法案》赋予的重大利益是私人的而不是公共的，则版权法将缺乏宪法上必要的理性支持。谈到"促进科学进步"的宪法目的，布雷耶大法官认为，延长版权保护时间不会成为作者创作作品更大的经济动机。因为在20年延期生效之前，仍然具有商业价值的作品数量稀少，这使任何特定作品从延期期限中受益的可能性都遥遥无期。他得出结论，即使是对未来作品，额外的20年也没有任何激励作用。该法规很可能造成与表达有关的伤害。❸

目前，对于版权保护期限的相关规定，有学者认为："公众不会从'受版权保护的材料过早进入公共领域'中获益。……公共领域作品和非公共领域作

---

❶ Elena Cooper, Reverting to reversion rights? Reflections on the Copyright Act 1911, E. I. P. R. 2021, 43(5), 292-297(2021).

❷ Eldred v. Ashcroft案, 537 U. S. 186(2003), Golan v. Ashcroft, 310 F. Supp. 2d 1215(2004).

❸ 转引自 Howard B. Abrams, Eldred, Golan And Their Aftermath, 67 J. Copyright Soc'y U. S. A. 107 (2020).

品的价格差异并不大。"❶但多数学者认为,目前国际版权条约对版权保护期限过长,不利于版权法目的的实现。理由如下:①长期的版权保护可能会阻碍所获取知识,从而减缓动态创新进程。一些研究活动可能需要访问最近的信息来源,公共领域的过时作品可能对当代知识发现毫无用处。❷②过长的版权保护期限会增加作品商业不可用的风险,因为无法确定权利人。创作完成但消费者无法访问的作品不会使任何人受益。❸③过长的期限提高了作品传播的交易成本。❹笔者认为,过长的版权保护期限制度除不利于版权法目的(即信息共享)实现外,还存在以下弊端:①不利于法律的可预见性。从法理学的角度而言,权利和义务必须具有可预见性。这在合同法和财产法的赔偿责任中均有体现。但在版权法领域,科技发展突飞猛进,从创作这一时间点看,作品在未来50年的使用方式并不确定,因此作品复制的版权权利边界和责任范围具有不可预测性。有学者提出,版权的排他权应当将复制方式仅限于创作时科技水平可预见到的方式,以使作者创作时收益预期大致确定❺,这也和版权法激励的目标相一致。在实际操作中,法院应当依照作品创作时科技传播水平来确定被告目前的使用方式是否能被预料到。但预见能力具有一定主观性,科学家和法官的预见能力肯定是不同的。为保障法律的确定性,版权法应当减少版权的保护期限。这既有利于法律的可预见性,又有利于作品早日进入公共领域。②目前的自然人版权保护期限对作者和版权受让人并不公平。因为对作者而言,其脑力劳动所获得的报酬并不是由其所付出劳动或作品的市场价值决定的,而是在很大程度上与作者寿命这一偶然且

---

❶ Peter Jaszi, What Didn't Happen: An Essay In Speculation, 18 Duke L. & Tech. Rev. 162(2019)

❷ Maryna Manteghi, Text and data mining in the EU: managing a conflict between copyright and the right to information, E. I. P. R. 2021, 43(11), 698-701(2021).

❸ Faith O. Aboyeji, Copyright, access to knowledge, and the United Nations' Sustainable Development Goals, E. I. P. R. 2020, 42(1), 42-54.

❹ William F. Patry. Patry On Copyright §7: 2. Thomson West, (2020).

❺ Shyamkrishna B. Foreseeability And Copyright Incentives[J]. Social Science Electronic Publishing, 2009, 122(6): 1569-1633.

不确定的因素有关。对版权受让人而言,其所购买版权的经济收益的大小,也与作者寿命这一不确定因素密切相关。这既不符合洛克劳动论,也不符合功利主义论。以天才史学家张荫麟为例,1940年年初,35岁张荫麟出版专著《中国史纲》(上古篇),1942年病逝。这一高质量作品仅因为作者去世得早,而导致作品保护期限特别短。2014年,在中华书局与中国友谊出版公司等著作权侵权及不正当竞争纠纷案中❶,一审法院判决被告承担赔偿中华书局经济损失6万元等法律责任。虽然作品在市场上广受欢迎,但这一切与作者和其继承人无关。这并不公平。

三、重建版权保护期限制度的探讨

2015年7月,欧洲议会颁布了一份关于欧盟版权法统一的建议,建议之一是减少版权保护期限,以促进公共利益。❷但2019年颁布的《数字单一市场版权指令》并没有提及。理论上,虽然诸多学者主张减少版权保护期限,但对如何重构版权保护期限制度并无统一看法。美国有学者认为:"撇开《伯尔尼公约》方面的考虑,从经济或社会政策的角度看,几乎没有理由证明现行法律过长的版权条款是合理的。最初的20年,外加一两个续期,足以让作者及其指定的人收回对创作和传播作品的投资。如果国会真的像宪法所指示的那样认真地让版权成为促进科学进步的一种手段,那么这将是一个经济上的合理的决定。"❸"由于强大的版权行业团体和国际条约的约束,缩短版权期限的立法前景似乎极其暗淡,至少在不久的将来,甚至可能更远。……但是,美国可以决定在不违反国际条约义务的情况下缩短美国作者的版权期

---

❶ (2014)丰民(知)初字第14736号。

❷ Christophe G, Oleksandr B, Théo H, etal. The Resolution of the European Parliament of July 9, 2015: paving the way(finally)for a copyright reform in the European Union? [J]. Colloid & Polymer Science, 2015, 257(3):239-246.

❸ Pamela Samuelson, Notice Failures Arising From Copyright Duration Rules, 96 B. U. L. Rev. 667 (2016).

限。"[1]我国有学者认为,我国维护现有期限不变是最理性的选择。[2]笔者认为,版权法应当缩短版权保护期限,并设计以下具体制度。

1. 缩短作品版权保护时间,并建立续期模式

20世纪,经济学家模型分析后认为,版权的最佳保护期限是14年。[3]美国国会在对过往版权资料进行整理时发现,即使续期登记程序非常简单,20世纪初也仅有少于5%的人续登,1980年这一比例是20%。[4]这一模型适用20世纪的技术背景,它是否适用现在,不得而知。但显而易见的是,在前数字时代,由于信息不对称和发行经济成本高,出版商须反复思考出版作品的成本和收益。在数字时代,数字技术使复制传播成本变小,而传播范围可通过互联网遍及全球。这似乎意味着即使同样的版权保护期限,现有版权人的收益也应当是增加而非减少。关于版权保护的具体期限,或许是一个有待各国共同商定的问题。但不管如何,版权保护期限不应过长,以减少其不可预见性。

续期模式既可实现作品政府定价和市场定价的统一,又可实现权利人弃权行为的公示。众所周知,包括版权在内的知识产权是法定权利。立法者不可能针对特定作品在特定时间的市场价值进行评估。这常常导致已经失去市场价值的作品在法律上仍然享有版权,不仅不利于其他人的使用,也不利于实现版权法的目的。版权法应当借鉴专利法的相关规定,通过权利人缴纳年费制度等程序以实现权利政府定价和市场定价的统一,促使市场价值小的知识产品尽早进入公有领域。类似地,版权法应当规定版权人续期程序,以利于作品的传播,从而实现版权法信息共享的目的。

---

[1] Pamela Samuelson; Members of the CPP, The Copyright Principles Project: Directions For Reform, 25 Berkeley Tech. L. J. 1175(2010).

[2] 王辉. 数字时代著作权保护期延长的非必要性[J]. 中国出版,2019(20):62.

[3] Porcaro K. Private Ordering and Orphan Works: Our Least Worst Hope?[J]. 2010 Duke L. & Tech. Rev. [i]. 2010.

[4] The Harvard Law Review Association, Copyright Reform And The Takings Clause[J]. Harvard Law Review,2015,128.

2. 版权保护期限从作品公开公示起算

从版权保护期限制度的立法史看，单位作品一般从公之于众开始起算，自然人的作品版权保护期限主要有两种起算方法。第一种是从作品出版或注册之日起计算，第二种是从作者创作完成之日起计算。我国《大清著作权律》第十一条规定："凡著作权均以注册日起算年限。"从1790年美国颁布第一部联邦版权法的前188年中，美国一直采用第一种起算方法，版权期限均从作品首次注册或出版开始的固定年限起算，已出版副本的标准化通知（包括出版日期信息），能确保公众知晓哪些作品受版权保护及这些权利何时到期。续期则提供了版权所有者的更多最新信息，将提供与获得权利相结合，在未发表作品的公开发表和私人版权之间建立了事实上的联系。❶1976年，美国版权法以将作品固定在有形介质中为前提，开始直接对作品进行版权保护，无论其内容是否曾与公众共享。❷伴随着版权法制度的全球化和版权国际条约的发展，现有多数国家均采用第二种起算方法。

关于版权保护期限的起算点，我国2020年的《著作权法》规定如下：①著作权自作品创作完成之日起产生（第六条）。②中国公民、法人或者非法人组织的作品，不论是否发表，依照本法享有著作权（第二条）。③自然人作品的发表权和著作财产权从创作完成之日计算（第二十三条）。④非自然人作品/视听作品的著作权，发表权自创作完成计算，著作财产权从首次发表（公之于众）后开始计算。但作品自创作完成后50年内未发表的，本法不再保护（第二十三条）。⑤除录音录像制作者财产权利，其他邻接权从公之于众起开始计算。例如，图书、期刊的版式设计权利截止于使用该版式设计的图书、期刊首次出版后第10年的12月31日（第三十七条）、表演者享有的财产权利截止于该表演发生后第50年的12月31日（第四十一条）。广播电台、电视台享有的财产权截止于该广播、电视首次播放后第50年的12月31日（第

---

❶ Tim W. Dornis, Artificial Creativity: Emergent Works And The Void In Current Copyright Doctrine, 22 Yale J. L. & Tech. 1(2020).

❷ Pamela Samuelson, Evolving Conceptions Of Copyright Subject Matter, 78 U. Pitt. L. Rev. 17(2016).

四十七条)。录音录像制作者财产权利的保护期截止于该制品首次制作完成后第50年的12月31日(第四十四条)。

从上述规定看,对于自然人的著作权,其保护期限起算点是从作者创作完成之日起计算;对于非自然人作品/视听作品的著作权,其发表权从创作完成之日起计算,其著作财产权从发表(公之于众)开始计算;对于邻接权,除录音录像制作者财产权利从首次制作完成开始计算外,其他邻接权从公之于众起开始计算。笔者认为,我国版权保护期限制度的如下问题有待完善:①法条之间逻辑关系有待一致。例如,2020年《著作权法》第二条和第二十三条存在一定矛盾。在未来著作权法修改中,建议删除第二条。②《著作权法》第二十三条规定:"作品自创作完成后五十年内未发表的,本法不再保护。"此规则有待商榷。即使作品自创作完成后五十年未发表,法律仍有必要授予发表者一定权益,以促进信息共享。我国可借鉴美国版权法中的如下规定:"任何人在版权保护期满后,首次合法出版或合法传播给公众以前未出版的作品,应享有等同于作者经济权利的保护。"该条款确立了权利与作品利用之间的直接关联。尽管公布作品者不一定付出脑力劳动,但作出了将作品推向市场的努力。③版权从发表之日或登记之日起作为著作财产权起算点更为合理。它以促进信息共享作为赋予私权的条件,更有利于实现版权法的目的。

第四章 版权法目的视角下的版权流转制度变革

第一节 版权登记制度——作品传播效率问题

一、版权公示制度缺失下的我国版权重复转让许可现象

2021年8月2日,腾讯PCG内部孵化的NFT发行平台幻核正式上线App,从事数字藏品的售卖服务,但幻核上线后引发了一些版权问题。例如,幻核发售的"徐悲鸿数字墨马"系列引发版权争议,幻核发售预告中出现的一款法门寺博物馆名为"唐鎏金双蛾团花纹银香囊"的数字藏品,被指与前一日"Hi元宇宙"发行的数字藏品重合。授权方均是来自法门寺博物馆。❶自2022年7月1日起,腾讯新闻暂停数字藏品的售卖服务。

版权领域的版权"一权二卖"的问题时有发生。早在2005年,针对当时热播音乐作品《老鼠爱大米》,两家公司——北京太格印象文化传播有限公司和广东飞乐影视制品有限公司,依次与歌手杨臣刚签订转让合同。当他们录制了唱片准备上市时,发现另一方也在录制此音乐作品,于是双方以对方为被告向法院提起诉讼。❷诉讼过程中发现杨臣刚一权多卖,其最早的《老鼠爱大米》作品转让行为发生在2001年,受让人为案外人肖飞。

---

❶ 幻核撞车Hi元宇宙,背锅侠"法门寺"来头不小![EB/OL].(2022-04-08)[2022-08-23]. https://baijiahao.baidu.com/s?id=1729505401933352402&wfr=spider&for=pc.

❷ (2005)海民初字第510号和(2006)朝民初字第22450号。

这种基于公示制度的缺失造成的利益纠纷有时也出现在版权许可纠纷中。2010年，歌手王菲在央视春晚演唱《传奇》，其后多次在演唱会中表演此作品。老孙文化公司提起著作权诉讼。法院在审理过程中发现歌曲的曲作者李健对同一作品签订了二次独家许可合同："李健、刘兵已将包括表演权在内的涉案歌曲《传奇》的著作权独家许可给老孙文化公司，故老孙文化公司可以以其自己的名义提起本案诉讼。但是，涉案歌曲的曲作者李健已在2003年3月与中国音乐著作权协会签订合同，成为该协会会员，将其音乐作品的公开表演权、广播权和录制发行权无保留或限制地授权该协会以信托方式管理，故李健在仍然是该协会会员的情况下，不得将其音乐作品的公开表演权、广播权和录制发行权再转授他人。因此，老孙文化公司主张涉案演唱会演唱的涉案歌曲《传奇》曲的表演权，不能成立，本院不予支持"。❶

以上纠纷出现的原因，皆因我国版权权属公示制度存在缺陷，利益相关人无法获知版权权属的真实状况。我国2021年《知识产权强国建设纲要（2021—2035年）》提出，应健全著作权登记制度和交易规则。本章拟对著作权登记制度和交易规则进行具体分析。

二、数字时代我国版权登记制度的现状和问题

著作权登记具有安全价值、效益价值和证据价值。首先，著作权登记以国家权威在一定程度上免除著作权交易瑕疵，使市场主体能确认权利归属、履行财富流转。其次，著作权具有排他性，非权利人只有在确定权利真实归属基础上，与权利人签订著作权许可或者转让合同，才能合法使用。但在没有公示制度的情况下，确定权利的真实归属无疑是极不容易的。国家著作权登记制度，能使著作权转让许可获得强大的对外公示效力，是交易相对人降低著作权交易成本的最好方式。最后，由于知识产品是无形财产，其又可以在多个载体上进行展现，确定其权利制度的真实状况较为困难。登记公示制度能推定权利归属和著作权的受让人，既能维护著作权受让人利益，又能降

---

❶ （2012）二中民初字第15756号。

低著作权再次交易成本。

我国版权登记的相关规定体现在以下方面:①中国公民、法人或者非法人组织的作品,不论是否发表,依照本法享有著作权(《著作权法》第二条)。②在作品上署名的自然人、法人或者非法人组织为作者,且该作品上存在相应权利,但有相反证明的除外。作者等著作权人可以向国家著作权主管部门认定的登记机构办理作品登记(《著作权法》第十二条)。③以著作权中的财产权出质的,由出质人和质权人依法办理出质登记(《著作权法》第二十八条)。④与著作权人订立专有许可使用合同、转让合同的,可以向著作权行政管理部门备案(《著作权法实施细则》第二十五条规定)。另外,我国1994年《作品自愿登记试行办法》、2002年公布的《计算机软件著作权登记办法》和2010年公布的《著作权质权登记办法》也有关于登记的规定。

就现有立法看,上述版权登记制度存在以下问题:①实体上,对登记无强制性要求,对登记效力也无明确规定。②程序上,登记事项和登记机关均无具体和统一的规定。例如,《作品自愿登记试行办法》针对的是一般性作品的版权证明的登记,它仅粗略地规定了登记程序及登记机关等;《计算机软件著作权登记办法》《著作权质权登记办法》的效力有限,前者仅针对计算机软件,后者仅与著作权设定质权相关。在登记机关规定上,计算机软件采取全国统一机关登记的做法,其他各类作品的登记机关并不统一。《作品自愿登记试行办法》第三条规定,"省级版权局负责本辖区作品登记工作。国家版权局负责外国及港澳台作品登记工作",这严重限制了登记的作用。

三、反思中的美国版权登记制度

(一)美国版权登记制度的立法现状

长期以来,美国版权法一直包含手续规则,这些手续包括在受保护作品的副本上放置版权声明并在美国版权局注册,以公示权利人的版权主张并获得续订期限的资格。1976年,为了符合《伯尔尼公约》第五条第二款"享受和行使这类权利不需要履行任何手续"的规定,1976年美国《版权法》规定,注册不再是获得联邦版权保护的必要条件,但国会提供了许多注册版权的激励措施,包括将注册作为在联邦法院提起版权侵权诉讼、获得法定损害赔偿和律师费的先决条件(第四百一十一条和第四百一十二条),以及作为推定版权和证书中陈述事实的初步证据。这降低了使用未注册作品的某些责任风险。美国版权转让和许可的登记规定,体现在美国《版权法》第二百零四条和第二百零五条。美国《版权法》第二百零四条规定:"(a)版权转让,除由于法律的实施而转让外,均应有书面的转让书、函件或备忘录,并应由被转让的权利的所有者或其正式授权的代理人签字,否则无效;(b)转让生效不需要认证证书,但在一些条件下认证证书是执行转让的初步证据。"第二百零五条规定,备案可以作为确定相互冲突的转让之间优先权的依据,并规定了两种情况:第一,在相互冲突的两项转让中,首先执行的转让,如果在美国执行后一个月内或在美国境外执行后两个月内,或者在后一项转移照该方式备案以前的任何时间备案,则首先执行的转让具有优先地位。否则,如果后一项转让以这种方式首先备案,并且如果出于有价值对价或基于支付特许权使用费的具有约束力的承诺而善意进行,并不了解前一项转让,则后一项转让具有优先地位。第二,所有权转让与非排他性许可之间的优先顺序。非排他性许可(无论是否记录),只要有所许可的权利的所有者或其正式授权的代理人签字的书面证书为证明,并具备下列条件,则对于与之相冲突的版权转让具有优先地位——①执行转让前取得许可证的;②在转让备案前且未被通知情况下善意取得许可。从上述规定看,美国对版权归属和版权交易并无强制性登记要求,但美国版权法仍提供了许多注册版权归属和备案版权交易的激励措施。

(二)改革美国版权登记制度的学术探讨

总之,在加入《伯尔尼公约》之前,美国规定版权注册是获得联邦版权法保护的必要条件。在当前的数字时代,伴随着作品数量的激增和孤儿作品难以利用的困境,一些美国版权学者主张重新引入版权登记取得制度,理由如下:①自动取得模式使一些商业价值低的作品也可获得排他权,这不利于创作者、后续用户和社会福利。电子邮件、手机照片和商务备忘录这些普通公民偶尔的、具有一定独创性的日常交流,依自动取得模式也享有版权。还有一些作品只享有短暂的商业价值,其持续时间比当前版权期限短得多。依目前版权系统,商业上"死亡"的作品不能安全地被重新用作具有潜在价值的新作品的基础。这不利于实现版权法的目的。而登记制度则使部分具有独创性作品的作者通过不登记的方式放弃版权,使作品提前进入公共领域。②登记制度的缺失,使潜在使用者难以确定权利主体,寻找权利人并获得许可的成本通常非常昂贵。登记制度的缺失及版权保护期限的延长,使失去商业价值的孤儿作品数量变多。在这种情况下,版权是不平衡的。权利人没有足够的经济动力去再版作品,其公共利益价值不存在或被耗尽。但对社会而言,潜在使用者或者需花费大量时间和精力去寻找权利人,或者会因为版权诉讼的风险而阻止其中一些作品被创造性地重复使用或自由分发。在这种情况下,版权便成为一种社会成本。与上述理由相对应,恢复登记手续的好处体现在以下两个方面:第一,它将提供作品的信息,显示哪些作者真正想获得版权保护。登记程序允许那些希望获得版权保护的作者通过登记表明其自由意志,并在某种程度上鼓励作者选择不登记手续以实现作品的更自由使用。第二,它能迅速查找到权利人主体,从而促进版权的转让和许可。

  如何重建版权登记制度,美国学者提出了以下主张:①规定登记主体。有学者建议,私营主体和公共文化机构均可实施登记,但要确保私营登记主体登记内容的准确性和可信赖性,并确保登记主体不受任何私人团体或公共机构的商业控制和利用。❶②细化登记内容。除关于版权归属和版权交易信息外,有学者结合侵权问题建设性地提出:登记制度应当有利于非实质侵权

---

❶ David R. Hansen; Kathryn Hashimoto; Gwen Hinze; Pamela Samuelson; Jennifer M. Urban, Solving The Orphan Works Problem The United States, 37 Colum. J. L. & Arts 1(2013).

的判定。❶为达到此目的,版权登记要求应稍作修改,除提供有关作者身份的信息外,权利人还必须提供书目信息,以识别其他类似可比作品,对抗被告可能提出的场景理论。这些书目信息包括这些作品创作时属于什么类型?该类型的作品在此之前有哪些作品?这些作品之间共有的流派和惯例是什么?遵循此"书架规则"将防止作品的版权范围随着时间推移而发生变化,因为作品只能与相同风格的旧作品进行比较,以识别公用场景。原告主张权利时将受到注册时提供信息的约束。该提案的实施成本相对较低,只需要版权人适度的额外劳动。随着时间的推移,版权制度总体上获得的收益将超过版权人的负担。③明确版权登记法律效力。有学者将登记作为版权存在的条件,认为登记制度既与版权归属有关,又与版权交易有关。它一方面能排除对那些创作并不主要由版权系统而激发的作品的保护,将其纳入信息公共池,以促进信息共享;另一方面能明确版权归属,以减少版权作品流转利用的交易成本。❷但更多学者主张未注册仅能限制其可用的权利和补救措施。例如,以学者为中心组成的美国版权改革研究团队建议,"登记不应当作为版权获取的前提。法律仅仅应当对未登记作品的侵权救济进行限制,如不包括法定赔偿和律师顾问费"❸"设立注册机构,并区分已注册和未注册的版权所有者可用的权利和补救措施……未注册的作品仍将受到版权法的保护,免受商业损害性复制,但此类作品的合理使用可能更广泛。……注册的好处主要来自版权信息的更大可访问性,也可能包括更广泛的权利和补救措施"。❹

综上所述,美国现有立法放弃了历史上的权属登记制度,以提高侵权赔

---

❶ Robert Kirk Walker, Breaking With Convention: The Conceptual Failings Of Scènes À Faire, 38 Cardozo Arts & Ent. L. J. 435(2020).

❷ Nivaelkin-Koren, Can Formalities Save The Public Domain? Reconsidering Formalities For The 2010s, 28 Berkeley Tech. L. J. 1537(2013).

❸ Pamela Samuelson; Members of the CPP, The Copyright Principles Project: Directions For Reform, 25 Berkeley Tech. L. J. 1175(2010).

❹ Stef Van Gompel, Copyright Formalities In The Internet Age: Filters of Protection Or Facilitators of Licensing, 28 Berkeley Tech. L. J. 1425(2013).

偿为条件鼓励权利人自愿对版权权属进行登记,并规定了版权转让许可的登记备案制度。但学者们主张应当恢复美国之前的权属登记制度,以促进非商业性作品和孤儿作品的传播,促进版权转让的许可效率。

四、数字时代完善我国版权登记制度的建议

在《伯尔尼公约》未修改之前,版权登记制度应当符合以下原则:①考虑到数字时代这一背景,此制度必须具有一定灵活性并容易运用。而且,它不应当对作者和权利人强加不合理的负担。②经济性思考应当是此制度的一部分。法律应当选择最低成本的方案。③版权登记制度应当统一。

鉴于以上原则,版权登记制度应当包括以下内容。

(一)建立行政机关和私人主体相结合的登记主体制度

关于登记机关,有学者建议我国应当尽快建立统一登记机关,实现包括登记、编号、证书及信息查询系统等在内的登记程序。❶还有学者认为:"版权公示信息的生产与提供应采取公私合作模式。版权管理部门应该转变职能,成为登记服务的审批者和监管者,并将登记权限下放至符合从事登记服务资格的第三方组织,包括公共登记机构和私人登记组织。"❷笔者赞同第二种观点。我国法律不仅应当考虑行政机关等传统管理主体的作用,还应当注意发挥网络服务商在版权登记中的重要作用。登记机关既可由国家行政部门承担,也可在国家行政部门统一领导下由私人主体或公私协作承担。就目前现状而言,很多网络服务商已承担部分登记功能。我国不少网民在网上登记并成为网络写手,这也为网络服务商作为版权登记主体提供了基础和平台。当立法主张公私协作登记时,应当鼓励数字技术的使用以提高版权登记的效率。

---

❶ 范继红.试论我国版权登记机关的统一[J].电子知识产权,2011(7):52.
❷ 张颖.论版权登记组织的私人创制[J].华中科技大学学报(社会科学版),2016,30(1):68.

(二)细化登记内容

有学者认为,我国应当明确版权归属登记和变动登记效力,由版权登记机关采用形式审查并统一版权登记程序。❶也有学者主张基于交易的版权登记并认为:"对于创作频繁的作者而言,确权登记制度可能弊大于利。如果立法者要求作者像申请专利一样准确地描述作品的保护范围,则作者在权利边界的界定上所投入的时间可能比创作该作品的时间还长,即确权成本可能超过版权人的可获利益。"❷笔者认为,我国应当规定归属登记和交易登记,这有利于促进作品的交易与流通。

(三)明确登记效力

有学者认为,我国"应当规定作者以履行基本的手续作为获得版权保护的先决条件,并建立一致的作品信息系统。"❸也有学者认为,我国应"在不影响获得版权的前提下,明确并区分登记作品与未登记作品及其权利人的权利范围和可获得的救济措施。例如,登记的作品获得的保护期限更长,若被侵权可获得更高的法定赔偿或适用惩罚性赔偿;未登记的作品所获得的保护范畴仅限于会产生商业损害的完全复制或准完全复制,其合理使用的范围更宽泛,作品的救济措施只适用法定赔偿,不适用惩罚性赔偿。"❹本文观点如下。

1. 版权归属登记应当遵循自愿原则且不作为获得版权的前提条件

版权归属登记应当遵循自愿原则且不作为获得版权的前提条件,这主要基于以下两个理由:①与《伯尔尼公约》相一致。《伯尔尼公约》规定了版权自动取得原则,但未对依意思自治实施的登记予以规定。立法者能鼓励基于意

---

❶ 文杰.我国版权登记制度的现状、问题与完善——从版权"一女多嫁"谈起[J].出版发行研究,2011(5):49.

❷ 吕炳斌.版权登记制度革新的第三条道路——基于交易的版权登记[J].比较法研究,2017(5):180.

❸ 袁泽清.略论作品的自动保护原则[J].贵州社会科学,2014(4):159.

❹ 黄先蓉,刘玲武.美国版权登记制度的复兴及对我国的启示[J].现代出版,2017(1):64.

思自治的登记,以建立作品权属数据库。此外,《伯尔尼公约》并没有规定赔偿范围问题,国内法可以在版权救济方面为履行登记手续的权利人提供更多救济。❶②将版权登记作为权利获取的前提,将产生以下弊端:第一,不利于对某些特殊作品(如即兴作品)的保护。即兴作品(如街舞等),基于娱乐游戏、对文化资源的偶然性入口和这些资源不可预料的并置而产生,它具有一定偶然性,并且和养育它的氛围及社会环境有密切关系。这些作品一般不会主动登记并且不宜登记。第二,不利于对业余创作者的权利保护,并可能导致商业创作者利用业余创作者作品而不支付报酬的不公平现象。❷如前所述,创作基于不同动机产生。有时创作的主要目的不是为了盈利而是表达自己或进行交流,创作者一般不会专门针对自己作品进行登记。与此同时,业余创作者的创作并不必然是非盈利的,这可能会使商业文化企业利用其作品。将登记作为授予版权的前提,可能造成有利于商业内容生产者的体制性偏见,使大众娱乐性作品边缘化。希望使用版权材料以达到非商业目的的大众文化创作者可能被要求得到许可,而其产生的内容则为文化企业免费获取并加以商业利用。这一结果是非正义的。❸第三,在数字时代,创作属于每个网民的日常生活,其数量巨大、质量不一。强制性登记即使能实施,也会使登记机关感到压力过大,不利于其中有商业价值作品的重点保护。

2. 版权许可转让登记应当具有登记对抗效力

有学者反对登记对抗制度,认为"一旦规定版权转让登记对抗效力,必然会给少数版权人提供恶意转让的机会从而恶化版权交易环境。……规制版权'一权两卖'更切实可行的办法是在现有规则之下,加重对转让人合同法

---

❶ Stef Van Gompel, Copyright Formalities In The Internet Age: Filters of Protection Or Facilitators of Licensing, 28 Berkeley Tech. L.J. 1425(2013).

❷ Larisa Mann, IF It Ain't Broke…Copyright's Fixation Requirement And Cultural Citizenship, 34 Colum. J. L. & Arts 201(2011).

❸ Nivaelkin-Koren, Can Formalities Save The Public Domain? Reconsidering Formalities For The 2010s, 28 Berkeley Tech. L. J. 1537(2013).

上的违约责任,而非另行制定登记对抗制度"[1]。笔者认为,实施恶意转让的版权主体毕竟是少数,且可以通过合同法得以解决。而登记公示制度可以产生公信力,以促进交易效率。但我国只能采用登记对抗主义而不能采用登记生效主义,理由如下:①著作权交易繁多,标的额大小不一。如果采用登记生效主义,则容易导致标的额小的交易人由于登记成本过高而放弃交易,从而抑制交易的效率,不利于知识市场的培育。②登记生效主义从本质上讲,是对意思自治的一种限制,容易导致对私法自治的过度干预。而登记对抗主义以其适当的法律效力的赋予,体现了当事人意思自治优先的立法理念。它只在交易涉及交易安全时,才对意思自治进行适度干预。这能够更好地体现知识产权的私法属性,反映民法的自治精神。③公示对抗主义也符合国际上一些国家规定。除美国规定登记的上述优先效力外,日本《著作权法》第七十七条规定:"下述事项,若未进行登记,则不能与第三者对抗:(一)著作权的转让(不包括根据继承或其他一般性继承产生的转让,下同)或处分的限制;(二)以著作权为标的的质权的设定、转移、变更、消亡(不包括因混同、著作权或担保的债权的消亡)或处分的限制。"也就是说,在日本,要求登记的包括著作权转让合同和著作权设质合同。若此种合同没有登记,则其虽然对转让双方当事人具有约束力,但任何第三方均可以不承认该转让效力。意大利的《著作权法》第一百零四条规定:"凡有关全部或部分转让著作权法所确认的权利或设定享有权利或提供担保的法律文件,以及权利分割或结合的法律文件,均可以根据当事人申请而按著作权法规定的形式予以登记。该登记具有著作权法或其他特别法赋予登记的同等法律效力和行政效力。"由于意大利民法典在不动产物权变动方面采用登记对抗主义,所以,在意大利著作权转让的登记不是转让合同的生效要件,但登记具有对抗第三人的效力。

总之,《伯尔尼公约》规定了版权的自动保护。在19世纪和20世纪,这种立法模式并没有引发过多矛盾。毕竟,在当时技术背景下,邻接权主体和发

---

[1] 董美根.论版权转让登记的对抗效力——评著作权法修改草案(送审稿)第59条[J].知识产权,2016(4):38.

表作品的数量有限,著作权交易主体易于确定。在当前数字时代,随着互联网和数字技术的进步,作品的创作、发表和使用有了诸多新机会。这种技术背景是立法者规定自动保护时无法预料的。❶在这种技术背景下,使用者通常不知道创作者身份,且创作者也不一定以版权法所授予的物质利益作为创作动机。版权法必须采取作品登记制度以鼓励作品交易传播。

第二节 孤儿作品制度——作品传播效益问题

一、孤儿作品利用的技术可能和法律不可能

孤儿作品是指仍受版权法保护,版权人不明或版权人虽然确定但是无法联系以获得其版权许可的作品。孤儿作品产生的原因:①版权保护期限通常长于作品商业寿命。多数作品畅销期只有两年左右,而作品保护期则为作者终生加去世后若干年。这导致大量作品在短暂的畅销期后陷入沉寂,慢慢无人问津,随之孤儿作品产生。❷②缺乏登记程序。相关主体没有对版权信息进行公告,公众无法获取版权作品权利人的相关信息。在作品畅销期后,著作权人和作品传播者通常不再重视此作品。③交易主体和客体的不断变化。作为市场竞争主体,传播者的分立合并或终止不可避免,这导致孤儿作品产生。另外,版权所有者常常对版权进行细分,并将之分别许可或转让给无数合同相对方,加剧了孤儿作品问题的产生。

孤儿作品问题一直存在,但在信息传播成本急剧下降的今天,孤儿作品

---

❶ Christopher Jon Sprigman, Berne's Vanishing Ban On Formalities, 28 Berkeley Tech. L. J. 1565 (2013).

❷ 美国1909年版权法规定了28年版权保护期限并可续期28年,作者可依作品的市场销售情况确定是否续期。在实行此版权续期登记的1923年到1963年之间,仅有7%权利人履行续期登记手续,这暗示绝大多数权利人对图书未来市场营利潜力的悲观猜测,说明绝大多数图书的市场寿命低于28年。Keith Porcaro, Private Ordering And Orphan Works: Our Least Worst Hope? 2010 Duke L. & Tech. Rev. 15(2010).

问题更受重视。移动互联网使传播速度变快,对于孤儿作品而言,这意味着许多作品仅仅因为主体不明而不能在现有技术背景下被有效利用,从而失去了广泛传播的机会。这对信息共享的公共利益而言是巨大的损失。最关注孤儿作品利用问题的是各国图书馆,它们已经开展诸多关于孤儿作品数量的具体调查。例如,英国国家图书馆调查结果表明,其收藏作品的40%(其中很多是不再出版的作品)是孤儿作品。英国联合信息系统委员会的调查表明,英国总共有1303百万~1503百万件孤儿作品。[1]美国版权局调查表明,美国图书馆的3000万册图书,有280万~500万册是孤儿作品。[2]2012年,美国数字图书馆版权工程(Digital Library Copyright Project)协同图书馆、档案馆和其他信息储备机构发起了孤儿作品相关问题的研究。[3]该工程以美国30个图书馆为研究对象,研究结论表明,因目前版权法先许可后利用制度,图书馆等信息储备机构不能更有效率地利用孤儿作品,以履行其让作品为研究和学术所获取的义务。[4]2018年5至6月,在日内瓦举行的版权及相关权常设委员会第三十六届会议上,美国档案工作者协会的代表提出,图书馆、档案馆和博物馆有如下共同需求:对于从未进入商业领域或无法追溯到版权所有者的作品,需要适当的例外,以使文化机构能够保存和提供这些孤儿作品"。[5]

总体而言,不管在美国还是在其他国家,孤儿作品利用对信息传播意义

---

[1] Ellen Franziska Schulze, Orphan Works And Other Orphan Material Under National, Regional and International Law: Analysis, Proposals And Solutions, E. I. P. R. 2012,34(5),313-323(2012).

[2] Keith Porcaro, Private Ordering and Orphan Works: Our Least Worst Hope? 2010 Duke L. & Tech. Rev. 15(2010).

[3] 2012年,美国著名知识产权杂志《伯克利技术法律杂志》(Berkeley Technology Law Journal)开展题为《孤儿作品和海量数字化》(Symposium: Orphan Works & Mass Digitization: Obstacles & Opportunities)的专题研讨,对此问题展开了深入理论研究。

[4] David R. Hansen, Kathryn Hashimoto, Gwen Hinze, Pamela Samuelson, Jennifer M. Urban, Solving The Orphan Works Problem For The United States, 37 Colum. J. L. & Arts 1(2013).

[5] 米梓源,丁可宁,郝群,张立彬.国外孤儿作品合理使用问题的评介与思考——以日本、欧盟的法理思考为例[J].图书馆杂志,2019,38(9):76.

重大,但先许可后利用的版权制度对孤儿作品传播利用造成了不利影响。❶

二、解决孤儿作品利用困境的路径分析

当前的数字技术使孤儿作品可以被长久保存和利用,但版权法阻止了孤儿作品利用。目前,对孤儿作品的储存和利用不仅具有必要性,而且具有迫切性,因为孤儿作品载体正在面临被破坏的局面。例如,印刷在酸性纸质上的信息有一定保存期间,很多绝版图书载体目前处于正在腐朽状态,好的保存条件也只能减缓其腐朽速度。一旦载体消失,图书信息的价值将永远失去。因此,法律有必要促进孤儿作品的储存和利用。目前,关于孤儿作品问题有以下解决路径。

(一)欧盟:从"勤勉搜索+使用"到延伸性版权集体管理

1. 2019年以前欧盟的"勤勉搜索+使用"模式❷

2008年,欧盟建立了版权信息与孤儿作品登记工程(Accessible Registries of Rights Information and Orphan Works,ARROW),❸ARROW能为用户提供欧洲图书版权状态的信息,包括孤儿作品信息。找不到版权人的作品,其信息被存储于孤儿作品登记系统,以供相关信息查询。❹但这显然不能保证孤儿作品的即时利用。2012年10月25日,欧盟公布了《欧盟孤儿作品指令》

---

❶ David R. Hansen, Kathryn Hashimoto, Gwen Hinze, Pamela Samuelson, Jennifer M. Urban, Solving The Orphan Works Problem For The United States, 37 Colum. J. L. & Arts 1(2013).

❷ 加拿大、日本、韩国和印度也采用此模式。此治理模式存在的主要弊端是成本较高,它至少涉及搜索成本、建立和维持管理机构的成本。基于此,申请孤儿作品许可的使用者并不多。而且,对大量使用版权作品的图书馆等文化机构而言,其有限的时间和人力资源使其不太可能"勤勉搜索"并向有关行政部门提出申请。即使是普通版权作品使用人,其也可能因程序的时间成本过高而选择放弃使用该孤儿作品。

❸ Giancarlo F. Frosio, Google Books Rejected: Taking The Orphans To The Digital Public Library of Alexandria, 28 Santa Clara Computer & High Tech. L. J. 81(2011).

❹ 塞瑞卿,于佳亮,马炳和. 探寻孤儿作品版权问题的解决之道——欧洲ARROW项目的实践与启示[J]. 图书馆建设,2011(10):38.

(Directive on certain permitted uses of orphan works, 2012/28/EU)。❶该指令规定了孤儿作品的付费使用制度。关于孤儿作品使用主体和范围,《欧盟孤儿作品指令》第一条规定,仅公共图书馆、教育机构、博物馆、档案馆和公共广播机构等公共机构,可以依此指令受益,以实现和他们的公共利益任务相关的目标。为保护版权人利益,《欧盟孤儿作品指令》第六条允许上述主体的复制权和公众入口权。关于孤儿作品使用程序,《欧盟孤儿作品指令》第三条规定,仅仅实施"勤勉搜索"(diligent search)的主体,才有权利使用孤儿作品,但该指令并没有对搜索标准作出具体规定。❷

《欧盟孤儿作品指令》存在以下不足:①欧盟将使用孤儿作品的主体仅限于特定机构,这不适用最大化实现信息共享的版权法目的。②其使用范围过于狭窄,仅仅限于复制权和公众入口权。③《欧盟孤儿作品指令》仅是原则性规定,它授予欧盟成员国部分立法权力,这导致欧盟各成员国孤儿作品立法并不完全一致。例如,权利人的搜索推定是比较复杂的问题。虽然各国通常推定第一所有者是作者,但当作品商业化后,权利推定则常常比较复杂,其权利主体常常是雇主或作品利用者如制作者、出版者等。这些作品在某些情况下和在某些司法管辖区可能会因版权法相关规则再次属于作者。此外,对于视听作品,除制片者有一定权利外,不同的司法管辖区还承认其他权利人(艺术家、服装设计师、编剧等)。❸

2. 2019年欧盟《数字单一市场版权指令》的延伸性版权集体管理

基于《欧盟孤儿作品指令》的不足,2019年,欧盟颁布的《数字单一市场版权指令》规定了孤儿作品使用制度。该指令引言第四十六条指出:"成员

---

❶ Directive on certain permitted uses of orphan works, No. 2012/28/EU of the European Parliament and of the Council, 25 October 2012, [EB/OL]. (2012-10-25) [2022-06-8]. Http://www.wipo.int/wipolex/en/results.jsp? countries=eu&cat_id=11.

❷ The Orphan Works Provisions of The ERR Act: Are They Compatible With UK And EU Laws? E. I. P. R. 2013, 35(12), 724–740(2013).

❸ Marcella Favale, Bouncing back from oblivion: can reversionary copyright help unlock orphan works? E. I. P. R. 2019, 41(6), 339–346(2019).

国应能够提供许可机制,允许集体管理组织在自愿的基础上签订许可,无论所有权利持有人是否授权相关组织这样做。……除非欧盟法律另有规定,此类机制只应在有关成员国境内有效。成员国应灵活选择特定类型的机制,这种机制可包括扩大集体许可、法律授权和代表推定。本指令有关集体许可的规定不应影响成员国应用强制性集体权利管理或其他具有扩展效力的集体许可机制的现有能力。"该指令第八条规定,文化遗产机构可以将其保存在收藏中的脱销作品(Out-Of-Commerce Works,OOC)用于非商业目的,只要其满足以下两个条件:指明权属(指明作者或任何其他可识别的权利持有人的姓名,除非事实证明是不可能的)和可在非商业网站或其他门户网站上获得。该指令规定,如果做出合理努力,能够确定该作品不能通过常规商业渠道获得,可以善意推定该作品无法通过商业渠道获得,该作品被视为脱销作品。另外,集体管理组织(Collective Management Organisation,CMO)可以根据其职责与文化遗产机构签订非排他性许可,以永久使用其收藏的脱销作品用于非商业目的。《数字单一市场版权指令》第十二条为延伸性版权集体管理(Extended Collective Licensing,ECL)建立了欧盟层面的授权条款。根据第十二条第一款,成员国可以规定集体许可的扩展效力"在其领土上的使用",被正式授权的集体管理组织对"未授权该集体管理组织代表他们的权利人"的权利可以授权。第十二条第二款要求成员国确保延伸性版权集体管理的实行"仅适用明确定义的使用领域"。在这种制度下,集体管理组织授予的许可,不只包括组织成员所享有的权利。如果其成员已经占某种作品权利人的绝大多数,则该组织的许可可延伸至包括非组织成员在内的所有权利人的此类作品。

为维护权利人利益,《数字单一市场版权指令》还对权利人的权利和集体管理组织义务作了如下规定:①权利人可以选择退出延伸性版权集体管理。《数字单一市场版权指令》允许权利人保护其作品免受脱销作品条款的未来应用。选择退出机制包括在订立许可之前或在相关使用开始之后。②集体管理组织必须在相关类型的作品及受许可的权利中"充分代表权利人",并在许可期限方面对所有权利人一视同仁。

(二)美国:解决孤儿作品利用困境的市场路径和国家干预

1. 解决孤儿作品利用困境的市场路径及不可行性

2002年开始,谷歌公司与美国多家图书馆进行合作,将图书馆图书数字化并建立电子数据库。谷歌公司大约浏览了2000万册图书,并显示其中400万册具有版权的作品中的被搜索单词的上下文"snippets"的内容,搜索者除了查知被搜索单词的上下文,还可获知图书销售地点。2005年9月,美国作家协会(the Authors Guild)和出版商等其他一些权利人起诉谷歌侵犯其版权。❶2015年10月16日,美国第二巡回法院认为谷歌图书馆计划没有构成侵权。❷在诉讼过程中,谷歌图书馆和权利人曾于2009年11月就作品使用问题达成如下协议:谷歌向已经扫描的图书版权人支付费用,每一本完整图书支付60美元。谷歌图书产生的任何销售、订阅和广告收入都将在版权所有人和谷歌之间依63%和37%比例进行分配(权利人也可协商利润分配比例)。版权所有人可选择让其继续使用或者要求其删除图书。此外,协议还拟创建非营利性图书版权登记处,以搜寻孤儿作品的版权所有人并为这些版权所有人保管收入。❸2011年3月,美国法院否定了此协议,认为版权人应当享有允许他人使用作品的选择进入的权利而不是退出的权利。

谷歌图书馆计划对促进作品的传播和信息共享起到了积极作用,同时它也减少了因国家管理孤儿作品登记等所引发的大量成本。但谷歌所代表的营利性和私有化可能对版权法信息共享目标造成威胁,其对版权法目标和公共领域的未来有令人不安的暗示。一方面,私人企业对作品保存工作是因其获利动机所驱动,如果作品保存不具有营利性,私人企业将最小化或者抛弃

---

❶ The Authors Guild, Inc. v. Google, Inc. 954 F. Supp. 2d 282(2013).

❷ The Authors Guild, Inc. v. Google Inc.804 F. 3d 202,(2015).

❸ Google Book Search Settlement Agreement[EB/OL].(2015-12-06)[2022-03-26]. https://en.wikipedia.org/wiki/Google_Book_Search_Settlement_Agreement.

此作品。另一方面,企业商业动机可能对公共信息入口权造成严重阻碍,当商业主体是此作品复制件的单一持有者时尤其如此。私营企业能使私人经济收益最大化,却不一定能促进创作激励,也不一定有利于实现版权法信息共享的目的。❶正是基于私营企业经营行为潜在的对信息共享公共利益的背离,有学者指出,孤儿作品解决方案不能完全依赖市场。即便政府支持孤儿作品和数字图书馆运作的市场化,它也必须采用合同法等立法干预方式确保其透明高效,❷并保证行政立法部门享有一定干预权。❸

2. 解决孤儿作品利用困境的法律路径

2008年,美国版权局颁布了《孤儿作品草案》,试图降低使用孤儿作品的制度成本。《孤儿作品草案》规定,孤儿作品使用人需要具备以下条件:勤勉搜索作者(a reasonably diligent search);通知版权局,承认作品属于未知作者;如果作者出现并发出侵权通知,使用人应与权利人协商赔偿数额,协商不成则由法院判决。❹《孤儿作品草案》还规定,孤儿作品侵权救济应当受到一定限制,包括对赔偿和禁令实行限制。美国《孤儿作品草案》中"勤勉搜索"的特殊之处在于,它是受益于救济限制的前提而不是获得许可的前提。使用人在承担勤勉搜索义务(diligent search)后便可使用该孤儿作品,如果权利人出现,则双方协商公平补偿,否则双方通过诉讼解决纠纷。如果权利人不出现,则不用支付许可费。《孤儿作品草案》其后没有被议会通过,美国国会希望私人主体建立不同于版权局登记的版权作品数据库。2013年,美国图书馆协会发布了一个报告,该报告认为,知识的保存、创造和传播是图书馆的核心作用,使用孤儿作品对实现他们的目标起重要作用,美国应当加速孤儿

---

❶ Keith Porcaro, Private Ordering And Orphan Works: Our Least Worst Hope? 2010 Duke L. & Tech. Rev. 15(2010).

❷ Jonathan Band, The Long And Winding Road To The Google Books Settlement, 9 J. Marshall Rev. Intell. Prop. L. 227(2009).

❸ Katharina De La Durantaye, Finding A Home For Orphans: Google Book Search And Orphan Works Law In The United States And Europe, 21 Fordham Intell. Prop. Media &Ent. L. J. 229(2011).

❹ 黄旭春. 浅析美国2008年孤儿作品议案[J]. 电子知识产权, 2009(7): 32.

作品立法。❶2015年,美国联邦版权局第三次提出了孤儿作品问题的立法意见,但仍未被国会通过。❷

为解决孤儿作品问题,美国学者提出了以下不同的方案。有学者认为:"一旦作品内容公开并且版权所有者已经放弃从中获利,那么保持该作品向全世界提供就符合公众利益。……版权的合理使用原则应允许第三方提供这些孤儿作品,除非有令人信服的公共理由拒绝访问。这与版权的基本目的是一致的。……版权人仍然是所有者,只要他们没有明确放弃作品。一旦版权所有者回到游戏中,合理使用必须停止。使用者不应为合法的行为承担责任,法律应该授予其合理时间,使其在不承担法律责任的情况下出售库存。"❸还有学者认为:"限制对孤儿作品使用的法律责任可能是解决孤儿作品问题的部分解决方案,特别是对于想要出售作品副本或制作衍生作品(如将孤儿小说改编成电影)的商业公司。在该立法通过之前,法院在涉及旧作品再利用的案件中,将努力寻找合适的权利人,并将作品的非商业流通性质作为其合理使用分析的一部分。……合理使用,加上美国版权局提出的对补救方法的限制,以及未来通过登记减少孤儿作品数量的变化,将为美国提供一种可行的、有凝聚力地解决孤儿作品问题的方法。"❹总之,这一问题解决方案在美国学者中并无共识。

(三)欧盟和美国孤儿作品制度的比较和反思

关于孤儿作品利用的解决方案,欧盟最终选择了延伸性版权集体管理制度,美国一直对国家干预市场保持高度警惕,没有针对孤儿作品利用达成共

---

❶ Katharina De La Durantaye, Finding A Home For Orphans: Google Book Search And Orphan Works Law In The United States And Europe, 21 Fordham Intell. Prop. Media &Ent. L. J. 229(2011).

❷ 陈豪. 美国联邦版权局2015年孤儿作品法案解读与启示[J]. 图书馆杂志,2018,37(4):16.

❸ MarkA. Lemley, Disappearing Content, Boston University Law Review September, 2021, 101 B. U. L. Rev. 1255(2021).

❹ David R. Hansen, Kathryn Hashimoto, Gwen Hinze, Pamela Samuelson, Jennifer M. Urban, Solving The Orphan Works Problem For The United States, 37 Colum. J. L. & Arts 1(2013).

识并颁布法律,只有学者们试图利用现有的版权法合理使用制度和版权救济制度解决此问题。当然,这与美国没有合适的集体管理组织可作为许可人有一定关系。相对于欧盟现存的许多成熟的、能代表成千上万权利人的集体管理组织,美国目前运营的46个集体管理组织并未涵盖孤儿作品制度所需的全部权利,并且不代表所有类别作品的大多数权利持有人。但欧盟延伸性版权集体管理制度并非没有缺点,这主要体现在以下几个方面:①查找孤儿作品权利人成本高昂,此任务的实施需要大量管理费用。虽然延伸性版权集体管理制度授权集体管理组织颁发许可使用孤儿作品而无须先进行搜索,但集体管理组织仍必须出于分配所收集许可费而对权利人进行搜索,以履行其在报酬方面向成员和非成员提供平等待遇的法定义务。因此,延伸性版权集体管理制度似乎并没有消除搜索义务,只是推迟了搜索时间,并将此成本强加给了集体管理组织成员,而不是孤儿作品的潜在用户。②孤儿作品管理费用作为管理成本,由所有成员分摊,这可能在集体管理成员和孤儿作品非成员间造成矛盾。③此制度低估了合理使用的作用,有些孤儿作品使用属于合理使用性质,这些使用行为根本无须额外增加管理成本。④此制度的建立以相配套的、高水平的组织能力和文化对政府干预的高度认同为前提。延伸性版权集体管理制度之前已在北欧得到普遍推荐,丹麦、瑞典、挪威和冰岛等北欧国家均采用此制度,其以北欧固有基本设施(如国家图书馆,挪威国家图书馆作为唯一主体对作品实施全面综合收集)为基础。另外,这些国家有集体管理的传统。❶总之,延伸性版权集体管理制度功能的良好发挥,依赖其良好发展的配套法律体系和法律文化的存在。❷

---

❶ Thomas Riis, Jens Schovsbo, Extended Collective Licenses And The Nordic Experience: It's A Hybrid But Is It A Volvo or A Lemon?, 33 Colum. J. L. & Arts 471(2010).

❷ Bingbin Lu, The Orphan Works Copyright Issue: Suggestions For International Response, 60 J. Copyright Soc'y U. S. A. 255(2013).

三、我国孤儿作品制度的立法现状、问题和展望

(一)我国孤儿作品制度的立法现状和问题

我国现有法律关于孤儿作品的规定,主要体现在《民法典》第一千一百六十条、《著作权法》第二十一条、《著作权法实施条例》第十三条和第十六条。具体规定如下:①《民法典》第一千一百六十条规定,无人继承又无人受遗赠的遗产,归国家所有,用于公益事业;死者生前是集体所有制组织成员的,归所在集体所有制组织所有。②《著作权法》第二十一条规定,如果著作权属于法人或非法人组织,无人承受其权利义务的,归国家所有。③《著作权法实施条例》第十三条规定,如果作者身份不明,作品原件的所有人行使署名权以外的著作权。作者身份确定后,作者或其继承人行使著作权。《著作权法实施条例》第十六条规定,如果国家享有著作权,国务院著作权行政管理部门管理作品的使用。

对比国内外规定可以发现,我国孤儿作品规则存在以下问题:①现有法律并没有规定所有孤儿作品的利用方式。《著作权法实施条例》第十三条仅仅规定了"作者身份不明、作品原件所有人存在"特殊情况下的作品使用情况。而且,关于"作者身份不明"作品的利用问题,法律规定得不够明晰。法律强调作品原件的所有人,而事实上,有原件载体的孤儿作品很少,并且原件的认定有相当难度。因此,此规则的适用范围十分有限。②无人继承、无人受遗赠的作品著作权由国家所有。这引发了一系列问题,但我国现有法律对这些问题也无明确规定。这些问题包括以下三个方面:第一,潜在使用人无法获知某一特定作品属于国家所有还是非国家所有。毕竟,自然人是否实施遗赠并不是容易获取的信息。第二,即便使用人知道作品不属于孤儿作品而属于国家所有,法律对其取得授权程序并无具体规定。第三,以国家作为权利人的作品被侵权时,权利人如何提起侵权之诉?❶虽然我国《著作权法实施条例》第十六条规定,国务院著作权行政管理部门管理国家享有著作权的

---

❶ 赵力.孤儿作品法理问题研究——中国视野下的西方经验[J].河北法学,2012,30(5):154.

作品。但对上述问题无可操作性规定。③《民法典》第一千一百六十条规定:"无人继承又无人受遗赠的遗产,归国家所有,用于公益事业。"当遗产是仍享有著作权的作品时,国家应当如何使用,才属于"用于公益事业"？这都是有待于细化的问题。

(二)我国孤儿作品制度的展望

关于孤儿作品的利用问题,我国立法界和理论界均提出过解决方案。在立法方面,2014年公布的《著作权法》(送审稿)第五十一条规定,使用者尽力查找其权利人无果后,可以在向国务院著作权行政管理部门指定的机构申请并提存使用费后以数字化形式使用孤儿作品。但2020年《著作权法》没有作出类似规定。在理论方面,我国有学者主张将公共文化机构的特定利用行为纳入合理使用的范围,以充分实现孤儿作品的文化价值。[1]其他学者针对孤儿作品使用主体和程序提出了以下观点:①在使用主体方面,有学者建议所有人均可使用,[2]也有学者建议孤儿作品使用主体只能是图书馆等公共文化机构。[3]②在孤儿作品使用程序方面,有学者提出,我国应当对孤儿作品的使用采取"勤勉寻找+自由使用+事后补偿"的原则,[4]还有学者主张建立延伸性版权集体管理制度。[5]③在孤儿作品使用费用方面,有学者认为:"使用费由著作权集体管理组织代为保管是一条可行路径。著作权集体管理组织可以设立著作权专项保护基金。若许可期届满,经过一段法定期间权利人仍未复出,上述使用费便可转入基金名下,用于版权保护事业。"[6]

笔者认为,未来我国孤儿作品制度应当包括以下内容:①明确界定孤儿

---

[1] 何炼红,云姣.论公共文化机构对孤儿作品的合理使用[J].知识产权,2015(10):102.

[2] 刘家瑞.论著作权法修改的市场经济导向——兼论集体管理、法定许可与孤儿作品[J].知识产权,2016(5):42.

[3] 秦珂.我国图书馆"孤儿作品"利用中的版权问题分析[J].图书馆建设,2014(1):84.

[4] 周艳敏,宋慧献.关于孤儿作品著作权问题的立法设想[J].电子知识产权,2011(3):74.

[5] 秦珂.我国图书馆"孤儿作品"利用中的版权问题分析[J].图书馆建设,2014(1):85.

[6] 石春雷.数字化环境下孤儿作品版权保护——以《著作权法》第三次修订为背景[J].科技与出版,2017(11):96.

作品的概念,规定孤儿作品是指仍受版权法保护,但是版权人不明或版权人虽然确定但无法联系以获得其版权许可的作品。②被确定为"无人继承、无人受遗赠"的孤儿作品,其著作权应当消灭,进入作品公共领域而不是属于国家所有,以更低成本地促进版权法信息共享的立法目的。③孤儿作品使用的主体和范围,其主体应当包括图书馆等公共文化机构在内的所有使用者,范围应当包括全部著作财产权。考虑到信息共享的版权法目的,版权法只应对孤儿作品使用程序进行限制,而不应当对使用主体和权利范围进行限制。④关于孤儿作品使用的程序,延伸性版权集体管理制度值得商榷。因为其查找孤儿作品权利人成本高昂,且其由全部权利人分担并不公平。正如有学者所言,我们切记不能以降低交易成本的名义,彻底取消市场交易,取消市场作为社会资源配置的主要机制。[1]笔者认为,我国可采用"勤勉寻找+登记+事后补偿"的原则,以降低作品的交易成本。具体而言,我国可作出以下规定:其一,孤儿作品使用人应承担勤勉寻找义务。完善的信息检索平台和标准的建立是勤勉寻找义务的前提。[2]我国应当将"勤勉查找"判断标准客观化,以确定使用人查找检索相关数据库义务或刊登发布公告的义务。[3]在操作层面上,我国应当完善版权登记制度,以利于对包括孤儿作品在内的所有作品的利用。孤儿作品制度的"勤勉查找"至少应当包括登记机关相关作品信息的查找。其二,孤儿作品使用人承担勤勉寻找义务后,如果仍找不到权利人,可向有关行政机关登记并支付一定报酬,具体可参照2014年国家版权局颁布的《使用文字作品支付报酬办法》。其三,孤儿作品使用人在向有关行政部门履行登记付费义务后,如果权利人出现并发出侵权通知,那么使用人则可与作者协商赔偿数额。如协商不成,在使用人向法院出示"勤勉寻

---

[1] 刘家瑞.论著作权法修改的市场经济导向——兼论集体管理、法定许可与孤儿作品[J].知识产权,2016(5):47.

[2] 唐蕾.图书馆馆藏资源数字化过程中孤儿作品的利用问题——对合理勤勉检索义务的探究[J].图书馆杂志,2016,35(9):59.

[3] 肖少启,张保红.美国孤儿作品的版权立法及其对我国的启示[J].图书情报工作,2016,60(14):69.

找+登记"的相关证据后,法院就可对权利人行使请求权予以限制。[1]登记行政机关应当将提存的相关费用付给版权人。

余 论

从历史上看,版权法信息共享目的的实现,受到生产和分发实物性作品的高成本的限制。过去,出版图书和发行唱片需要花费大量的金钱和精力。作品通常在一定时间内能实现其商业价值。之后,随着销量减少和储存成本的原因,旧作品逐渐从市场消失或变得更难找到。有些可能会被毁掉,其余的则幸存下来,在几个世纪内慢慢被毁坏。其他媒体(如磁带 VCD 等)就更脆弱且难以保存。同时,基于访问这些承载作品的旧媒介需要专门配套设备,访问该内容的机会更加有限。如今,数字技术向所有人提供旧的绝版作品变得更加容易,使人们能将所有作品上传至网络,供全球网民随时随地获取,最终实现版权法信息共享的目的。法律应该对这种技术变革作出反应,以使公众可以继续合法地访问世界各地已发布的所有信息。在人类历史的大部分时间里,这个目标一直都是令人向往的,也是版权法的目标,今天它在技术上终于变得可行了。如果我们无论是在想象中还是在意愿上都未能利用全球数字网络的机会来改善对知识的获取,并不能清除阻碍成就的版权障碍,这确实会令人难过。

第三节 版权合同的意定和法定条款
——作品传播中的公平和公益

2020 年 4 月,中国网络文学市场的企业之一——阅文集团,提出要与作者订立新合同。合同的基本内容如下:版权全部归属阅文集团;作者出钱解决版权纠纷;阅文集团有权运营作者所有社交账号;阅文集团可以随时把作品免费开放给公众。2020 年 5 月,部分阅文集团作者群体发声声讨阅文集团

---

[1] 陈晓屏. 加拿大孤儿作品强制许可制度研究[J]. 图书馆建设,2020(2):39.

的霸权合同,并引起了大众关注。之后,作者群体发起"五五断更节",通过停更捍卫自己的权益。2020年6月3日,阅文集团大力修改此前充满争议的旧格式合同,推出"单本可选新合同",得到不少网文作者的支持。至此,阅文集团合同风波结束。❶

国外版权市场的创作者同样面临如何在强大企业前维护自身正当版权利益的问题。2018年11月,美国知名女歌手泰勒·斯威夫特的签约公司改为环球音乐集团(Universal Music Group,UMG),并宣布与环球音乐集团分享其正版流媒体音乐服务平台Spotify的预期销售收益。泰勒·斯威夫特代表包括自己在内的环球音乐集团的所有艺术家,主张"潮流建立在艺术家、作家、制作人创造的魔力之上,这一切都会继续蓬勃发展",并表示:"作为我与环球音乐集团签订新合作的一部分,我要求他们出售Spotify的股份,把这些钱分给艺人。他们已慷慨地同意了这一条件,他们相信这一条款会比以前其他主要唱片公司的条款好得多。在我看来,这是一个迹象,表明我们正朝着有利于创作者方向积极地转变——一个我永远不会停止帮助他们实现的目标。"❷

相对于作品传播者,版权合同的另一方当事人作者/表演者常常处于弱势地位。如何维护版权合同中作者/表演者的正当利益以体现公平,如何在促进合同当事人公平的同时,也促进版权法信息共享这一公共利益,这是本节研究的问题。

一、版权合同中作者/表演者主体地位的不平等

从内容看,版权法主要有三个分支:版权权属、版权流转和版权保护。如果说版权权属制度和版权保护制度是为了维护相关权利人的利益,那么版权流转制度则直接与版权法的目的相联系,是版权法中最重要的一部分。合同赋予了版权生命力,推进了版权法的目的——信息共享。灵活的合同促进了

---

❶ 阅文集团"合同风波"事件评析[EB/OL].(2022-05-19)[2022-10-20]. https://baijiahao.baidu.com/s?id=1733255194628699675&wfr=spider&for=pc.

❷ 同❶.

多种类型的信息传播,建立强大的思想市场,促进各国文化、科学事业的发展和繁荣。❶

版权合同分为很多种类,本文主要分析以作者/表演者作为一方当事人的版权合同。在版权合同中,作者/表演者通常处于弱势不平等地位,这主要表现在以下几个方面:①作者/表演者与邻接权主体之间的经济地位不对等。在很多情况下,作者的生计源于创意作品产生的收入,他们常常不得不接受不公平的协议。相比之下,作为邻接权主体的合同相对方通常是拥有广泛资源的大公司。他们拥有更多可供支配的作品,对作者的作品有更多的选择权。②作者/表演者与邻接权主体之间的信息不对称。通常而言,作者/表演者的专业经验不如出版商、制作人和其他中间人。他们常常无法在谈判过程中与中介的专业知识竞争。与其他可交易资产不同,受版权保护的作品常常在市场价值不确定和信息不对称的条件下交易,作者和邻接权主体都很难精确预测消费者的喜好和作品的价值。从理论上讲,不确定的未来价值不应该单方面伤害作者/表演者,因为双方在试图评估作品的未来价值时都面临着同样的困境。然而,事实上,邻接权主体掌握着更多的信息,可以大致预测评估作品未来市场价值。这使转让或许可合同条款常常对作者不利。❷③著作财产权常常被非作者/表演者享有。虽然精神权利只为作者/表演者保留,但经济权利通常由随后的权利持有人(无论是管理者、分销商还是企业家)在与作品的作者/表演者达成协议后享有。后者主要管理他们认为有潜在价值的作品,并在整个保护期限内获得作品的潜在价值。考虑到作者/表演者经常许可或转让其著作财产权,以及版权保护期限一直存续于作品作者去世后的50年内(有些国家的保护期限更长),企业家和创造者的利益对比相差

---

❶ Robert W. Gomulkiewicz, Contracts Mattered As Much As Copyrights, 66 J. Copyright Soc'y U. S. A. 441(2019).

❷ Yifat Nahmias, The Limitations Of Information: Rethinking Soft Paternalistic Interventions In Copyright Law, 37 Cardozo Arts & Ent. L. J. 373(2019).

悬殊,且部分权利持有人仍将从围绕作者/表演者的个人崇拜中获利。[1]总之,我们并不否认当前的制度安排对某些创作者有效,但在大多数情况下,主要受益者不是作者/表演者,也不是整个社会。在科技巨头和大型权利人之间的全球斗争中,主要创作者正在被压垮[2],这不利于激励创作。

二、实现版权合同双方公平的法律可能性：维护作者/表演者利益的版权合同法定条款

上述经济能力差异及信息不对称,严重削弱了作者/表演者从他们创造性努力和贡献中获得公平报酬的能力,从而可能降低其创作动力,最终不利于实现版权法信息共享的目的。为解决这个问题,不同国家立法机关制定了合同法定条款,以维护作者/表演者的正当利益。这些法定条款通常包括以下两方面内容：①合同书面形式要求条款。立法者认为,如果版权合同采用书面形式,并且包含足够的细节以清楚地概述权利转让/许可的范围和条件,则更能维护作者/表演者的正当权益。②优先维护作者/表演者利益的解释规则。此外,欧盟和美国还有以下特别规定。

(一)欧盟《数字单一市场版权指令》的相关规定

2019年,欧盟通过了《数字单一市场版权指令》。《数字单一市场版权指令》第三章涉及作者/表演者(合称创作者)的保护:适当和相称的报酬原则(第十八条);透明度义务(类似于审计权)(第十九条);合同调整机制(也称为"畅销"条款)(第二十条);争议解决机制(第二十一条);撤销权(第二十二条)。其中,第十九条、第二十条和第二十一条具有强制性,不能通过合同改变,无论是创作者(作者和表演者)与其合同相对方之间的合同,还是相对方

---

[1] Maryna Manteghi, Text and data mining in the EU: managing a conflict between copyright and the right to information, E. I. P. R. 2021,43(11),698-701(2021).

[2] Martin Kretschmer, Rebecca Giblin, Getting creators paid: one more chance for copyright law, European Intellectual Property Review2021, E. I. P. R. 2021,43(5),279-282(2021).

和第三方之间的合同(如保密协议)。《数字单一市场版权指令》的具体规定如下。

1. 适当和相称报酬原则及具体强制性规则

《数字单一市场版权指令》第十八条要求成员国确保:当作者/表演者许可或将其版权转让给制作者(广播公司、出版商等)时,他们有权"获得适当和相称的报酬"。成员国在将这一原则纳入其国家法律时具有相当大的自由裁量权。他们应该"使用不同的机制,并考虑到合同自由和权益公平平衡的原则"。《数字单一市场版权指令》引言第七十三条对"适当和相称的薪酬"提供了一些指导:"与许可或转让权利的实际或潜在经济价值相称,同时考虑作者/表演者对整部作品或其他主题的贡献,以及本案的所有其他情况,如市场惯例或作品的实际利用等。一次性支付也可构成按比例支付的报酬,但不应成为规则。会员国应有权根据具体情况确定适用一次性支付的具体条件。"

为实现这一原则,《数字单一市场版权指令》第十九条、第二十条和第二十一条还作出了如下强制性的规定:①透明度义务(第十九条)。作者/表演者有权定期(每年至少一次)从获得许可或转让的当事方或其继承人处获得关于其作品/表演利用的最新相关全面信息,特别是关于利用方式、所有收入和应得报酬的信息。在某些条件下,可以要求分许可人提供其他信息。②合同调整机制(第二十条)。此条目的是让创作者分享其作品商业利用所带来的利益。如果最初商定的报酬与随后利用作品/表演所产生的收入相比低得不相称,作者/表演者或其代表人有权要求与他们订立合同,以使利用其权利的一方或该方的继承人给予额外的、适当的和公平的报酬。但该机制不适用集体管理组织或"独立管理实体"签订的协议,因为这些协议受其他国家规则的约束。在评估报酬是否过低时,应考虑包括销售收入的所有相关收入。评估还应考虑的个案具体情况,包括作者或表演者的贡献、不同内容所涉部门的特殊性和报酬惯例,以及合同是否以集体谈判协议为基础。③替代性争议解决程序(第二十一条)。有关第十九条下的透明度义务和第二十条下的合同调整机制的争议,可提交至自愿的替代性争议解决程序。

2. 灵活的撤销权规则

《数字单一市场版权指令》第二十二条规定,创作者可以以其作品/主题未得到利用为由,全部或部分撤销独家许可或转让。该指令引言第八十条阐明了撤销权行使条件:①"已经许可或转让的作品或表演根本没有被利用"或作者/表演者"转向另一个合作伙伴来利用他们的作品的必要性"。②只能在相关合同订立后的合理期限内行使。合理期限后,创作者可以选择终止而非撤销权。③如果合同相对方不履行利用义务"主要是由于可以合理地预期作者或表演者会采取补救措施",则撤销权不适用。撤销权是为维护作者/表演者的利益,它同时也使创作者可以以其他方式利用其作品,这也符合版权共享的目的。

考虑某些行业的特殊性,撤销权规则必须具有一定的灵活性。该指令确定了成员国法律为撤销机制制定具体规定时应考虑的一些因素,包括行业特性、个人贡献在集体或合作作品中的相对重要性,以及受创作者影响的其他合法利益。具体而言,成员国应当考虑:①不同部门的特殊性及不同类型的作品和表演。《数字单一市场版权指令》引言第八十条指出"可以在国家一级制定具体规定,以尊重视听部门或作品/表演的特殊性"。视听作品在实际制作和发行之前往往有很长时间的开发期。在开发阶段之前,视听制作者将获得诸如用于创作视听作品的脚本等元素的权利,并获得旨在用于或改编成电影或电视剧的基础作品(如书籍、戏剧、歌曲或此类作品的摘录)的权利。在作品的开发阶段,撤销任何这些基本权利的风险可能会抑制投资。因此,成员国需要实施严格的保障措施,并考虑将视听作品有关权利排除在国家撤销权的范围之外。该指令第二十二条允许这种区别对待。②在作品或其他主题包含多于一名作者/表演者贡献的情况下个别贡献的相对重要性,以及因个别作者或表演者应用撤销机制而受影响的所有作者或表演者的合法利益。如果作品或其他主题通常包含多个作者或表演者的贡献,成员国则可以将作品或其他主题排除在撤销机制的适用之外。

上述欧盟撤销权的规则,既给成员国留下了相当大的自由裁量权,又考虑到了欧盟多个国家历史性规定❶,因此具有较强的可操作性。从历史上看,撤销权在欧盟多个国家已有先例。❷欧洲成员国的大多数国家(23个欧盟成员国)的版权法都赋予作者以下权利:如果开发者没有在指定的时间内利用转让的权利,违背合同主要义务,那么权利人可以撤销合同。超过半数的成员国明确承认开发者破产、司法清算或宣告无力偿债可作为权利转让撤销理由。❸

(二)美国版权终止权制度

　　版权合同可能涉及版权人整个版权期限在全球的所有经济权利,获得这些权利的投资者通常会在合同到期之前很久就停止利用它们,从而使创作者无法从他们的作品中进一步获利,而公众可能也无法获得访问权。版权法必须有利于信息共享,在作品未被充分使用的情况下,将权利归还给主要创作者,这能促进作品被最有效地使用,以实现版权法的目的。美国1976年《版权法》第二百零三条规定了作者对转让或许可合同的终止权,合同范围不仅包括版权转让合同,而且还包括非排他性许可合同。终止权须在规定时限内提前送达。尽管需要采取积极行动才能实现终止,但采取这一行动的权利不能提前放弃或约定放弃。依美国众议院报告(第94—1476号)的解释,制定终止权规则的理由,是作者在讨价还价方面处于不平等地位。此外,作品被利用之前无法确定其价值。它在承认所涉及利益方合法需求的同时,也促进

---

❶ Ted Shapiro, Remuneration provisions in the DSM Copyright Directive and the audiovisual industry in the EU: the elusive quest for fairness, E. I. P. R. 2020, 42(12), 778-788(2020).

❷ 欧盟共有27个成员国。14个成员国规定了报酬原则、19个成员国规定了透明度义务、15个成员国规定了合同调整机制(畅销条款)、23个会员国规定了撤销权。Ted Shapiro, Remuneration provisions in the DSM Copyright Directive and the audiovisual industry in the EU: the elusive quest for fairness, E. I. P. R. 2020, 42(12), 778-788(2020).

❸ Marcella Favale, Bouncing back from oblivion: can reversionary copyright help unlock orphan works? E. I. P. R. 2019, 41(6), 339-346(2019).

了版权法目标的实现。受版权保护的作品,在版权有效期内可能会出现使用这些作品的新的且通常不可预见的方式。作者通常很难就不可预见的未来利用进行有效的讨价还价。因此,作者不太可能系统地分享(或公平分享)新技术开发手段创造的利益。当新媒体出现时,终止权允许作者在其原有合同相对方(特别是当他们是旧媒体时)不愿意或没有准备好利用新媒体传播作品时,授权新媒体中利用其作品。如果合同不清楚谁在新媒体中拥有权利(情况常常如此),那么将权利归还给作者通常会澄清作者(或其继任者)拥有这些权利,以便从作品仍然具有的任何商业价值中获得更大的份额,实现作者有新机会控制其作品使用的预期目标。

欧盟《数字单一市场版权指令》和美国《版权法》的相关规定区别较大,这主要体现在欧盟在合同缔结和履行阶段依次规定适当的报酬原则和撤销权规则,以维护创作者利益;而美国仅仅规定时间方面的限制规则。另外,欧盟《数字单一市场版权指令》在版权合同领域全面增加公开义务,这可能与欧盟强大的版权管理能力密切相关。

三、我国版权合同制度现状、问题及完善建议

(一)我国版权合同制度的现状和问题

我国版权合同的相关规定,主要体现在我国《民法典》《著作权法》和《著作权法实施细则》上,具体规定如下:①《民法典》针对合同双方地位不平等的规定,包括自由平等基本原则、合同编的格式合同和格式条款的维护合同相对方利益的解释规则和强制披露规则。②《著作权法》第三章"著作权许可使用和转让合同",包括第二十六条至第三十一条。其中,第二十六条规定版权许可使用合同的主要内容;第二十七条规定版权转让合同的主要内容,并强调当事人"应当订立书面合同";第二十八条规定著作财产权出质问题;第二十九条维护著作权人利益,规定"著作权人未明确许可、转让的权

利,未经著作权人同意,另一方当事人不得行使";第三十条规定使用作品付酬标准,当事人约定优先,约定不明确的,按照国家著作权主管部门会同有关部门制定的付酬标准支付报酬;第三十一条规定邻接权主体不得侵犯作者著作人身权和获得报酬权。另外,《著作权法》第三十四条规定,图书脱销后,图书出版者拒绝重印、再版的,著作权人有权终止合同。③《著作权法实施细则》第二十三条规定,许可使用的权利是专有使用权的,应当采取书面形式,但是报社、期刊社刊登作品除外;第二十四条规定,除合同另有约定外,被许可人许可第三人行使同一权利,必须取得著作权人的许可。

相对于欧盟和美国版权制度,我国版权法存在以下问题:①在主体上,通常强调著作权人的利益而不是作者的利益,而这两者并不完全一致。在2020年《著作权法》中,新闻作品和职务表演的著作权利益则存在向企业主体倾斜的趋势。②《著作权法》相关规定比较简单抽象,多是一些基本性规定。我国《著作权法》第三十条虽然规定报酬问题,但并没有对处于弱势地位的作者/表演者作出强制保护规定。其当事人约定优先、其次按照国家著作权主管部门会同有关部门制定的付酬标准支付报酬的规定,形式上符合平等自愿原则,但实际上对创作者不利:其一,创作者常常是非专业人士,容易受到各种认知限制和偏见的影响,许多人不愿意或无法花费时间和精力去理解相关有利的法律信息,更不用说将其纳入他们的决策。其二,私人诉讼既昂贵又耗时,并且诉讼结果常常是不可预测的,这导致许多创作者回避求助法律诉讼。其三,国家版权局《使用文字作品支付报酬办法》仅限于文字作品且报酬较低。③没有对因技术分配引发的合同双方利益平衡问题作出合同期限限制性规定。④版权许可和转让虽然属于版权流转内容,但只是其中一部分。著作权法并没有针对作者创作动机的多样性,作出鼓励创作者全部或部分放弃著作权的规定,也没有按其自由意志加强对其未放弃部分权利的保护。

(二)完善我国版权合同制度的建议

1. 增加维护作者/表演者利益的版权合同法定条款,以体现公平原则并促进信息共享

如前所述,欧盟和美国均规定了版权合同法定条款,以维护创作者利益。虽然这些法定条款可能违背合同自愿原则,但它既符合公平原则,又有助于实现信息共享的版权法目的。关于版权合同法定条款,我国学者看法不一。多数学者认为,我国应当将版权合同相关条款具体化,明确双方当事人权利义务。❶有学者主张:"可以在版权法中引入版权合同的变更条款,……作者应当参与作品的开发利用,有权决定开发的范围和形式,并在其作品的经济价值每次被利用时,获得公平的报酬。在作者享有不成比例的收益时,有要求修改合同约定报酬的权利。"❷笔者认为,维护作者/表演者利益的版权合同法定条款应当包括以下内容。

(1)增加报酬相称原则

如前所述,我国《著作权法》第三十条虽然规定报酬问题,但并没有对处于弱势地位的作者/表演者作出强制保护的规定。除非其当事人约定优先,否则按照国家著作权主管部门会同有关部门制定的付酬标准支付报酬。这一规定形式上符合平等自愿原则,但实际上对创作者不利。有学者建议,对

---

❶ 如有学者认为,"在著作权法合同章和民法典合同编两个领域完成对作者权益保护的解释学续造。应将著作权法合同章中规定的许可或转让的权利种类作为合同成立的"必要之点",要求合同条款明确列举每项权利的使用范围、目的、期限和版税标准"以弥补信息不对称所带来的利益损害。有学者认为:"在版权许可合同部分,法律应当补充以下规范供当事人参考:①许可权利的具体使用方式;②署名权的行使方式,修改权和保护作品完整权对许可权利的限制范围以及滥用这两项权利的违约责任;③对价的标准和给付方式;④衍生成果的权利归属和收益分配。"见熊琦.著作权合同中作者权益保护的规则取舍与续造[J].法学研究,2022,44(1):204;李宗辉.网络时代版权合同关系的法律重构[J].出版发行研究,2021(8):72;丛立先.《民法典》的实施与版权合同的完善[J].出版发行研究,2020(10):9.

❷ 崔立红,梁婉颖.数字时代版权合同中未知使用方式问题研究:不完全契约理论的视角[J].山东大学学报(哲学社会科学版),2021(1):108.

付酬方式加以强制,即限制一次性付酬的范围,使创作者能够更多地分享作品在传播利用中的收益;同时,排除上述规则在职务作品、电影作品等较少由单一创作者独立完成的领域适用,以避免给需要多方合作的复杂作品类型创作造成阻碍。❶也有学者建议"在《著作权法》中设立合同调整规则与透明度义务"。❷笔者赞同上述观点,主张未来著作权法应当规定版权合同的报酬相称原则,在考虑到作者/表演者对整部作品或其他主题的贡献及所有其他情况(如市场惯例或作品的实际利用)的基础上,应尽可能按开发所得收益的百分比支付报酬。

(2)规定作者/表演者的知情权和调整权

版权法应当规定,作者和表演者享有定期(每年至少一次)从获得许可或受让其权利的当事方或其继承人处,获得关于其作品/表演利用的最新相关全面信息的权利,特别是关于利用方式、所有收入和应得报酬的信息。如果最初商定报酬与随后利用作品/表演所产生的收入相比低得不相称,作者和表演者或其代表人有权要求合同相对方或合同相对方的继承人给予额外的、适当的和公平的报酬。

(3)增加作者/表演者的撤销权

我国《民法典》规定了基于意思表示瑕疵和合同保全的撤销权,但不适用版权合同中非创作方不按时按质履行版权合同的情形。《民法典》第五百六十三条规定了合同履行过程中当事人基于如下原因的解除权:不可抗力、当事人一方明确表示或者以自己的行为表明不履行主要债务、迟延履行主要债务并经催告后在合理期限内仍未履行、一方迟延履行债务或者有其他违约行为致使不能实现合同目的和"法律规定的其他情形"。但此种解除权并没有考虑版权合同的特殊性。我国应当借鉴欧盟成员国的相关规定,明确承认书籍绝版、开发者破产、司法清算或宣告无力偿债作为权利转让撤销理由,以

---

❶ 熊琦.著作权合同实质公平规则形塑[J].法学,2020(6):57.

❷ 李欣洋.欧盟作者、表演者公平报酬制度研究——从"畅销条款"到《数字化单一市场版权指令》[J].东南大学学报(哲学社会科学版),2021,23(S2):79.

促进作品利用,进而实现信息共享的版权法目的。同时,我国版权法还应当规定撤销权的限制,以维护如视听作品特殊部门和多人创作者中其他权利人的利益。如前所述,视听行业作品在实际制作和发行之前往往有很长的开发期。在开发阶段前,视听制作者已经获得旨在用于或改编成电影或电视剧基础作品(如书籍、戏剧、歌曲)的权利。在作品的开发阶段,撤销任何这些基本权利的风险可能会抑制投资。因此,我们有必要限制视听作品的撤销权。在作品或其他主题包含多于一名作者或表演者贡献的情况下,法律应当考虑个别贡献的相对重要性,以及因个别作者或表演者应用撤销机制而受影响的所有作者或表演者的合法利益。

(4)对版权合同期限作强制性限制规定

版权法中的一个常见的问题是,确定作者与其被许可人或受让人之间谁有权享受技术或新商业模式带来的新用途的利益。不适当的利益归属规则可能导致不公平的意外收获,也可能阻碍新媒体对作品的利用。❶技术红利应当侧重维护创作者的利益,以达到激励创作的目的。这不仅应体现在版权权属规定中,还应当体现在版权许可转让等版权流转制度中。版权合同许可期限则是确定利益归属的关键。如果许可时间太短,就无法弥补他们出版商/开发者在开发工作中所承担的风险和投资。❷但如果许可时间过长,则可能面临创作者和投资者利益分配不均的问题。版权转让合同更是如此。有学者认为:"可以增加著作权专有许可合同的最长期限限定,以保障创作者在一定期间后获得变更许可条件的可能。该期限的限制所适用的合同范围也应仅限著作权专有许可合同类型,而不涉及著作权转让合同或非专有许可合同。"❸笔者认为,著作权许可合同可借鉴我国1990年《著作权法》的规定:

---

❶ Pamela Samuelson, Is Copyright Reform Possible?, 126 Harv. L. Rev. 740(2013).

❷ 例如,龙应台在与三联书店合同到期后,选择签约广西师范大学出版社。三联书店总编认为三联书店前期为龙应台个人和作品的知名度做出了大量工作,龙应台不应当合同一到期就改投他社。见三联书店总编炮轰龙应台:改投他社是"决绝""不近情理"[EB/OL].(2015-11-02)[2022-09-22]. https://www.thepaper.cn/newsDetail_forward_1391875.

❸ 熊琦.著作权合同实质公平规则形塑[J].法学,2020(6):58.

"合同的有效期限不超过10年。合同期满可以续订。"著作权转让合同,可以以30年左右为期,期满则由权利人再行决定。这能保证新技术产生的作品新使用方式的利益能由创作者分享,也能保证作品为新技术掌握者所利用。

2. 认可放弃部分版权的合同以遵循自愿原则并促进信息共享

创作动机具有多样性。创作动机既可能源于内在动力,也可能源于外在刺激。例如,网民在微信朋友圈发表自己创作摄影作品,其动机常常在于分享而非经济回报。又如,开源爱好者的创作动机可能是利他主义、对声誉的渴望及创造事物的乐趣。即使同一作者,其不同时段的创作动机也可能有所差别,有时出于内在动力,有时出于外在刺激。版权法认可基于意思自治的版权放弃,既有利于对当事人的尊重,又有利于实现信息共享的版权法目的。创造性过程是从未知到创造的过程,涉及个人大脑中信息的冲撞。创新需要接触信息,而对作品接触和对作品使用的控制限制了创新。

基于上述非经济回报性的创作动机和促进信息共享的目的,一些版权人主动放弃部分或全部版权,以鼓励版权作品的再利用。这主要体现在以下基于自愿的协议:①CC协议。CC协议是一种部分放弃版权的格式性合同,它使潜在使用人知道权利人希望其使用时必须满足的前提条件,比版权法灵活且简化了使用程序。CC协议的许可模式有四种,即归属协议CC-BY(Attribution,权利人同意作品利用,但必须承认作者)、分享协议CC-SA(Share Alike,权利人允许他人以自己作品为基础创作派生作品,但派生作品必须依相同协议进行分享)、非商业许可协议CC-NC(Non-Commercial)和非派生许可协议CC-ND(No Derivatives)。❶上述四种权利要求的选择与搭配组合,可以产生十一种授权许可方式。❷但前六种许可方更受重视,因为多数参与者倾

---

❶ Kunle Ola,Fundamentals of Open Access,E. I. P. R. 2014,36(2),112-123(2014).

❷ 署名—非派生作品—非商业用途、署名—非商业用途、署名—非商业用途—分享、署名—分享、署名—非派生作品、署名、非派生作品、非派生作品—非商业用途、非商业用途、非商业用途—分享、分享等。见曾翠.基于创作共用协议的版权保护与公共获取利益平衡的作用机制[J].图书馆学研究,2013(9):28.

向保留署名权。❶CC协议一般具有不可撤销和非排他性,这主要是考虑到被授权主体常常是非特定群体,且撤销协议在实际操作中影响太大,成本过高并且难以执行。❷CC协议依赖版权制度,它在放弃部分权利基础上创造了可供选择的权利内容,为创造性成果提供了一种更加灵活且行之有效的保护与使用方法,是传统版权市场结构有效替代品。另外,CC协议一方面鼓励创作,另一方面鼓励分享创作的成果以促进再创作,从而服务创作者、创造性作品的使用者,以及从创造性材料中获益的社会公众的利益,能够协助版权更好地实现其促进科学和实用艺术进步的目的。虽然CC协议中不发生金钱交易,但版权权利人在要求使用者复制、再次申明许可及署名信息等方面仍存在经济利益。另外,这种模式也有利于提高创作者声誉。❸著作权法应当通过加大署名权保护和法定赔偿金等,鼓励这种有利于信息共享版权法目的的自愿弃权合同。②OA运动(Open-access)。如前所述,OA运动是国际科技界、学术界、出版界和信息传播界以推动科研成果网络自由传播为目的的自下而上的运动。它和CC协议的主要区别在于,OA运动所指向的对象是科研作品,其目标是促进学术信息的交流传播。学术科研活动和科研作品作为一种重要的、有独特价值的活动和表达,对"科学和有用艺术的进步"实现这一目标有重大意义。❹前互联网时代,科研作品传播速度太慢,不利于学术交流和沟通。如今,数字技术降低了作品传播的技术成本。这使一些学术作者能够借助数字技术最大化地促进学术作品的传播和提升影响力。而学术作品作者的创作动机和受利机制使这一目标变得可能。学术作品创作者一般不重视传统的版权物质激励而重视学术影响力,他们由工资或基金而不是由市场支付报酬。另外,OA运动缓解了延期出版,增加了引证数。这既符合作者

---

❶ 郑丽航,余秋英."创作共用"许可协议感悟[J].图书与情报,2008(1):112.

❷ 傅蓉.开放内容许可协议及其应用研究[J].情报理论与实践,2012,35(12):41.

❸ 邓朝霞.网络版权的公共领域研究——以知识共享协议为例[J].电子知识产权,2018(12):39.

❹ Randall P. Bezanson, Joseph M. Miller, Scholarship and Fair Use, 33 Colum. J. L. & Arts 409 (2010).

利益,又促进科研成果快速交流,从而有助于学科发展和信息共享等公共利益的实现。❶③社区平台为促进信息共享而实施的自愿权利放弃。乔布斯创造了苹果手机,科恩和博耶创造了生物技术,但大多数人只是普通人,创新能力有限。一些创新者认为只有"真正的新"或"原创"作品才应该受到专门保护。他们放弃了在共同社区(如知乎)创作作品的独创性较低的著作权,以在创新和创造性的生态系统中建立更多的自由空间。

  以上版权的自愿部分或全部放弃,有助于实现版权法信息共享目的,应当得到版权法的认可和保护。目前,司法实践中已经开始保护这些合同的效力。例如,在罗盒网络科技有限公司(简称"罗盒公司")与广州市玩友网络科技有限公司(简称"玩友公司")等侵害计算机软件著作权纠纷案❷中,广州知识产权法院认为,使用涉案开源软件开发的商业软件依约需要公开其全部源代码。玩友公司未向用户提供被诉侵权软件源代码下载,违反了GPLV3开源许可协议的约定。玩友公司复制、发布涉案软件源代码的行为侵害了涉案软件著作权。广州知识产权法院依法判令玩友公司停止侵害并赔偿罗盒公司经济损失及维权合理支出共计50万元。但总体而言,现有版权法体系在很大程度上未能适应或反映互联网时代的价值观或实践,❸这点有待于改

---

❶ 关于学术著作,作者关注的常常并非版权经济收益而是学术影响。其版权受益人常常是出版社或学术数据库。如前文引言所述,一些出版商对数据库定价较高,这增加了使用者(常常是学者)信息获取成本,引起了国内外学术圈的反对。这些事件在一定程度上也导致学者们较为支持OA运动。

❷ 广州知识产权法院(2019)粤73知民初207号民事判决书。在该案中,济宁市罗盒网络科技有限公司(以下简称罗盒公司)的股东罗迪在Github网站上传了其开发的VirtualApp软件(以下简称涉案软件)初始源代码并适用GPLV3开源许可协议。广州市玩友网络科技有限公司(以下简称玩友公司)开发了四款被诉侵权的微信视频美颜相机App并上传于各平台供用户下载,但并未提供源代码。用户可免费试用半小时,之后需支付会员费使用。罗盒公司认为四款被诉侵权软件中的沙盒分身功能与涉案软件构成实质性相似,玩友公司不提供开源代码且收取会员费的行为违反限制商业使用条款和GPLV3开源许可协议,侵害其涉案软件著作权,遂诉至法院。

❸ Jessica Silbey, We're All Pirates Now: Making Do In A Precarious Ip Ecosystem, 39 Cardozo Arts & Ent. L. J. 691(2021).

善。现有版权法应当作出如下规定：①认可 CC 协议和 OA 运动的法律效力，保护版权人重视的署名权等。②鼓励版权弃权行为，并对此意思表示的形式要件作出规定。现有专利法规定了弃权的形式要件，但版权法未对此作出类似规定。版权法应认可版权人意思，并作出程序规定，如版权人可向版权局作出书面弃权意思表示。❶③加大对参加 CC 协议和 OA 运动作者未放弃权利的保护。CC 协议和 OA 运动本质是附条件版权许可合同。一旦被使用人不依协议进行使用，则合同无效，使用人构成侵权行为。法律应当对相关侵权行为加大赔偿力度。

余 论：有利于实现版权合同双方公平的技术发展

如前所述，与作为企业的相对方相比，版权合同中作者/表演者在经济地位上属于弱势地位，信息也常常严重不对称。他们必须借助相对方的垄断传播技术和专业知识来传播自己作品或表演。在信息生产传播的产业链中，传播销售量具有不确定性。传播者常常将此风险转嫁给创作者，给予他们较低的报酬。但在当前的技术背景下，传播者对技术的垄断地位和作品销量的不可预知性，在某种程度上已经弱化。这使创作者在整个产业链中得到更高、更稳定的创收成为可能。这种技术发展趋势具体体现如下：①传播者对技术的垄断地位变弱，创作者可运用数字平台传播自己的作品。例如，部分知名创作者可通过微博、微信和公众号传播自己的作品，流媒体和社交媒体提供的技术为不知名创作者提供了挑战传统邻接权主体的独特机会，使创作者能够在与邻接权主体公司谈判之前，扩大他们的"粉丝"群并提高他们的讨价还价能力，以便让他们拥有更多的筹码获得更多的、更友好的版权合同。技术也使创作者能直接接触"粉丝"，这有利于版权产业以创作者而非传播者为中心。以音乐产业为例，社交媒体不仅为歌迷提供了寻找艺人的机会，而且为艺人提供了直接接触广大歌迷的机会。技术使没有参加音乐会的歌迷

---

❶ Pamela Samuelson; Members of the CPP, The Copyright Principles Project: Directions For Reform, 25 Berkeley Tech. L. J. 1175(2010).

可以虚拟地享受现场表演。2022年,崔健、罗大佑的网络演唱会便是这种技术变革的体现。❷技术弱化了作品销量的不可预知性。通常而言,传播作品涉及三种成本:作者付出的表达成本、邻接权主体付出的复制表达的成本及邻接权主体宣传作品付出的成本。在严格的经济分析中,如果预期收入大于或等于表达、复制表达和宣传作品的成本,则传播新作品。对作品的需求及市场上已有的类似竞争作品的数量,会影响该作品的预期收入。此类作品(过去和现在)的数量越多,对特定作品的需求就越低。过去,大多数作者的收入都远低于他们的出版商的收入。关于这种利益分成的理由,主要是因为复制表达的成本和宣传作品付出的成本比较高且收益具有较高风险。前者主要与技术有关,而技术在过去成本较高且被邻接权主体所垄断;后者则与作品出版风险高有关。创作市场有太多的作品竞争,预测读者的阅读偏好存在诸多难度,这代表有巨大的出版风险,对于传播行业而言是一种经营成本。在20世纪的大部分时间里,传播者只能依赖自己的判断和直觉来预测商业风险。❶但在当前,更强大的大数据技术将推动更深层次的变化。大数据的发展方向,是用基于志愿者自愿的开放合作取代当今的大部分生态系统。在作品传播之前,微信、淘宝和亚马逊等平台便可大量获得潜在用户对将发行作品的偏好或通过各种途径调查甚至引导其偏好,从而降低作品销量低的风险。总之,当前的技术允许利益关系人在作品传播前通过"粉丝"、流量和其他社交媒体、流媒体互动平台,预知或引导作品大致销量从而降低销售风险。这就是技术引发的创作者和邻接者博弈状态的改变,它能为创作者争取更大的利益。❷

---

❶ Stephen M. Maurer, Digital Publishing: Three Futures (And How To Get There), 36 Cardozo Arts & Ent. L. J. 675(2018).

❷ Emily Tribulski, Look What You Made Her Do: How Swift, Streaming, And Social Media Can Increase Artists' Bargaining Power, 19 Duke L. & Tech. Rev. 91(2021).

第五章 版权法目的视角下的版权救济制度变革

第一节 版权救济制度的应有原则：比例原则

一、比例原则概述

比例原则（principle of proportionality）❶是评估限制基本权利的手段与限制目的之间是否存在合适关系的一套标准。它由三个具体原则构成：①适当性原则，要求规制手段与规制目的之间应当存在合理关联。②必要性原则，要求规制手段对于规制目的的实现必须是最低必要限度的、最温和的手段。③狭义比例原则，即因规制手段所获利益与所失利益是否达成大致平衡。比例原则是国内外法学界讨论的一个重要话题。从历史渊源看，比例原则最初出现在19世纪的行政法中，它要求行政机关施加于个人的负担不得超越所拟实现的目标。现代比例原则主要体现在宪法中，其目的是保护宪法权利。1950年《欧洲人权公约》(*European Convention on Human Rights*, ECHR)第十条在保护表达自由权利的同时，作出如下规定："在民主社会，表达自由权在必要时可能受限制，它必须符合比例性要求。"2000年《欧盟基本权利宪章》(*the Charter of Fundamental Rights of the European Union*)第五十二条第一款规定："对权利自由的限制，必须依照法律并遵循这些权利自由的本质。限制应当遵循比例原则，它只能在必需的情况实施，必须符合欧盟所认可的公共利益目标或保护他人权利自由的需要。"我国很多学者认为比例原则应

---

❶ 林来梵.宪法学讲义[M].北京：清华大学出版社，2018：352.

当在私法中适用。如有学者认为："无论是公权力机关识别权利滥用,划定权利边界,还是私主体行使法定权利,比例原则都可以提供有效的方法论指引与行为准则。"❶"比例原则的本质是权衡方法,其旨在权衡所有利益及价值冲突,并无公法与私法之别,也无法被成本收益分析所取代。在《民法典》规范适用中,作为权衡方法的比例原则既可用于对基本原则、概括条款与价值概念的具体化,也可辅助对其他法律规则的解释与漏洞填补。"❷笔者赞同此观点并在版权领域范围内探讨比例原则问题。

二、比例原则在版权救济制度中适用的正当性分析

1. 比例原则在版权救济制度中适用的法哲学基础

比例原则在版权救济制度中适用的法哲学基础是功利主义而非洛克劳动论。依据洛克劳动理论,如果A创造了前所未有的事物,则B无权使用。因为B对相同的公共领域有免费入口权,其使用公共资源(the common)的能力并没有受到伤害。由于A的财产权并没有增加B通过劳动获得财产权的成本,所以授予A权利是正当的。从知识产权的特点和现实看,没有理由认为授予A知识产权必须符合这一规则。例如,授予A对于某药品的专利权,可能限制以此技术为基础的更先进的技术产品的制造和销售。此外,此技术可能普遍提高整个产业链或体系的基本门槛和平台。又如,某艺术流派开创者和范式的始祖,其创新可能是此流派其他创造者的平台基础。因为希望对此艺术流派有所贡献的人被要求使用此艺术流派的基本范式、元素和工具。总之,知识产品一旦在互相联系的世界上公开,就能改变此世界。也就是说,A的知识产权可能打破原有的技术平衡,对相关行业所有主体产生影响。

---

❶ 刘权.权利滥用、权利边界与比例原则——从《民法典》第一百三十二条切入[J].法制与社会发展,2021,27(3):39.还有学者认为:"比例原则应当对包括民法在内的整个法律秩序发生作用"。"源起于公法领域的比例原则审查框架,其在私法中也应具有普适性",见郑晓剑.比例原则在民法上的适用及展开[J].中国法学,2016(2):163.纪海龙.比例原则在私法中的普适性及其例证[J].政法论坛,2016,34(3):99.

❷ 张兰兰.作为权衡方法的比例原则[J].法制与社会发展,2022,28(3):205.

洛克理论并没有研究利益冲突，更没有提及利益冲突的解决机制。而立法和司法必须权衡各种利益背后的价值并对其实现作出取舍。当创作人利用他人享有版权作品进行二次创作时，此行为虽然可能不利于前者，但可能有利于实现版权法目的信息共享。另外，洛克理论之前提出的假设，是所有权利价值可以依同一标准或货币进行测量，但事实是并非所有的法益均能以同一标准进行测量。例如，版权有时会和他人的表达自由权相冲突。如果法律授予版权完整的排他权，则他人的表达自由权会受到一定限制，而表达自由的限制常常会阻碍民主进步。在这种情况下，我们必须改变洛克的定量研究，而侧重定性分析和系统宏观分析，运用比例原则对各种价值进行定性权衡后再作出判决。

2. 比例原则在版权救济制度中适用的经济学基础

经济学中的两个概念——帕累托最优和帕累托次优都与资源配置有关。如果对于某种既定的资源配置状态，任意改变都不可能使至少一个人的状况变好而又不使任何人的状况变坏，则这种资源配置状态为帕累托最优状态。帕累托最优是经济学中的重要原则，它不适用两种利益之间存在冲突时的状态，所以经济学家发展了帕累托次优理论：在社会资源配置过程中，如果那些从资源重新配置过程中获得利益的人，其所增加的利益足以补偿在同一资源重新配置过程中受到损失的人的利益，并且通过受益人对受损者的补偿，双方均可以获取满意的结果，那么此时资源配置仍符合效率原则。[1]此理论优于帕累托最优理论，因为依此标准，如果能使整个社会的整体收益增大，那么变革就仍可以进行（部分受损者利益可通过补偿方案得到保证）。而依前者观点，只要有任何一个人的利益受损，整个社会变革就无法进行，其适用范围过于狭窄。

帕累托次优理论适用法律领域，可以得出以下结论：任何一种权利保护制度都不是隔绝的、孤立的，具体的价值判断需要放在整个权利体系中进

---

[1] 陈伟斌，张文德. 基于利益平衡的网络信息资源著作权补偿原理研究[J]. 图书馆学研究，2013(19)：95.

行,否则其结果可能导致否定更根本或者更重要的法定权利或价值。当版权与信息入口权(包括受教育权)、表达自由权等人权发生冲突时,可以适度限制版权(如对版权损害不实施禁令救济措施),以保护社会总体福利的提升,同时对版权损害进行经济补偿。这也是比例原则所追求的目标。❶

三、比例原则在版权救济制度中的具体运用

比例原则在版权领域有重要意义。一方面,版权涉及诸多利益平衡,特别是版权和基本人权之间的平衡。这需要以比例原则为法律工具,对具体案件中的利益冲突进行判断。另一方面,在当前的数字环境下,一些权利之间的关系,如版权与经营自由权、版权与数据保护相关隐私权之间的关系变得复杂。这使引入比例原则成为一种必然。例如,《与贸易有关的知识产权协议》第四十六条规定销毁等其他法律救济的比例原则问题:"在审查这样的请求时,应考虑侵权的严重程度和所采取的法律救济之间的比例协调关系及第三方的利益。"比例原则在欧盟和美国知识产权法中也有所体现。

(一)比例原则在欧盟版权救济制度中的运用

欧盟版权法的救济制度引入了比例原则,这在其立法和司法方面均有所体现。

在立法方面,2001年《欧盟信息社会版权和相关权利特定方面的协调指令》❷第五条和2004年《欧盟知识产权执行指令》❸第六条强调了救济和比例原则之间的联系。2001年《欧盟信息社会版权和相关权利特定方面的协调指令》第五条规定,反对侵权的措施、制裁和救济必须是有效率的且成比例的。2004年《欧盟知识产权执行指令》第三条则规定,包括禁令的救济"不应当不必要的复杂或高成本,或包括不合理的时间限制或不恰当的迟延……应

---

❶ Wendy J. Gordon, A Property Right In Self-Expression: Equality And Individualism in the natural Law of Intellectual Property, 102 Yale L. J. 1533(1993).

❷ the EU Directive on the Harmonisation of Certain Aspects of Copyright and Related Rights in the Information Society, 简称 InfoSoc Directive, 2001/29/EC.

❸ the Directive on the enforcement of intellectual property rights, 2004/48/EC.

当是公平合理的、有效的、合乎比例的、劝诫性质的,应当以如下方式得以适用:足以避免对合法贸易造成阻碍,反对滥用"。这两条均要求救济措施必须有效且符合比例。

在司法实践中,法院多次适用比例原则。2012年,在Scarlet Extended SA v SABAM案❶中,Scarlet是比利时的一家网络服务提供者,SABAM(比利时代表音乐作品作者、作曲家和出版商利益的集体管理组织)起诉Scarlet,认为互联网用户正使用Scarlet的服务非法下载其当事人享有版权的作品,请求法院颁布禁令,判决Scarlet通过阻塞等手段,使其使用者不能通过P2P软件发送和接收原告享有版权的作品。SABAM还要求被告自己花钱随时监控所有消费者的网络交流内容。比利时法院责令被告Scarlet承担阻塞其使用者非法上传作品的义务(Scarlet必须自己出钱建立复杂的、永久性的、高成本的过滤体系)。欧盟法院讨论比利时法院命令网络服务商❷阻止特定侵权网站的入口判决的合法性,阐述了版权保护和与版权保护有关基本权利两者之间的比例关系,最终认可了经营者的经营自由权(freedom to conduct a business)而否定了对版权的过度保护:"禁令将导致网络服务商经营自由权受到损害。……被告承担的法律责任违背比例原则,它相当复杂,并且被告执行起来成本太高。"2014年,在Telekabel案❸中,原告发现,其享有版权的作品在未经许可的前提下能在第三方网站上观看,甚至下载。原告向澳大利亚法院起诉澳大利亚网络中间服务商UPC Telekabel Wien Gmbh,要求其承担禁止其网民进入此第三方网站的义务。欧盟法院具体运用比例原则维护与版权同等重要的其

---

❶ Scarlet Extended SA v. SociÉTÉ Belge Des Auteurs, Compositeurs Et ÉDiteurs SCRL(SABAM), C-70/10.

❷ 网络服务商的业务,大致可以分为提供内容(ICP)和提供网络服务(ISP)两大方面。本文仅指后者。

❸ UPC Telekabel Wien Gmbh v. Constantin Film Verleih GmbH and Wega Filmproduktionsgesellschaft mbH,[EB/OL].(2014-03-27)[2022-10-08]. http://europa.eu/rapid/press-release_CJE-14-38_en.htm.

他权利,如经营自由权。[1]依据2001年《欧盟信息社会版权和相关权利特定方面的协调指令》,权利人有权申请禁令,以阻止第三方版权侵权。欧盟法院主要针对如下问题进行讨论:澳大利亚法院判决是否和《欧盟基本权利宪章》等欧盟基本法律相协调? 是否在当事人基本权利间达到了平衡? 此案涉及《欧盟基本权利宪章》第十一条互联网使用者的信息自由权(freedom of information)、第十六条的经营自由权(freedom to conduct a business)和第十七条版权保护的冲突。欧盟法院指出,虽然禁令限制了网络服务商可得资源的自由使用,它仍然是合法的,因为被告可采取特定措施以避免这一结果。欧盟法院进一步指出,此禁令允许被告通过证明其已经采取合理措施而避免责任。因此,作为网络服务商的被告"没有被要求作出不合理的牺牲"。同时,欧盟法院也指出,当网络服务商采取措施以遵守此禁令时,它"和互联网使用者的信息自由权相一致"。总之,欧盟法院认为,基本权利并不排除对网络服务提供者(Internet Service Provider,ISP)采取禁令措施,但具体措施在能有效地阻止网络用户访问版权作品的同时,不应当不必要地剥夺互联网使用者的信息入口权。即使双方同意禁令,法院也必须考虑此种禁令对社会的影响力。比例原则使法院超越版权法领域,从更高层面的人权角度看版权保护所涉及的平衡问题。

(二)比例原则在美国版权救济制度中的运用

过去,美国联邦最高法院曾经拒绝采用以宪法为基础的机制解决版权与表达自由之间的争议,主张合理使用和思想表达二分法等版权法内在的开放性标准,以使版权法应对各种挑战。而美国版权学者认为,这会鼓励法院机械性地使用法律语言而忽视社会需要,最终使创造性表达面临风险。[2]近年来,法院在司法实务中日益重视运用版权法目的或表达自由等外部标准,对版权保护措施的合理性进行判断。这在美国法院禁令制度的运用方面特别

---

[1] Orit Fischman Afori, Proportionality: A New Mega Standard In European copyright law, IIC 2014, 45(8), 889-914(2014).

[2] 同[1]。

明显。例如,在 eBay Inc. v. MercExchange 案❶中,美国最高法院认为,禁令不应当自动颁布,法院应当注意传统的平衡原则。eBay 案表明,为获得禁令救济,原告应当证明,他们将承担不可修复的损害,而法律提供的救济不足以赔偿损害。使用平衡原则能帮助确保版权法目标不因过于频繁地授予禁令制度而受到阻碍。

如上所述,美国版权法并没有明确规定比例原则,但在学理上,不少学者一再主张版权保护应当适度。例如,美国著名版权法专家威廉·F. 帕特里(William F. Patry)认为:"西方世界在其漫长的历史中表现出越来越多的倾向,即承认个人对某些事物的独占权,而这些权利在财产一词下聚集在一起,得到承认、崇敬、崇拜。……垄断总是可憎的,而财产仍然是神圣的。……法院确实将版权称为法定垄断,但其目的主要是促进公共利益。这种不同的观点是否应当导致用一种涉及更多利益平衡的不同眼光来考虑问题?这种平衡将超越对据称被侵犯的财产权的陈词滥调,并将授予或拒绝禁令救济对当事人和社会的相对伤害和利益进行权衡。……我们经常承认国会授予的垄断特权,但其本质上是有限的,并且最终必须为公共利益服务。"❷有学者认为:"知识产权制度会激发次优的创造力和不合理的无谓损失。……知识产权旨在通过增加创新来发展经济,而不是让作者和发明者致富。因此,适当地校准金钱损失将会服务知识产权的目的,而不会给作者提供如此丰厚的私人奖励,从而破坏知识产权制度的效率和创新激励。……将侵权价格设定得足够高,以激励创新,但又不能太高,以至于持有者会过度限制贸易。"❸基于这些理论,学者们对美国版权救济具体制度提出了以下主张:①否定禁令的普遍适用。美国知名版权法专家帕梅拉·萨缪尔森(Pamela Samuelson)认为:"禁令的普遍适用会产生以下弊端:第一,当知识产权边界不清楚时,禁令既制止了非法行为,又制止了合法行为;第二,当被告作品只有部分侵权时,损

---

❶ eBay Inc. v. MercExchange, L. L. C., 547 U. S. 388(2006).

❷ William F. Patry .Patry On Copyright §§ 22:13. Thomson West,(2020).

❸ Gregory Day, Competition And Piracy, 32 Berkeley Tech. L. J. 775(2017).

失难以测量;第三,版权法是自由表达的发动机。禁令可能对表达自由有消极作用。基于上述理由,禁令应当受到一定限制,以鼓励法院对第一修正案和版权促进知识广泛传播的宪法目标进行清楚思考。"❶②在判定赔偿数额时,注重对社会公共利益的考量。例如,有学者认为:"不应当以许可费为标准进行赔偿。因为它们本质上是允许版权或专利持有人自己确定损害赔偿价格,而不是社会合意的费用。……许可费本质上是对持有人的反竞争偏好进行奖励和补偿。这种补救侵权的方法虽然符合持有人的最佳利益,但忽视了宪法知识产权条款中规定的社会目标,未能促进创新,同时损害竞争。"❷还有学者认为:"比例威慑规定了与侵权造成的社会危害成比例的威慑水平。知识产权法中非法所得的目的是促进成比例的而不是完全的威慑。"❸③在确定网络服务提供者责任时,加强整体考量。美国学者认为:"对《数字千年版权法》(Digital Millennium Copyright Act,DMCA)安全港规则的修改应该旨在促进而不是限制或阻碍言论、表达和集会自由,这些是美国作为一个民主国家的前提条件。"❹

四、我国版权救济制度中比例原则的适用现状、不足及建议

(一)我国版权救济制度中比例原则的适用现状和不足

我国版权法并没有规定比例原则,但在版权法司法实务中,比例原则已逐渐受到重视。例如,在杭州大头儿子公司诉央视动画公司著作权侵权案

---

❶ Pamela Samuelson, Members of The CPP, The Copyright Principles Project: Directions For Reform, 25 Berkeley Tech. L. J. 1175(2010).

❷ Gregory Day, Competition And Piracy, 32 Berkeley Tech. L. J. 775(2017).

❸ Pamela Samuelson, John M. Golden, Mark P. Gergen, Recalibrating The Disgorgement Remedy In Intellectual Property Cases, 100 B. U. L. Rev. 1999(2020).

❹ Pamela Samuelson, Pushing Back On Stricter Copyright Isp Liability Rules, 27 Mich. Tech. L. Rev. 299(2021).

中，法院将提高赔偿额的方式作为央视动画公司停止侵权行为的责任替代方式，平衡了各方利益。法院认为："在依法确定权利归属和保护范围的情况下，还应当注重合理平衡界定原作者、后续作者及社会公众的利益。……确定是否停止侵权行为应当兼顾公平原则。动画片的制作不仅需要人物造型，还需要表现故事情节的剧本、音乐及配音等创作。仅因其中的人物形象缺失，原作者许可就判令停止整部动画片的播放，将使其他创作人员的劳动付诸东流，有违公平原则。"❶

但不可否认的是，在我国，比例原则的运用仍然存在一些问题。这主要表现在以下方面：①法院仅在个案中使用比例原则，这一原则仍未上升至立法层面成为基本原则。②法官在审理版权纠纷时，常常从版权法领域探讨比例原则和私人利益平衡，而没有更深层次地从宪法角度讨论版权保护和公共利益问题，对宪法层面的网络经营者经营自由权、作品使用者隐私权和表达自由权等基本权利缺乏足够重视。例如，在北京中青文文化传媒有限公司诉北京百度网讯科技有限公司百度文库侵权案❷中，北京市第一中级人民法院认为，涉案作品属热播文档，百度理应掌握有关信息并予合理注意，但百度没有尽到合理的注意义务，也没有建立起足够有效的版权保护机制，因此对于涉案侵权行为具有过错，应当承担损害赔偿责任。该案没有讨论网络经营者的经营自由权、作品使用者隐私权和表达自由权等基本权利，其他类似案例也常常缺乏这一层面的讨论。又如阿凡提案❸，涉案"阿凡提"等角色造型美术作品，由曲建方于20世纪70年代在上海美术电影制片厂（以下简称"美影厂"）工作期间而创作。自涉案角色造型作品创作完成至美影厂提起本案诉讼长达30余年间，美影厂与作者曲建方各自使用涉案作品的共存状态是客观事实。法院认为，在本案诉讼前的多年里，美影厂和曲建方均存在行使涉案作品著作权的行为，双方彼此知悉并不表达异议，长期以来以实际行为

---

❶（2014）杭滨知初字第634、635、636号。

❷（2013）一中民初字第11912号书。

❸（2013）徐民三（知）初字第1048号。

达成了"涉案作品双方均有权支配"的默契,从而形成了事实契约关系。此外,双方都为涉案美术形象的社会影响力提高、品牌价值力提升等方面作出了贡献。法院认定涉案角色造型美术作品的著作财产权由美影厂和曲建方共同享有。二审法院维持一审判决。❶此案的判决结果对公共利益和法律的强制性规定的考量似乎稍显不足,值得商榷。这体现在以下两方面:其一,版权是法定权利,其权利是通过创作、转让和继承而获得。他人在创作完成后对作品的宣传等,似乎不足以产生权利主体变更的法律后果。其二,此判决导致很难界定该作品的保护期限,因为它不属于自然人作品和单位作品,也不属于合作作品。很难界定其权利保护期限何时截止,何时成为公众可免费使用的作品。因此,笔者认为,此案似乎在某种程度上也忽视了公众的信息入口权。

(二)我国版权救济制度中适用比例原则的具体建议

版权法的目的是促进信息共享的公共利益,其在权利体系中可具体化为与接收版权作品相关的信息入口权(包括受教育权和文化权),以及以版权作品为对象或者利用版权作品进行再创作并将此再创作进行发表的表达自由权。而隐私权和网络经营者的经营自由权,则是在保护版权的同时也应当维护的权利。基于这些利益取舍,我国有必要在版权救济制度中适用比例原则。

笔者认为,我国应当从以下两方面完善我国版权法。①以法律原则形式对比例原则作出规定。有学者认为:"在知识产权侵权损害赔偿诉讼中,遵循完全赔偿原则需要以对损害进行规范评价为基本前提。在这一评价过程中,权利人的利益救济与行为人的竞争、经营自由之间的价值碰撞决定了比例原则适用的必要性。❷笔者赞同此观点。诚如有学者所言:"基于知识产权保护激励创新的目的,知识产权保护的范围和强度应与特定知识产权的创

---

❶ (2015)沪知民终字第200号。

❷ 徐聪颖.论比例原则在知识产权损害赔偿中的适用[J].现代法学,2022,44(3):193.

新和贡献程度相适应。如果两者不匹配,要么会因保护过度形成对后续创新的妨碍,要么会因保护不足形成对创新活力的抑制。"❶②我国应当从宪法视域考虑比例原则所涉及的各种法益,它不仅包括版权,而且还包括公众的表达自由权和隐私权,以及网络传播平台的经营自由权。比例原则应当结合客观现实,依个案在考虑不同利益的综合平衡基础上进行适用,它必须具有一定的开放性和灵活性。❷

第二节 停止侵害责任的法律适用

一、我国限制停止侵害责任法律适用现状

我国《著作权法》第五十二条规定,侵犯他人著作权应当承担停止侵害等民事责任。但在司法实务中,法院对停止侵害责任的法律适用态度有所转变。最初,我国版权法司法裁判支持权利人的停止侵害诉讼请求。例如,在1999年胡守云诉宁波出版社、北京新华图书有限公司案❸中,因为其中一首歌曲署名有误,法院判令被告停止侵害,禁止整部歌曲集在市场上的出版发行。又如,在琼瑶诉于正著作权纠纷案❹中,上诉人主张不承担停止侵害责任,认为"原审判决判令停止复制、发行和传播《宫锁连城》电视剧于法于情于理不符。……不停播更有利于平衡双方利益,有利于公众享受更多的文化成果,否则既停播又判令超出实际损失的赔偿,实际上过大保护了原告的权益,显然导致双方利益失衡,也不利于原作品的进一步传播。"最终,二审法院维持认可了原审法院的停止侵害责任并认为:"停止侵权责任仍然是著作权侵权中首要和基本的救济方式,侵权人不承担停止侵权责任是一种基于利

---

❶ 宋晓明.新形势下我国的知识产权司法政策[J].知识产权,2015(5):8.

❷ Orit Fischman Afori, Proportionality: A New Mega Standard In European copyright law, IIC 2014, 45(8), 889-914(2014).

❸ 北京市第一中级人民法院(1999)知初字第17号。

❹ (2015)高民(知)终字第1039号。

益衡量之后的政策选择，是一种例外情形，应当严格予以把握。"但法院逐步开始限制停止侵害责任。例如，在杭州大头儿子公司诉央视动画著作权侵权案❶中，原告大头儿子文化公司要求责令被告立即停止侵权，法院认为宜以提高赔偿额的方式作为央视动画公司停止侵权行为的责任替代方式。另外，针对与公共利益有关的红色经典作品，2018年我国最高人民法院下发通知，要求各级人民法院依法妥善审理好使用红色经典作品报酬纠纷和英雄烈士合法权益纠纷案件，依法保护红色经典传承和英雄烈士合法权益。"要深刻认识到使用红色经典作品报酬纠纷和英雄烈士合法权益纠纷案件的特殊性，在侵权认定、报酬计算和判令停止行为时，应当秉承尊重历史、尊重法律、尊重权利的原则，坚持红色经典和英雄烈士合法权益司法保护的利益衡平。为维护党和国家利益、社会公共利益，对因使用红色经典作品产生的报酬纠纷案件，不得判令红色经典作品停止表演或者演出。"❷

二、限制停止侵害责任法律适用的法理基础

限制停止侵害责任，在我国立法中并无具体规定，但从法理看，其有一定正当性，其法理依据如下。

（一）版权法的目的

如前所述，版权法的目的是促进信息共享。这在各国版权界达成共识。

---

❶(2014)杭滨知初字第635号。"大头儿子""小头爸爸""围裙妈妈"三件美术作品的原著作权人为刘泽岱。20世纪90年代，刘泽岱受上海科影厂委托，为上海科影厂和中央电视台合作制作的动画片《大头儿子小头爸爸》(1995年版)创作了上述三个人物形象。后大头儿子公司经合同转让继受成为上述美术作品的著作权人并提起诉讼。央视动画公司对原作品演绎作品，即1995年版动画形象享有著作权，但再次创作演绎作品未取得原作品著作权人授权，因此构成侵权。法院在梳理各方证据、查明事实的情况下，判决以提高赔偿额的方式作为央视动画公司停止侵权行为的责任替代方式。此案后来有反转。

❷最高人民法院关于加强"红色经典"和英雄烈士合法权益司法保护弘扬社会主义核心价值观的通知(法[2018]68号)

自从美国联邦最高法院在 eBay Inc. v. MercExchange, LLC 案❶中推翻联邦巡回法院在专利案件中的"自动禁令"规则之后,美国联邦最高法院开始认识到这一裁决对版权案件的影响。法院意识到,版权禁令可能不仅对被告产生影响,而且对整个社会产生影响。这鼓励法院在确定是否支持禁令时,明确考虑宪法第一修正案和版权的宪法目标,即信息共享。❷学者们也认同此观点。有学者认为:"版权的基本目标是造福公众。作者是实现这一目标的工具,没有对他们的充分保护,目标就无法实现,但该制度的设计目的是广大公众利益而不是作者。……当出现版权纠纷时,保护权利主体的技能、创造力和资源是合适的,但当被告本身创作了变革性作品时,或当被告的使用有利于版权的目的时,一味地保护权利主体则是致命的短视。在此类案件中,在案情审理之前拒绝禁令救济可能最符合公共利益。"❸还有学者认为:"不加限制地适用禁令救济会加大作品后续创作渠道被阻滞的风险、助推投机性版权诉讼的出现及妨碍作品的有效利用。"❹

(二)比例原则

如前所述,比例原则包括适当性原则、必要性原则和狭义比例原则,即应当考虑因规制手段所获利益与所失利益之间是否达成大致平衡。德国《著作权法》第一百条规定:"侵害人既非出于故意,又非出于过失,如果为履行本法第九十七条(停止侵害)的要求会引起其过度损失,并且可推定受害人同意金钱赔偿,可避开上述要求而予受害人金钱赔偿。"❺欧盟和美国在司法实践中都运用比例原则对版权保护实施一定限制,以最大化实现信息共享的版

---

❶ eBay Inc. v. MercExchange, L. L. C. ,547 U. S. 388,390-94(2006).

❷ Pamela Samuelson; Members of the CPP, The Copyright Principles Project: Directions For Reform, 25 Berkeley Tech. L. J. 1175(2010).

❸ William F. Patry .Patry On Copyright § 22:64. Thomson West, (2020).

❹ 杨红军.版权禁令救济无限制适用的反思与调适[J].法商研究,2016,33(3):189.

❺《十二国著作权法》编译组.十二国著作权法[M].北京:清华大学出版社,2011:1813

权法目的。在 Universal City Studios v. Sony Corpora-tion of America 案❶中,法官指出,若颁发禁令可能会使公众受损,则法院有权以判决被告支付赔偿金或持续支付许可费的方式取代禁令的颁布。❷我国司法实践也尝试运用比例原则解决停止侵害法律责任问题。例如,在琼瑶诉于正著作权纠纷案❸中,法院认为:"如果侵权人的商业产品获得成功并非来源于产品中著作权发挥的功能……或者其发挥的功能仅占产品市场成功的很小部分时,可以对停止侵害请求权进行限制。"又如,在杭州大头儿子公司诉央视动画公司著作权侵权案❹中,法院在综合考虑历史和当事人主观过错等因素的基础上,认为"在依法确定权利归属和保护范围的情况下,还应当注重合理平衡界定原作者、后续作者以及社会公众的利益。……如果判决被告停止播放《新大头儿子和小头爸爸》动画片,将会使一部优秀的作品成为历史,造成社会资源的巨大浪费。……最后,确定是否停止侵权行为还应当兼顾公平原则。动画片的制作不仅需要人物造型,还需要表现故事情节的剧本、音乐及配音等创作,仅因其中的人物形象缺失原作者许可就判令停止整部动画片的播放,将使其他创作人员的劳动付诸东流,有违公平原则。"最终法院判决以赔偿损失代替停止侵权责任。

(三)版权的性质

法院对授予停止侵害救济的态度,取决于如何看待版权规则的性质。法律规则有财产规则和责任规则。财产规则和责任规则之间有很大的区别:财产规则是对某种资源的使用、控制和享有的专有权利,即在未经权利人同意的情况下排除世界上任何其他人使用该资源的权利,即使有证据证明通过将权利转让能给其他人会增加公共福利。财产规则创造了几乎绝对的排除权,

---

❶ Universal City Studios, Inc,. v. Sony Corporation of America., 659 F 2d 976(9th cir:1981).

❷ Pamela Samuelson; Members of the CPP, The Copyright Principles Project: Directions For Reform, 25 Berkeley Tech. L. J. 1175(2010).

❸ (2015)高民(知)终字第1039号。

❹ (2014)杭滨知初字第635号。

而责任规则只授予在事后获得损害赔偿的权利。如果版权属于绝对性质的财产权,那么权利主体则可以随心所欲地使用其财产。如果版权被描述为一种有限特权,其唯一目的是促进科学进步等公共利益,而不是从经济上使版权持有者(通常是大型跨国公司)受益,那么法院则可能会以不同的方式处理禁令救济问题。著作权法中的法定许可和强制许可制度表明,版权应当适用责任规则。诚如有学者所言:"如果冲突最佳解决方案是对潜在加害者的使用进行部分但不是完全限制,那么这将形成责任规则的最有力论据。……尽管财产规则传统上管辖专利和版权制度,但法院已经开始将知识产权转变为责任框架。……在一些失败的合理使用抗辩中,法院最好拒绝永久禁令救济,以支持持续的特许权使用费义务。"❶

三、限制停止侵害责任法律适用的前提条件和替代赔偿数额

(一)限制停止侵害责任法律适用的前提条件

如前所述,面对版权侵权行为,一味地否定停止侵害是不对的。因为这可以被视为强制许可,并可能导致未来被告将在事前以不同方式计算侵权风险。如果法院有效地阐明了施加替代救济的前提条件,则授予这种替代救济的可能性不仅不会导致鼓励严重侵权,而且还有可能导致版权所有者和假定

---

❶ William F. Patry. Patry On Copyright § 22:1. 50. Thomson West,(2020). 我国停止侵害类似于英美法中的永久禁令,但稍有区别。禁令往往是可以立即生效和执行的,但判决中的具体内容并非每一项都可以自动立即生效执行。一审法院即使作出了停止侵害判决,如果该判决因上诉而没有生效,则该判决是无法立即执行的。而永久禁令一旦发出,即使该案还处于上诉阶段,该永久禁令是可以立即生效并可以直接执行的。美国知识产权禁令划分为诉前禁令、诉中禁令和永久禁令三种类型。知识产权诉前禁令和诉中禁令实质是一种行为保全措施,属于民事诉讼保障制度的内容。而知识产权永久禁令作为知识产权侵权的责任承担方式之一,其性质为实体法规范。见何炼红,邓欣欣. 类型化视角下中国知识产权禁令制度的重构[J]. 中南大学学报(社会科学版),2014,20(6):147. 见张伟君,武卓敏. 知识产权侵权纠纷案中判令停止侵权与颁发永久禁令的区别[J]. 电子知识产权,2019(1):79.

的侵权者之间进行更适当的讨价还价。❶关于停止侵害适用限制的前提条件,学者们看法不一,主要有以下几种观点。第一种观点认为:"停止侵害救济例外适用考量的因素:①应当考量的因素——公共利益。②可以考量的因素——当事人之间的利益比较。③排除适用考量的因素——竞争关系。如果存在竞争关系,允许侵权行为继续存在会对权利人产生不可弥补的损害,则须颁发禁令,故竞争关系成为颁发禁令与否的决定性因素。"❷但双方当事人的作品常常具有一定程度的替代性,因此存在竞争关系是事实,法律不应以竞争关系的不存在作为限制停止侵害责任的前提。第二种观点认为:"在满足以下特定情形时,法院可以判令侵权方不停止侵害。①权利人的损害可通过金钱救济予以弥补。②停止侵害的适用会导致当事人之间利益失衡。③停止侵害的适用会影响社会公共利益。"❸此种观点值得商榷。在确定是否限制停止侵害责任时,法官也应着重考虑侵权人的过错。如果当事人主观存在明显故意,则不应当限制停止侵害责任,以维护法律尊严和权威。当作品对公众信息共享意义重大,且侵权人主观无故意时,可限制停止侵害的适用。第三种观点认为,以下情况可限制停止侵害:"①停止侵害请求权行使违反诚实信用原则。②停止侵害请求权行使损害公共利益。如果停止侵害会损害公共利益,且同权利人因此所得利益不成比例,法院也不应支持原告停止侵害的请求。③停止侵害在"法律上不能履行。"❹第四种观点认为,在对是否限制知识产权人的停止侵害请求权进行考量时,应考虑当事人之间的关系、市场因素、原被告的具体情况、公共利益等。❺第三种观点和第四种观点

---

❶ Pamela Samuelson; Members of the CPP, The Copyright Principles Project: Directions For Reform, 25 Berkeley Tech. L. J. 1175(2010).

❷ 张春艳. 我国知识产权停止侵害救济例外的现实困境及突围[J]. 当代法学,2017,31(5):119.

❸ 杨涛. 论知识产权法中停止侵害救济方式的适用——以财产规则与责任规则为分析视角[J]. 法商研究,2018,35(1):189.

❹ 何怀文,陈如文. 我国知识产权停止侵害请求权限制的法律原则[J]. 浙江大学学报(人文社会科学版),2015,45(2):150.

❺ 李扬,许清. 知识产权人停止侵害请求权的限制[J]. 法学家,2012(6):91.

也没有考虑被告的过错,因此不够全面。

笔者认为,在确定是否限制停止侵害责任时,法律应当着重考虑以下因素。①侵权人的过错。侵权行为存在故意,则一般不能限制停止侵害责任。②原告寻求禁令救济的非经济动机。如果原告在意的是经济赔偿,则限制停止侵害责任的可能性应当更大。③被告合理使用不成功或者其他抗辩的力度。现有合理使用全对或全错的结论,其实并不是现实纠纷中形形色色的侵权行为的最佳结论。当实质性相似难以判断时,法律应当更倾向限制停止侵害责任的使用。④当事人的利益对比。法律应当考虑当事人之间的利益分配正义。当侵权人侵权内容只是作品的极小部分时,可限制停止侵害责任的适用。⑤公共利益。当被告作品能促进公共利益时,法律应当更倾向限制停止侵害责任的使用,以赔偿代表停止侵害,最终实现信息共享的版权法目的。例如,红色经典作品创作时背景特殊,且其具有重要公共利益,就应当限制停止侵害责任的适用。

(二)限制停止侵害责任法律适用的替代赔偿数额

当法院不支持停止侵害时,如何确定替代性赔偿金额,以维护权利人利益,这是值得研究的问题。就司法实践而言,在确定替代性赔偿金额时,各案判决依据不一。例如,在杭州大头儿子公司诉央视动画著作权侵权案[1]中,法院综合以下因素予以酌情确定替代性赔偿数额。①央视动画公司不停止侵权行为。②央视动画公司系对原作品的演绎使用。③1995年版动画片对刘某予以署名。④刘某创作的三个人物形象在动画片中所体现出的价值。⑤动画片《新大头儿子和小头爸爸》于2013年播出,据央视动画公司陈述已经完成了230集的制作。⑥洪亮支付给刘某三个人物形象的著作权转让费为3万元。⑦大头儿子文化公司在本案中指控侵权的是三个人物形象之一"大头儿子",另两个人物形象已在另案中主张。⑧大头儿子公司成立于2013年6月,其为本案维权支出律师费20000元,并为该案支出公证费6120

---

[1] (2014)杭滨知初字第635号。

元。在确定红色经典作品报酬时,最高人民法院要求:"要与其他商品化作品主要由市场决定交易价格和报酬的计算方法相区别,要综合考量红色经典作品的类型、实际表演或者演出情形,以及演绎作品对红色经典作品使用比例等因素,同时充分考量创作红色经典时的特殊时代背景,以有利于传承红色经典和宣传英雄烈士光辉事迹的导向作用,酌情确定合理的报酬数额,防止简单化计算金钱给付。"❶

关于替代性损害赔偿数额大小的确定,有学者认为,要对这种替代禁令救济可能引起的激励性保持敏感。在某些情况下,如果在侵权活动之前进行过协商,则要求支付超过合理特许权使用费的许可费可能是适当的。❷笔者认为,在确定替代性损害赔偿数额大小时,法院应当考虑案件的具体情况和使用原告作品的市场价格,法院所确定的数额应当不低于同类作品的市场价格和原告给出的合理许可费,以实现法律的公平正义。

第三节 版权赔偿制度研究

一、我国版权赔偿制度的现状和问题

我国《著作权法》第五十四条规定了版权赔偿问题。在版权侵权诉讼中,原则上侵权人应当按照权利人因受到的实际损失或者侵权人的违法所得给予赔偿。如果这两者难以计算,则可以参照权利使用费给予赔偿。第五十四条还规定了惩罚性赔偿和法定赔偿。对故意侵犯著作权或者与著作权有关的权利,情节严重的,可以在按照实际损失、违法所得或权利使用费数额的一倍以上、五倍以下给予赔偿。当权利人的实际损失、侵权人的违法所得、

---

❶ 最高人民法院关于加强"红色经典"和英雄烈士合法权益司法保护弘扬社会主义核心价值观的通知(法[2018]68号)

❷ Pamela Samuelson; Members of the CPP, The Copyright Principles Project: Directions For Reform, 25 Berkeley Tech. L. J. 1175(2010).

权利使用费难以计算时,人民法院可根据侵权行为的情节,判决给予五百元以上、五百万元以下的法定赔偿。关于我国版权赔偿制度,主要存在以下问题:①缺乏关于发表权等著作人身权侵权赔偿的特别规定。2020年《著作权法》对单位作品和视听作品的发表权作出和以往不同的规定,著作财产权保护期限自作品首次发表后开始起算。这使著作财产权的产生以权利人发表行为的行使为条件。如果他人未经权利人许可擅自发表作品,则权利人的发表权受到侵害且损失较难计算。例如,在刘某与李某涵、朱某侵害作品发表权纠纷案中,哈尔滨A大学教师刘某于2013年10月完成《渤海靺鞨绣》一文的创作,拟收录在《中国工艺美术全集·黑龙江卷·印染织绣工艺陶瓷篇》。哈尔滨B大学教师朱某受邀撰写有关家具设计方面的文章,约稿单位向朱某提供署名作者为刘某的《渤海靺鞨绣》电子版作为文章格式的参考。后朱某与其学生李某涵发表作品《非物质文化遗产渤海靺鞨绣的题材解析》,署名第一作者李某涵、第二作者朱某。刘某在中国知网上发现《非物质文化遗产渤海靺鞨绣的题材解析》一文后,诉至法院,请求判令李某涵、朱某立即停止侵权行为并在报纸上公开道歉,赔偿刘某损失5万元。法院经审理认为,李某涵、朱某侵犯了刘某对《渤海靺鞨绣》"题材探析"部分享有的发表权、署名权,并判决李某涵、朱某停止侵害刘某的著作权,在互联网上撤除侵权文章,连带赔偿刘某为制止侵权行为所支付的合理开支20000元,并在报纸上发表向刘某赔礼道歉的启事。❶此案中,原告学术作品发表权受到侵害,但其实际损失和被告侵权违法所得很难举证,而且法律也没有对精神方面的损失作出具体规定。②实际损失和违法所得的二选一模式,并不一定能填平权利人的损害。毕竟版权侵权后的实际损失和违法所得数额是很难举证的。③惩罚性赔偿的相关规定不够明确。我国《民法典》第一千一百八十五条、《著作权法》第五十四条和2021年最高人民法院《关于审理侵害知识产权民事案件适用惩罚性赔偿的解释》(以下简称《惩罚性赔偿的解释》),均规定了惩罚性赔偿制度。《民法典》第一千一百八十五条规定:"故意侵害他人知识产权,情节

---

❶ 黑龙江省高级人民法院(2021)黑民终365号民事判决书。

严重的,被侵权人有权请求相应的惩罚性赔偿。"这条规定为知识产权法律提供了上位法依据。何为情节严重,法律对此未加说明。《著作权法》将惩罚性赔偿数额规定为已确定数额的一倍以上、五倍以下,这种明确的比例使法律具备一定稳定性和可预期性,但司法自由裁量权似乎仍然过大。2021年最高人民法院《惩罚性赔偿的解释》规定,原告可以提起惩罚性赔偿诉讼,在起诉时需要"明确赔偿数额、计算方式及所依据的事实和理由",并对如何认定"故意"和"情节严重"作出具体规定,但关于倍数确定,仅规定"应当综合考虑被告主观过错程度、侵权行为的情节严重程度等因素"。另外,当被告同一侵权行为依法已经被行政罚款或者刑事罚金且执行完毕,被告主张减免惩罚性赔偿责任的,人民法院不予支持,但在确定前款所称倍数时可以综合考虑。④法定赔偿额适用额度无具体规定。我国法定赔偿数额介于五百元以上、五百万元以下,但对赔偿数额的确定缺乏考虑个案差异性。

二、美国版权赔偿制度的诠释及比较

(一)美国版权赔偿制度诠释

1. 美国版权赔偿制度具体内容

美国《版权法》第五百零四条规定了版权赔偿制度,具体内容如下。

(1)一般情况

除另有规定外,版权侵权人应承担以下任一责任:①版权主体的实际损害和侵权人的任何额外利润;或②法定损害赔偿金。

(2)实际损害和利润(actual damages and profits)

版权人有权追偿其因侵权而遭受的实际损害,以及侵权人因侵权而在计算实际损害时未考虑的任何利润。在确定侵权人的利润时,版权所有者只需要提供侵权人总收入的证据,侵权人则需要证明他的可扣除费用和归因版权作品以外的因素的利润要素。

(3)法定损害赔偿(statutory damages)

第一,另有规定外,版权人可在终审判决作出前的任何时间,就任何一件作品,就诉讼中涉及的所有侵权行为,追讨法院认为公正的法定损害赔偿,其金额不少于750美元或多于3万美元。就本款而言,汇编或衍生作品的所有部分构成一部作品。第二,在版权人承担举证责任的情况下,如果法院认定侵权属故意实施,法院可酌情将法定损害赔偿的裁定额增加至不超过15万美元。在侵权人承担举证责任的情况下,如果法院认定该侵权人不知道且也没有理由知道其行为构成侵权,则可以酌情减少法定损害赔偿的金额至不少于200美元。如果侵权人相信并且有合理的理由相信其所使用受版权保护的作品行为属于合理使用,并且侵权人存在下述情况之一,则法院应当免除法定损害赔偿:①在其雇佣范围内行事的非营利性教育机构、图书馆或档案馆的雇员或代理人,或该机构、图书馆或档案馆本身通过复制作品或录音制品而侵权;②公共广播实体或作为个人公共广播实体的正常非营利性活动组成部分,因表演已出版的非戏剧性文学作品或复制体现该作品表演的传输节目而侵权。

美国众议院报告(第94-1476号)对美国《版权法》第五百零四条作了具体说明。该报告首先解释了"实际损害和利润"(actual damages and profits):"在允许原告收回'因侵权而遭受的实际损害'加侵权人'因侵权而在计算实际损害时未予考虑'的任何利润时,第五百零四条(b)条承认损害赔偿和利润的不同目的。损害赔偿是为了补偿版权所有者因侵权而遭受的损失,利润是为了防止侵权者从不法行为中不公平地获益。如果被告利润只不过是版权所有者所遭受的损害,则将损害赔偿和利润累加是不合适的。但是,在版权所有人遭受的损害没有反映在侵权人利润中,或者存在可归因于受版权保护的作品但未被用作衡量损害的利润的情况下,(b)款授权可对两者进行裁决。该款的措辞清楚地表明,只有那些'归因于侵权'的利润才可以追回。如果被告的部分利润来自侵权行为,而其他利润来自不同的因素,则法院有必要进行分摊。但是,在这些案件中,被告负有举证责任。在确定利润时,原告只需要证明'侵权人的总收入',被告不仅必须证明'可扣除费用',而且必须证明'归因于版权作品以外的因素的利润'。"

美国众议院报告(第94-1476号)也解释了"法定损害赔偿":第五百零四条(c)条出于法定损害的目的将侵权者分为四类:①非营利性教育类机构或公共广播实体中的某些个人有合理理由相信他们的行为是合理使用的。②无辜的侵权者。③非无辜但非故意侵权者。④故意侵权者。第一类人免于任何法定损害赔偿。第二类人可以,但不一定,将他们的法定损害赔偿金减少到每件作品200美元。第三类人应承担每件作品750美元至3万美元的法定损害赔偿金。第四类人要承担每件作品750美元至15万美元的法定损害赔偿责任。区分无辜侵权人和故意侵权人,举证责任起重要作用。"无辜侵权人"一方面为特别容易受到这种侵权诉讼的广播和报纸出版商等邻接权主体提供足够的保护;另一方面,通过为赔偿责任规定一个下限。该条款保留了其预期的威慑效果,它不会仅因为原告未能反驳被告的无罪主张而允许侵权人逃脱。大多数法定损害赔偿案件属于第三类——非无辜但非故意。这导致每件作品的损失从750美元到3万美元不等。"故意"侵权和"无罪意图"并不是相互对立的。很少有被告可以证明他们的侵权行为是无辜的,而原告很难证明侵权是故意的。

2. 美国版权赔偿制度的司法实务和理论探讨

如前所述,美国版权侵权人应承担以下任一责任:①实际损害和侵权人的任何额外利润;②法定损害赔偿金。以下依次介绍这两种责任的司法实务和学理探讨现状。

(1)实际损害和利润的司法实务和理论探讨

第一,原告的实际损害。当原告主张被告赔偿自己的实际损害时,原告应当证明自己的实际损害数额。在评估原告是否已建立实际损害数额所需的因果关系时,法院应审查所有相关的市场因素,包括双方现有的市场份额的程度、分销渠道和客户关系。法院还必须比较双方的产品,以确定是否有替代关系。这里价格常常是重要的考虑因素。虽然一些现有客户可能愿意支付原告更高的价格（可能是出于品牌忠诚度），但更多公众可能对价格敏感，因此原告商品的价格可能太高而无法支持一对一的置换理论。如果被告商品的价格明显低于原告的商品价格，那么原告必须证明尽管价格较低，也能达到同样的销售数额。常识表明，出售其受版权保护的面料以用于相对较少的昂贵服装的原告，不能合理地期望与迎合廉价的地下市场上的侵权人出售相同数量的件数。❶

第二，被告的非法所得。裁决非法所得主要旨在通过确保不法行为者不会从中获利来阻止不法行为。这些原则与知识产权侵权的最佳威慑目标是一致的。与其他威慑工具相比，非法所得具有公平的灵活性和基于侵权收益的限制相结合的优势。非法所得属于被告利润的一部分或全部。如何分配侵权者的利润是比较复杂的问题，主要包括以下两个问题：①被告的非法所得与侵权之间的因果关系和利润分摊比例。被告的非法所得与侵权之间有因果关系，这是将被告的非法所得判给原告的前提条件。当被告能够证明作品销售的利润与侵权没有因果关系时，利润可能会受到保护。例如，当侵权内容发布在广告中时，法院通常会驳回原告要求分享广告产品销售总收入的主张，并将责任推给原告，以确立侵权行为与被告利益之间的因果关系。❷另外，如果侵权部分构成被告创作的相对较小部分时，利润分摊可能是不可避免的。自1940年美国联邦最高法院在 Sheldon v. Metro-Goldwyn Pictures Corp. 案❸中作出裁决以来，美国法院已下令分配侵权和非侵权材料混合在作品中时的利润。如果有证据支持分摊，则法院通常判给可归因于侵权的利润。②除包括直接利润外，被告非法所得有时还可能包括间接利润。在 Frank Music Corp. v. Metro-Goldwyn-Mayer, Inc. 案❹中，Metro-Goldwyn-Mayer

---

❶ William F. Patry .Patry On Copyright § 22:104. Thomson West, (2020).

❷ Pamela Samuelson, John M. Golden, Mark P. Gergen, Recalibrating The Disgorgement Remedy In Intellectual Property Cases, 100 B. U. L. Rev. 1999(2020).

❸ Sheldon v. Metro-Goldwyn Pictures Corp., 81 F. 2d 49, 56(2d. Cir.), cert. denied, 298 U. S. 669 (1936).

❹ Frank Music Corp. v. Metro-Goldwyn-Mayer, Inc.

（米高梅）拉斯维加斯酒店在一部十幕音乐剧的一幕中使用了原告音乐剧中的五首歌曲庆祝。酒店音乐剧净利润为2489646.274美元。证据显示，米高梅公司的年度报告曾指出，"酒店和博彩业务因音乐剧受欢迎而得到实质性提升"。这表明，原告作品有宣传价值，能吸引人们到酒店和赌桌。法院认为，因为音乐剧吸引了顾客，具有促销价值，节目本身的直接利润和酒店和博彩业务的间接利润，如果可以确定就可以收回。法院最终认为，包含侵权材料的音乐剧利益的75%可归因于侵权材料，因为"被告不仅使用了原告的音乐，还使用了他们的歌词、人物、背景和服装设计"，这似乎是按侵权内容与非侵权内容的粗略比例进行分配。此外，法院确认了2%的间接利润裁决。

第三，原告的实际损害和"归因于侵权"的被告利润。在大多数情况下，版权所有者面临的选择很简单：在实际损害和非法所得两者中选择最大的数值。这个数字并不总是原告的利润损失，因为被告可能是一个更有效率的生产者，被告收取的价格高于原告，或者被告在营销方面做得比原告更好。但非法所得数值也可能小于实际损害的数值，因为被告也可能是比原告效率低的生产者，故意低价出售以抢占原告的市场，或免费提供侵权作品。在这种情况下，原告将诉请实际损害而非被告利润。如果被告利润只不过是权利人所遭受的损害，则将损害赔偿和利润累加起来是不合适的。❶但是，在版权所有人遭受的损害没有反映在侵权人的利润中，或者存在可归因于受版权保护的作品但未被用作衡量损害的利润的情况下，原告可获得其实际损害和那些"归因于侵权"的利润。这种情况仍应当遵守填平原则，以确保作者的创造性劳动得到公平的回报。版权法的最终目的是科学和实用艺术的进步，因此目标不是也不应是过度补偿那些成功证明侵权的版权所有者。如果这成为

---

❶ 如版权所有者证明它因侵权而损失了100次销售，而被告进行了150次销售，则原告以150次销售而不是100次销售主张赔偿。又如，如果版权所有者证明其因侵权而损失了200次销售，而被告完成了这200次销售，则原告可获依损害/非法所得诉请这200次销售，而不是原告损害和被告利润的总和即400次销售。

趋势,则可能会阻碍艺术创作。[1]

(2)法定损害赔偿的司法实务和理论探讨

法定损害赔偿一直是美国版权领域的一部分。允许版权原告寻求法定赔偿有以下理由:①在法律规定难以或不可能证明损害或利润的情况下,给予版权所有者一些补偿。②在实际损失低于起诉成本或被告利润很小的情况下,原告可以选择法定损害赔偿来维护自己的利益。[2]③惩罚侵权人,从而阻止他和其他人进一步侵权。[3]

目前,关于美国法定损害赔偿的争议主要集中在以下两点。

第一,故意侵权者赔偿数额的不确定性。如前所述,美国版权法中法定损害赔偿的裁定额介于750美元到15万美元。这使赔偿数额具有较大的不确定性,这种不确定性有时会对合法行为产生不利的寒蝉效应。这在Thomas-Rasset案[4]中得到了突出体现。在该案中,被告自2005年开始从网络下载未获授权的歌曲,并放在自己的共享文件夹中供他人下载欣赏,原告提起诉讼。2011年7月22日,明尼苏达州地方法院作出了一审判决。该案的主审法官最终判决被告支付总计54000美元的赔偿,每个录音资料赔偿2250美元。案件判决后,原告认为赔偿过低,向第八巡回法院上诉。2012年9月11日,第八巡回法院认定合理的赔偿为22万美元。二审判决后,被告向美国联邦最高法院提出了两个复审申请,其中第二个问题:宪法是否应对网络歌曲下载的法定赔偿进行限制?被告主张,损害赔偿金不是基于任何具体侵权行为造成的损害,而是反映了文件共享造成的一般损害。被告还认为,任何法定损害赔偿的裁决都是违宪的,因为即使是每次违规750美元的最低损害赔偿裁决也会"与罪行完全不成比例"。美国联邦最高法院认为,被告不是

---

[1] Amanda Inglesh, "If You Can Afford Me": Reconceptualizing Expert Testimony Offered To Calculate Music Copyright Damages, 39 Cardozo Arts & Ent. L. J. 303(2021).

[2] William F. Patry .Patry On Copyright §§ 22:153. Thomson West, (2020).

[3] Pamela Samuelson, Ben Sheffner, Unconstitutionally Excessive Statutory Damage Awards In Copyright Cases, 158 U. Pa. L. Rev. PENNumbra 53(2009).

[4] Capitol Records, Inc. v. Thomas-Rasset, 579 F. Supp. 2d 1210.

"以营利为目的的企业,而是非法寻求免费音乐供自己使用的个人消费者"。然而,美国《版权法》五百零四条(c)条明确涵盖了没有盈利动机的侵权者,也规定了广泛的损害赔偿范围,并允许法院和陪审团根据违法行为的性质裁决。诉诸立法的历史可以发现,国会当初在确定该范围的下限时,非常清楚非商业版权侵权的威胁。法院不同意将法定损害赔偿与违规造成的实际损害赔偿进行比较的宪法调查要求。法院认为:"损害赔偿裁决是作为对违反公法的惩罚而施加的,立法机关可以将其数额调整为公共利益损害而不是私人损害。版权保护是对公共利益的维护……公众的利益、无数的犯罪机会,以及确保统一遵守联邦法律的必要性支持该裁决的合宪性。"[1]

针对美国版权故意侵权法定赔偿规则存在的不确定性,学者们提出了不同的解决方案。有学者认为,故意侵权人理应被判对他们适当的最大损害赔偿,但关键是适当数额。[2]以学者为中心组成的美国版权改革研究团认为:"如果版权法要保留选择以法定损害赔偿代替实际损害赔偿的权利,则应制定以一致、合理和公正的方式判给法定损害赔偿的准则。……如果版权所有者在侵权开始之前注册了侵权作品,就可以酌情裁决最高为实际损害赔偿金额或侵权人利润的三倍。这种替代方案将保留和澄清法定损害赔偿部分旨在服务的某些威慑或惩罚性目标,同时确保裁决与侵权者的行为更加相称,并与对版权人造成的实际损害相称"。[3]

第二,故意侵权者的法定赔偿是否属于惩罚性赔偿。在Thomas-Rasset案[4]中,法院认为:"损害赔偿裁决是作为对违反公法的惩罚而施加的,立法机关可以将其数额调整为公共利益损害而不是私人损害。版权保护是对公共利益的维护。"[5]这似乎表明,该法院承认故意侵权的法定赔偿属于惩罚性赔

---

[1] William F. Patry .Patry On Copyright § 22:208.50.Thomson West,(2020).

[2] 同[1]。

[3] Pamela Samuelson;Members of the CPP,The Copyright Principles Project:Directions for Reform,25 Berkeley Tech. L. J. 1175(2010).

[4] Capitol Records,Inc. v. Thomas-Rasset,579 F. Supp. 2d 1210.

[5] 同[1]。

偿。但在理论界,关于美国版权法是否存在惩罚性赔偿,学者们看法不一。有学者认为,美国《版权法》第五百零四条(c)条的故意侵权赔偿属于惩罚性赔偿。❶有学者从历史学角度出发,认为惩罚性赔偿从未适用美国联邦版权法。惩罚性赔偿以一定基数作基础,而法定损害赔偿是为难以或不可能计算的实际损害的情况而设计的。❷还有学者从经济学角度出发,认为重大法定损害责任的风险会对用户产生过度的寒蝉效应。❸发布惩罚性法定赔偿既不能促进创新,又不能达到经济高效的目的。❹即使美国版权法承认惩罚性赔偿,也必须符合禁止过度惩罚性损害赔偿的规定。美国联邦最高法院提出了三个"指导方针",来确定惩罚性赔偿裁决是否违反正当性:①被告行为的"应受谴责程度"。②惩罚性损害赔偿与实际损害赔偿的比例。③对类似不当行为施加的民事或刑事处罚。美国联邦最高法院一方面认为,损害赔偿只有在"严重和压迫性到与罪行完全不相称且明显不合理"的情况下才违反正当性;另一方面拒绝就补偿性和惩罚性赔偿之间的比例何时过大制定明确规则,但补充说,超过四倍的补偿性赔偿金额可能接近不当的界限。❺

(二)中美版权赔偿制度比较

比较中美版权赔偿制度,我们可发现两国的规定既有相同点,又有不同点。相同点:①规定了以原告损害、被告非法所得确定赔偿数额。②规定了法定赔偿数额。③面临故意侵权者赔偿数额的不确定问题。不同点:①美国强调被告赔偿数额与侵权行为之间的因果关系。②美国更强调填平原则和公平原则。一方面,在必要时,可以将原告实际损害和"归因于侵权"的被告

---

❶ Pamela Samuelson, Ben Sheffner, Unconstitutionally Excessive Statutory Damage Awards In Copyright Cases, 158 U. Pa. L. Rev. PENNumbra 53(2009).

❷ William F. Patry. Patry On Copyright § § 22:208. 50. Thomson West, (2020). William F. Patry .Patry On Copyright § 22:151. Thomson West, (2020).

❸ William F. Patry .Patry On Copyright § 22:1.50.Thomson West, (2020).

❹ Gregory Day, Competition And Piracy, 32 Berkeley Tech. L. J. 775(2017)

❺ 同❸。

利润均赔偿给原告;另一方面,又避免对版权人产生不成比例的金钱奖励。③美国将法定赔偿分为合理使用、无辜侵权、非无辜但非故意侵权和故意侵权四类,并主张加强故意侵权人赔偿数额的确定性。

三、完善我国版权赔偿制度的建议

(一)规定著作人身权侵权赔偿

如前所述,我国对著作人身权侵害无特殊规定。比较而言,国外对著作人身权侵权行为表现形式和法律责任均作了具体规定。例如,美国《视觉艺术家权利法案》采用法定损害赔偿来保护美术作品的署名权和保证作品的完整权。法定损害赔偿与实际损失脱钩,符合该法规保护艺术家"精神权利"的目的——这些权利"与艺术家的金钱利益无关",是"基于关于艺术的内在本质和文化价值,而不是自然财产或效用的理由。"❶又如,澳大利亚法院确定了两种主要的著作人身权损害类型。第一种是对版权作品的"排他性"的损害;第二种是在某种程度上对原创性作品声誉的损害。前者包括侵权作品导致特定产品形象(如非常女性化、浪漫的)被改变,或者因为质量更低的仿冒品在市场上出售而失去了排他性。后者包括修订不佳的版本和不完整的版本、书籍部分被省略或字符名称更改、将作品错误地归属于另一位作者、以粗俗的封面出售书籍等。❷我国应当借鉴这些规定,一方面,以列举方式规定侵害著作人身权的表现形式;另一方面,以法定赔偿金形式对版权人进行赔偿。

(二)遵循填平原则

版权法应当尊重赔偿数额和侵权之间的因果关系,在必要时可以将原告实际损害和"归因于侵权"的被告利润均赔偿给原告。如前所述,在我国版

---

❶ William F. Patry. Patry On Copyright § 22:112.Thomson West,(2020).

❷ Phillip Johnson, Copyright infringement and damages for injury to reputation, E. I. P. R. 2020, 42 (12), 819-827(2020).

权诉讼中,由于版权人取证比较困难,诉讼所获赔偿常常低于损失。对此,学者们也提出诸多建议。有学者主张建构知识产权损害赔偿司法裁判的规范体系,包括以自由选择为基础的认定方式、以市场价值为基础的全面赔偿、以权利类分为基础的损害计量、以补偿性赔偿为基础的赔偿机制。❶有学者认为,确定侵权获利数额时,除考虑获利本身的性质外,还应扣除必要的成本,并根据系争权利对行为人获利的贡献进行获利份额分割。❷还有学者认为,在法官裁量许可费合理倍数的框架下,将侵权人获利和权利人损失都作为确定赔偿额的影响因素,与完全赔偿原则相吻合,也体现了对侵权人的威慑,因此也符合公平正义的价值目标。❸笔者赞同上述观点。

(三)依比例原则明确惩罚性赔偿规则

2021年最高人民法院《惩罚性赔偿的解释》规定,原告可以提起惩罚性赔偿之诉,并在起诉时明确赔偿数额、计算方式。但关于倍数确定,仅规定"应当综合考虑被告主观过错程度、侵权行为的情节严重程度等因素"。对此,有学者认为,"一倍以上、五倍以下"的赔偿系数,应当根据侵权行为的情节严重程度来确定具体适用的倍数,并认为可以结合下述因素进行综合判定:"第一,权利人及其作品的知名度。第二,权利人因侵权行为遭受的人身权利被侵害的程度。第三,侵权人的主观故意程度。第四,侵权主体的性质。如果侵权主体是自然人,且其认知能力和偿债能力都较弱,……则不宜贸然对其适用高倍数惩罚性赔偿。……如果侵权主体是法人,因其对经营范围内的行业状况一般有较多的了解,则应当承担较高的注意义务,故对其侵权行为适用惩罚性赔偿时,可以根据情节严重程度适用较高的惩罚倍数。第五,侵权行为的次数、持续时间、地域范围。第六,单独侵权还是共同侵

---

❶ 吴汉东.知识产权损害赔偿的市场价值基础与司法裁判规则[J].中外法学,2016,28(6):1484.

❷ 唐雯.知识产权侵权获利赔偿数额认定的若干问题分析[J].电子知识产权,2020(11):55.

❸ 李军,朱雪忠.我国著作权侵权赔偿中的合理许可费制度研究——以《德国著作权法》为参照[J].出版科学,2017,25(4):86.

权。"❶笔者认为：①只要侵权人主观上存在故意，就不宜因为侵权人基于自然人或法人等性质的不同而作出不同的法律规定，因为这将违背平等原则。②用惩罚性赔偿规则解决民事法律关系时，不宜将其与公共利益混为一谈。或许正基于此，2021年我国最高人民法院《惩罚性赔偿的解释》规定："当被告同一侵权行为依法已经被行政罚款或者刑事罚金且执行完毕，被告主张减免惩罚性赔偿责任的，人民法院不予支持，但在确定前款所称倍数时可以综合考虑。"③我国应严格限制惩罚性赔偿机制的适用，坚持过罚相当的原则，以维护公平合理的法律价值目标。❷

（四）依比例原则确定法定赔偿具体额度

目前，我国法定赔偿数额介于五百元以上、五百万元以下，数额的确定缺乏考虑个案的差异性。法院在实际审判过程中综合各种情况考虑，具有较大的随意性和自由裁量权。针对这一问题，有学者认为，我国法院应在裁判文书中细化法定赔偿的具体考量因素。❸有学者认为，我国应当限制适用法定赔偿金的任意性、引进评定法定赔偿金额度的三层级结构、加重版权商业利用者举证责任负担，以及设置正当的法律程序规范。❹笔者赞同这些观点，我国应当借鉴美国规定，将法定赔偿依当事人主观过错分为以下几种赔偿额：①特殊主体合理使用免于责任。②无辜的侵权者承担较小的责任。③非无辜但非故意侵权者承担适当的责任。④故意侵权者承担一定惩罚性的赔偿责任，并注意惩罚的适度性。

---

❶ 李扬，陈曦程.论著作权惩罚性赔偿制度——兼评《民法典》知识产权惩罚性赔偿条款[J].知识产权，2020(8)：45.

❷ 尚广振.论"违法所得"在著作权侵权损害赔偿计算中的适用[J].电子知识产权，2014(4)：69.

❸ 谢惠加.著作权侵权损害赔偿制度实施效果分析——以北京法院判决书为考察对象[J].中国出版，2014(14)：39.

❹ 杨兴.完善我国《著作权法》第49条的思考——基于美国版权侵权法定赔偿金制度改革的启示[J].暨南学报（哲学社会科学版），2014，36(12)：89.

第四节 网络服务提供者版权侵权的责任制度研究

数字时代,数字技术改变了信息发布和传播的原有商业模式,普通网民通过手机,可随时随地在网络上传或下载作品。这在促进信息传播的同时,也增加了版权侵权的风险。起诉信息服务商并让其承担版权侵权责任,这成为版权人的不二选择。❶相应地,界定信息服务商注意义务具有重要意义,它不仅与版权人法益的实现程度有关,而且还与公众基本权利(如受教育权和表达自由权)的实现、生气勃勃网络文化的分享程度,以及网络产业的发展和全球竞争力密切相关,因此成为各国版权法研究重要问题之一。❷本节在对比美国、欧盟网络服务提供者版权注意义务基础上,就如何完善我国相关立法提出自己的观点。

一、美国网络服务商版权侵权责任法律规定及目前存在的争议

(一)美国网络服务商版权侵权责任法律规定现状

作为1998年美国《数字千年版权法》(Digital Millennium Copyright Act,DMCA)的一部分,添加到美国版权法中的安全港规则(safe harbor)旨在实现以下两个目标:①有效地解决作品在线侵权问题。②通过澄清网络服务商的

---

❶ 版权人以信息储存空间服务商作为被告的理由如下:第一,信息储存空间服务商常常和侵权行为人有合同关系,他们能通过合同条款,限制或禁止其服务用于侵犯第三人的权利;第二,网络信息储存空间服务商因侵权行为获取了一定利益;第三,对权利人而言,追究信息储存空间服务商责任比追究众多网民责任更有效率。

❷ Christophe Geiger, Oleksandr Bulayenko, Théo Hassler, Elena Izyumenko, Franciska Schönherr, The Resolution of the European Parliament of July 9, 2015: paving the way (finally) for a copyright reform in the European Union? E. I. P. R. 2015, 37(11), 683–701(2015).

义务和限制其系统第三方用户侵权的责任,促进互联网平台的发展。❶

为实现这些目标,美国《数字千年版权法》第五百一十二条详细规定了网络服务提供者的免责条件,大致可归纳为两点:①并不知道材料侵权或对网络服务提供者来说材料的侵权特征不明显。②一旦意识或得知侵权事实(在收到侵权通知之后),迅速地删除或禁止访问。③网络服务提供者没有因侵权行为获取直接的经济利益。这里的"通知和删除"(notice and takedown)又被称为"避风港"原则。❷美国《数字千年版权法》第五百一十二条共建立四个安全港,以使网络服务提供者免受或限受金钱和禁令救济:①免除互联网接入提供商对未经修改的临时数字网络通信的责任。②限制网络服务提供者对网络系统缓存的责任。③限制网络服务提供者对其网络存储内容的责任。④限制链接或引用侵权材料的信息定位工具(如搜索引擎)网络服务提供者的责任。后三个安全港所规制的网络服务提供者责任受通知和删除规则的约束,适用避风港原则。同时,第五百一十二(m)条阐明网络服务提供者没有义务监控或主动地寻找有关可能属于侵权活动的事实,它保护用户的隐私,并限制网络服务提供者的注意义务。

在规定网络服务提供者责任时,美国《数字千年版权法》特别重视权利和义务的平衡及相关主体的权利维护。一方面,版权法规定,网络服务提供者必须满足如下条件才能获得安全港的资格:①网络服务提供者必须向其用户告知并合理实施其将"在适当情况下对重复侵权的订户和账户持有人终止服务提供商的系统或网络"的政策。②它必须适应并且不干扰版权所有者用来识别或保护其版权作品的标准技术措施。如果它们是:(a)依公开、公平、自愿、多行业的标准,根据著作权人和服务提供者的广泛共识制定;(b)以合理和非歧视条件向任何人提供;(c)不会对服务提供商造成重大成本或对其系统或网络造成重大负担。另一方面,为了鼓励网络服务商的正常经营活动,

---

❶ section 512 of title 17 a report of the register of copyrights. [EB/OL]. (2020-05-30)[2022-03-28]. https://www.copyright.gov/policy/section512/section-512-full-report.pdf.

❷ DIGITAL MILLENNIUM COPYRIGHT ACT[EB/OL].(1998-10-28)[2022-03-28]. http://www.wipo.int/edocs/lexdocs/laws/en/us/us333en.pdf."

美国法院强调：只有当网络服务商知道某一特定侵权行为和知道侵权行为的发生地点这些具体信息时，他们才有义务删除侵权内容，而不必主动实施搜查等行为。❶美国《数字千年版权法》第五百一十二(f)条和第五百一十二(g)条还为用户提供了保障措施，如第五百一十二(f)条为因错误删除而受害的用户提供补偿性补救措施。第五百一十二(g)条要求网络服务提供者根据版权所有者的要求进行删除时通知用户，并在用户需要时建立反通知程序以对版权侵权索赔提出异议。

（二）美国网络服务商版权侵权责任法律规定存在的问题

美国《数字千年版权法》第五百一十二条，其本意是达成权利人和网络服务商之间的协作。然而，在网络成为作品传播主要平台的当下，版权人和网络服务商之间的主要问题不在于两者是否协作，而在于两者如何协作。当网络服务商越来越有能力并且愿意管理发生在其平台上的版权侵权行为时，美国《数字千年版权法》第五百一十二条的安全港测试标准和司法就变得复杂了。美国法院日益重视网络服务商在版权侵权行为中的法律责任，但对网络服务商的过错标准并未形成统一的看法。2013年Viacom v. YouTube案❷引发了关于信息储存空间服务商注意义务的深入探讨，对于深入理解美国空间服务商版权法律责任具有重要意义。在该案中，被告YouTube创办了信息储存空间，网民能免费上传和接触（没有下载）视频，包括大量的原告享有版权的视频。原告起诉后，美国法院作出了有利于信息储存空间服务商的判决结论。首先，法院对1998年美国《数字千年版权法》第五百一十二条的避风港原则进行了分析。美国《数字千年版权法》第五百一十二条规定：信息储存空间网络服务商，只要不是事实知道材料是侵权的或者并没有意识到侵权活动很明显这一事实或环境，并且在一接到通知后就立即采取行动删除了侵权内容，则网络服务商不承担法律责任。其次，法官指出，被告知道侵权盛行

---

❶ section 512 of title 17 a report of the register of copyrights. [EB/OL].（2020-05-30）[22023-03-28]. https://www.copyright.gov/policy/section512/section-512-full-report.pdf."

❷ Viacom Intern. Inc. v. YouTube, Inc., 940 F. Supp. 2d 110 (2013).

并主观上欢迎它,这种知识本身并不足以排除避风港原则的适用。只有当信息储存空间服务商参加侵权行为时,避风港原则才不予适用。另外,法院认为,信息储存空间提供商仅有义务依通知中具体表明的地点关闭对视频的入口,没有搜索现存的或未来的、侵权通知所指向作品的其他文档的义务。最后,法院也探讨了故意不知原则(willful blindness)在版权法中的适用问题。法院提出,美国《数字千年版权法》第五百一十二条明确禁止规定网络服务商的积极性概括注意义务,但美国普通法中的故意不知原则在适当场合仍应当在版权法中予以适用。因为故意不知原则是普遍认可的普通法原则,只有在版权法有明确规定时,才能视为它抛弃了普通法原则。故意不知原则虽不能被定义为积极注意义务,但在如下情况下它可能等同于《数字千年版权法》第五百一十二(c)(1)(A)条所述的"事实知道":①被告主观上知道侵权事实存在的可能性非常高。②被告有意采取积极的行为避免知道相关事实。❶总之,当侵权事实从客观上讲非常明显时,故意不知不必依赖权利人具体指定的侵权地址,更概括性质的注意(notices of a somewhat more general nature)足以引发网络服务商的法律责任。❷

除了网络服务提供者主观方面判定存在争议外,美国《数字千年版权法》第五百一十二条的许多重要术语未定义,留有很大的解释空间。例如,什么情况下可以确定某人是"重复"侵权者?与"重复侵权"相关的"适当情况"和"合理实施"政策意味着什么?这些都是法院在审判过程中必须面对的问题。

---

❶ Copyright Law--Willful Blindness--Second Circuit Holds That Willful Blindness Is Knowledge In Digital Millennium Copyright Act Safe Harbor Provision.126 Harv. L. Rev. 645(2012); Harvard Law Review, Criminal Law--Willful Blindness--Ninth Circuit Holds That Motive Is Not An Element Of Willful Blindness.,121 Harv. L. Rev. 1245(2008).

❷ Miquel Peguera, Converging Standards of Protection From Secondary Liability For Trademark And Copyright Infringement Online,37 Colum. J. L. & Arts 609(2014).

(三)2020年美国《数字千年版权法》第五百一十二条报告

1. 报告背景：技术变化导致利益失衡

美国版权局意识到，自《数字千年版权法》通过以来，技术格局经历了从拨号、光纤、Wi-Fi到5G的巨大变化："1998年，上网是许多人在图书馆和网吧做的事情。现在，81%的美国人用手机上网(超过一半的人至少每小时看几次)。……云计算允许远程访问软件、服务和数据存储，这在当今的互联网中起着至关重要的作用，但在1998年对公众来说几乎不存在。……在线环境中的每个人——创建者(大、中、小)、在线服务提供者(Online Service Provider，OSP)和用户(各种规模和许多部门)——所面临的机遇和挑战与1998年大不相同。"❶

随着这些变化，美国《数字千年版权法》第五百一十二条在21世纪实现其基本目标方面的持续有效性引起了广泛争论。一方面，传统版权行业在线服务数量和种类的爆炸性增长有力地证明，该法规成功地创造了创新数字市场蓬勃发展的法律条件。另一方面，目前的法律框架不足以解决网上大量材料和版权问题。避风港规则满足所有利益相关者需求的压力越来越大。许多较大的版权持有者已经开始依靠自动化程序来搜索未经授权的材料，并大规模地生成删除通知，这是美国国会在1998年无法想象的。数字技术破坏了长期建立的根深蒂固的商业模式，并创造了新的价值链，它使在线平台而不是权利所有者受益。关于未来版权人与网络服务提供者的协作，大多数版权所有者认为，美国《数字千年版权法》第五百一十二条没有提供阻止这种侵权行为的有效手段。一方面，向网络服务提供者生成和发送大量删除通知，浪费了作者和艺术家很多时间和金钱，而较小的实体通常无法承受。另一方面，该法第五百一十二条鼓励从传播侵权内容中获利的商业模式的增长。安全港意味着网络服务提供者几乎没有动力与权利持有人谈判许可证。这助长了"价值差距"，即在线内容共享平台通过使其用户共享版权内容获

---

❶ section 512 of title 17 a report of the register of copyrights.［EB/OL］.（2020-05-30）［2023-03-28］. https://www.copyright.gov/policy/section512/section-512-full-report.pdf.

得价值,而权利持有人却不能从其内容中获得价值份额。但网络服务提供者则认为,协作起于并终于通知删除义务,目前的平衡确保了美国在互联网服务行业的卓越地位,并警告说,对第五百一十二条框架的重大改变将导致这种地位的丧失。此外,他们认为定位和识别侵权内容的责任应该由版权所有者承担,以更好地确定某种使用是否获得许可。总之,在考虑权利持有人和网络服务提供者之间责任的重新平衡时,双方都认为另一方应承担更大的责任。❶在现实中,部分网络服务商主动为部分(但不是全部)权利持有者提供了监控系统,如 YouTube。符合条件的权利持有人向 YouTube 提供包含受版权保护的材料和元数据的参考文件,YouTube 会将此数据与用户上传的内容进行匹配,并为权利持有人提供阻止、跟踪等。

2. 报告结论:不建议对《数字千年版权法》第五百一十二条进行大规模修改

2015 年 12 月 31 日,美国版权局在《联邦公报》上发布了调查通知(第一次通知),要求公众就美国《数字千年版权法》第五百一十二条有关安全港的一般有效性、通知和删除程序、反通知、重复侵权者和补救措施等问题发表意见。美国版权局收到了来自广泛各方(包括权利持有人、技术公司、图书馆、法律学者、公共利益团体和公众个人成员)的 92000 多份书面答复。2016 年 5 月,美国版权局就第一次通知中提出的主题及其他相关问题征求进一步意见。2020 年 5 月,美国版权局发布了期待已久的关于美国《数字千年版权法》第五百一十二条的研究结论。

在审查美国《数字千年版权法》第五百一十二条时,版权局确定了指导其分析的五个重要原则:①在线版权保护必须有意义和有效。②诚信经营的在线服务提供商必须获得法律确定性和创新空间。③国会试图鼓励在线服务提供商和权利持有人之间的合作,但合作不是唯一的答案。④政府决策应尽可能以证据为依据。⑤21 世纪的互联网政策不能一刀切。法律对当前系统

---

❶ section 512 of title 17 a report of the register of copyrights. [EB/OL]. (2020-05-30)[2023-03-28]. https://www.copyright.gov/policy/section512/section-512-full-report.pdf.

的任何更改,都必须考虑到利益相关者内部和之间的差异。同样,任何基于善意合作假设的系统都不能完全解决恶意行为者。基于上述指导原则,美国版权局提出包括第五百一十二条的评估、缓解第五百一十二条限制的非法律途径和其他国家类似规定这三个方面的结论和建议。其中,对第五百一十二条的评估包括安全港资质、通知和删除程序及其他内容。以下分述安全港资质及通知和删除程序。

(1)《数字千年版权法》第五百一十二条的安全港资质

第一,符合条件的在线服务提供商主体。科技发展产生新的网络服务方式,如YouTube和微信等。第五百一十二(c)条中的"存储"已经扩大到包括许多与托管有关的活动,其方式是国会不太可能预料到的。符合第五百一十二(b)条安全港临时资格的时间量,以及提供互联网基础设施以外的技术服务,如点对点(P2P)系统和支付处理器是否应该被包含在第五百一十二(a)条中,这些有待于立法进一步解释。利益相关者之间在安全港范围上冲突的最大来源是法院对第五百一十二(c)条安全港的适用,即"根据用户的指示存储驻留在由服务提供商控制或操作的系统或网络上的材料"是否涵盖了超出"根据用户的指示"提供内容的服务。法院认为,第五百一十二(c)条包括视频托管网站,因为它们的活动与存储用户上传的内容的活动相关。例如,在Viacom International, Inc.v.YouTube, Inc.案❶中,受版权保护的视频所有者起诉YouTube运营允许用户上传视频的网站,指控直接和间接侵犯版权。第二巡回法院在决定是否应用安全港原则时严重依赖YouTube流程的自动化性质而不是其他。

第二,安全港排除。《数字千年版权法》第五百一十二条报告讨论如下问题:①实际知识"(Actual Knowledge)与"红旗知识"(Red Flag Knowledge)。为了达到安全港资格的要求,在线服务提供商必须既缺乏对其服务中的材料或活动侵权的实际知识,又"不知道明显存在侵权行为的事实或情况",这被称

---

❶ Viacom Intern. Inc. v. YouTube, Inc., 940 F. Supp. 2d 110(2013).

为红旗知识。在 Viacom International, Inc. v. YouTube, Inc. 案❶中,第二巡回法院指出,实际知识由主观标准判断,危险信号知识由主观和客观标准判断。换句话说,实际知识条款取决于提供者是否实际或主观地知道具体侵权行为,而危险信号条款取决于提供者是否主观地意识到其网络服务会使具体侵权行为客观地对理性人显而易见这一事实。立法应当重申或澄清实际知识和红旗知识之间的区别。②故意不知标准。这是一个普通法原则,它询问在线服务提供商是否故意对其用户的侵权行为视而不见。如果发现在线服务提供商从事故意不知行为,它将被指控相当于实际知情,并失去安全港。法院采纳了故意不知标准,要求故意不知涉及故意避免特定侵权事件,而不是一般避免侵权行为。美国版权局认为,虽然法院在努力使该原则与第五百一十二(m)条用户隐私权相协调时得出了这一结论,但结果可能与国会的初衷有些矛盾:"建立故意不知可能需要不仅仅是疏忽。而对第五百一十二(m)节用户隐私权的解释,允许在线服务提供商努力避免获得具体侵权行为的实际知识,无论证据表明侵权活动的可能性有多大,故意不知的标准恰当地位于中间的某个地方。"版权局主张国会应当进一步澄清故意视而不见的预期范围,以及该原则与第五百一十二(m)条之间的相互作用。③普通法替代责任标准,该标准通过第五百一十二(c)(1)(B)节引入《数字千年版权法》。也就是说,在托管在线服务提供者有权和有能力控制此类活动的情况下,如果它未获得直接归因于侵权活动的经济利益,则托管在线服务提供者不承担因用户指示存储而侵犯版权的责任。目前,法院要求出示"比删除或阻止访问(侵权)材料的能力更多的证明",并对经济收益进行证明。版权局不赞成大幅度修改这一标准,但国会应当评估目前的解释是否符合预期的平衡。

第三,重复侵权政策。法院在解释《数字千年版权法》第五百一十二(i)(1)(A)节中"重复侵权人"的含义时,在很大程度上赋予了在线服务提供商自行定义该术语的自由裁量权。❷将这种自由裁量权留给在线服务提供商导

---

❶ Viacom Intern. Inc. v. YouTube, Inc., 940 F. Supp. 2d 110(2013).

❷ CorbisCorp. v. Amazon.com, Inc., 351 F. Supp. 2d 1090.

致了重复侵权者的可塑性定义,不仅允许每个在线服务提供商缩小或扩大其适用范围,而且使版权所有者更难事先确定谁有资格成为重复侵权者,因为标准因在线服务提供商而异。除了界定重复侵权人,立法还应当解决以下问题:①立法应当有明确的、公开的重复侵权者政策。②立法应该提供进一步的立法指导,说明基于重复侵权行为终止用户账户的适当情况,以及在权利持有人没有正式删除通知的情况下是否会出现这种情况。

总体而言,版权局将支持国会努力澄清第五百一十二条的部分条款,以恢复其原有的平衡。

(2)《数字千年版权法》第五百一十二条的通知和删除程序

美国版权局分析了以下五个方面的问题。

第一,通知要求、代表性名单和可识别地点。在发送合规删除通知时,权利人除了必须确定涉嫌侵权的作品,还必须包括"合理地足以使服务提供者找到侵权材料"的信息。据第五百一十二(c)(3)条,合规通知包括:①版权所有人或授权代理人的签名。②能识别被控侵权的受版权保护的作品,或有代表性名单的多部作品。③足以使在线服务提供者找到侵权材料或活动的标识。④版权人或授权代理人的联系方式。⑤"真诚地相信以被投诉的方式使用的材料未经版权所有人、其代理人或法律授权"的声明。⑥一份说明该信息是准确的声明。不符合这些要求的删除通知本身不会被解释为向在线服务提供者提供事实或危险信号信息。立法计划将"代表性名单"条款与通知和删除框架的其他组成部分一起,通过适当分配识别和删除互联网上涉嫌侵权内容的责任,来鼓励权利持有人和在线服务提供者之间的合作。但是,这一法定用语含糊不清,因此法院往往难以对这两项要求赋予单独的含义。法定模糊的最终结果是废除了这两项条款,在线服务提供者常常拒绝就该名单未具体列举和定位的侵权材料发出通知。这样的结果似乎不符合国会的原始意图,法规的适用与国会意图之间的任何脱节都可能需要法律澄清。美国版权局建议,立法应当明确"信息合理充分定位"条款是否被适当解释为要求权利人必须为在线服务提供者服务上的侵权材料的每个实例提交唯一的、特定文件的 URL。

第二，虚假陈述。删除通知和反通知的发件人如果对要删除的材料是否侵权、被删除或禁用作出明知的重大失实陈述，则应承担损害赔偿责任。法院对这一规定进行了适当的解释，要求实际了解或故意无视虚假，而不仅是疏忽或不合理的失实陈述。许多利益相关方呼吁增加对虚假陈述的处罚，以发挥威慑作用。美国版权局认为国会立法应当对此作出回应。

第三，虚假陈述和合理使用。美国版权局质疑法院通过的第五百一十二(f)节中明知虚假陈述的测试，该测试的效果是将第五百一十二(c)(3)节中关于发送通知的善意要求纳入对第五百一十二(f)节❶的明知虚假陈述要求的分析。这种分析可能导致权利持有人在发送删除通知之前未能进行合理使用调查的潜在责任，而不管材料是否实际侵权。美国版权局建议国会澄清相关的法定语言。

第四，第五百一十二条形式要求。版权局注意到，近年来许多大型在线服务提供者采用的提交删除通知的机制，已不再符合第五百一十二(c)条规定的通知要求。基于新的网络提交表格数量的激增及在线服务提供者为确保流程效率而对删除通知进行证实的要求，权利持有人发送删除通知所必须花费的时间和精力不断增加。同时，第五百一十二(c)节中规定的一些现行通知标准可能即将过时。因此，美国版权局建议国会考虑修改删除通知所需的最低通知标准，使版权局能够制定更灵活并面向未来的法规。

第五，通知和删除流程中的时间宽限期。在获得侵权活动的事实或危险信号信息后，在线服务提供者必须迅速采取行动，删除或禁止访问涉嫌侵权材料，以符合安全港的要求。法规不可能规定快速行动的统一时限，因为"实际情况和技术参数可能因案件而异"。在没有任何具体国会指导的情况

---

❶ (f)虚假陈述。——任何人故意根据本条作出重大虚假陈述——(1)材料或活动侵权，或(2)材料或活动因错误或错误识别而被移除或禁用，应负责赔偿被指称侵权者、任何版权所有者或版权所有者授权的被许可人或服务提供商因该失实陈述而遭受损害的任何损害，包括费用和律师费，因为服务提供商依赖该事实陈述删除或禁止访问声称侵权的材料或活动，或替换被删除的材料或禁止访问它。

下,法院、权利持有人和在线服务提供者只能根据具体情况评估行为的"迅速性"。美国版权局基本上同意这种灵活性是必要的,但同时认为,在收到反通知后,恢复提供访问内容的当前法定时限目前不利于用户和权利持有人。十到十四天对于合法言论被阻止来说太长了,而对于权利持有者来说时间又太短了,以至于无法现实准备并提起联邦诉讼以防止重新上传侵权材料。美国版权局建议国会研究替代争议解决模式。

美国版权局报告强调了当前第五百一十二条的实施与国会的初衷不同步的领域,包括服务提供商安全港的资格、重复侵权者政策、主观知道的要求标准、删除通知的特异性、传票和禁令等。美国版权局的结论是,第五百一十二条安全港系统的运作是不平衡的,但版权局不建议对其进行大规模修改,而是确定了国会可能希望对第五百一十二条进行微调的某些领域,以便更好地平衡在线服务提供商和创意产业权利持有人的权利和责任。

(四)学者对美国版权局《数字千年版权法》第五百一十二条报告的看法

美国版权局的理论研究引发了美国知识产权界的关注,但并没有得到普遍的认可。例如,美国知名版权法专家帕梅拉·萨缪尔森(Pamela Samuelson)认为:"该研究几乎完全支持版权行业对第五百一十二条规则几乎所有方面的改革立场,这明显削弱了其他利益相关者的利益。……《数字千年版权法》安全港规则使美国在线服务提供商蓬勃发展,促成了前所未有的创意内容涌现,《数字千年版权法》安全港促进了第一修正案的言论自由和表达自由,而版权局第五百一十二条研究对《数字千年版权法》安全港促进互联网言论自由和表达自由的方式不屑一顾。"针对未来美国版权法改革,该学者提出:"国会在考虑对安全港规则进行任何更改时应采取平衡的态度。任何有意义的在线服务提供商责任改革都应考虑广泛的利益相关者的利益。这包括美国互联网平台、中小型ISP、初创公司,以及创建和上传用户生成内容(UGC)

到这些平台的数亿互联网用户,还有主要版权行业和对安全港规则不满意的个人创作者的利益。……安全港规则的修改应该旨在促进而不是限制或阻碍言论、表达和集会自由,这些是将美国定义为一个民主国家的重要组成部分。……国会不应忘记,只有保持平衡的观点,包括所有相关利益相关者的利益并维护基本自由,美国版权立法才能坚持其宪法授权,促进数字时代的科学进步。……美国应致力于在数字时代制定健全的版权法和政策方面保持其在全球舞台上的领导地位,而不是将其拱手让给制定了第十七条这种有缺陷制度的欧盟决策者。"❶

二、欧盟网络服务提供商注意义务法律规定及理论分析

欧盟关于网络服务商的立法,主要体现在2000年《欧洲电子商务指令》❷、2001年《欧盟信息社会版权和相关权利特定方面的协调指令》❸、2004年《欧盟知识产权执行指令》❹和2019年欧盟《数字单一市场版权指令》❺上。2019年欧盟《数字单一市场版权指令》代表欧盟网络服务商立法的重要转折。近20年来,欧盟根据通知和删除原则来确定网络服务提供商的版权侵权法律责任。因此,他们的责任一般仅限于反应性措施。只有当侵权方要求时,他们才必须阻止或删除其平台上的非法内容。然而,根据2019年欧盟《数字单一市场版权指令》第十七条规定,"在线内容共享服务提供商"对其用户的版权侵权承担主要责任。如果他们想避免承担全部责任,就需要为上

---

❶ Pamela Samuelson, Pushing Back On Stricter Copyright Isp Liability Rules, 27 Mich. Tech. L. Rev. 299(2021).

❷ the Electronic Commerce Directive, 2000/3l/EC.

❸ the EU Directive on the Harmonisation of Certain Aspects of Copyright and Related Rights in the Information Society, InfoSoc Directive, 2001/29/EC."

❹ the Directive on the enforcement of intellectual property rights, 2004/48/EC.

❺ the EU Directive on Copyright in the Digital Single Market.

传的每件受版权保护的作品获得许可。至少他们必须证明他们"尽最大努力"获得所需的版权许可。

(一)2019年欧盟《数字单一市场版权指令》颁布前欧盟相关立法和司法

2019年欧盟《数字单一市场版权指令》之前,欧盟相关立法和美国并无大差别。2000年《欧洲电子商务指令》第十四条规定,除非网络服务商知道侵权行为且仍然没有迅速行动以终止侵权行为,否则不为储存在其系统中的任何非法内容承担责任。此"知道"通常经由权利人通过告示告知侵权内容而得知。《欧洲电子商务指令》第十五(一)条规定,网络服务商不被要求概括性地监管其所传输或储存的信息或积极主动地查找与非法活动相关的事实或情况。❶该指令并未专门针对受版权保护的作品。2001年《欧盟信息社会版权和相关权利特定方面的协调指令》第八(三)条规定和2004年《欧盟知识产权执行指令》第十一条规定了禁令。《欧盟知识产权执行指令》第二(三)条清楚表明它不影响2000年《欧洲电子商务指令》的相关条款,尤其不影响它的第十二条至第十五条,即被授予的禁令不能影响后者第十五条关于禁止成员国强加给网络服务商概括性注意义务的规定。

与立法不同,在欧盟司法中,网络服务商法律责任存在一定争议。欧盟法院曾在2012年Scarlet Extended SA v. SABAM案❷与2012年SABAM v Netlog案❸裁定强制过滤违反了欧盟法,而德国联邦法院在2013年GEMA v. RapidShare案❹则认可网络服务商概括性监控义务。在2012年Scarlet Extended SA

---

❶ Anette Gärtner, GEMA v. Rapidshare: German Federal Supreme Court Extends Monitoring Obligations For Online File Hosting Providers, E. I. P. R. 2014, 36(3), 197–200(2014).

❷ Scarlet Extended SA v. SociÉTÉ Belge Des Auteurs, Compositeurs Et ÉDiteurs SCRL (SABAM), C-70/10。

❸ SABAM v. Netlog NV, CJEU Case C—360/10(2012)。

❹ GEMA v RapidShare, BGH, judgment of August 15, 2013—I ZR 80/12。

v. SABAM案❶中,欧盟法院认为,比利时法院要求网络服务商Scarlet自己花费安装并维持过滤系统的运作,以阻止非法文件分享,这一禁令违反了2000年《欧洲电子商务指令》。欧盟法院认为,比利时法院判决Scarlet的法律责任,使它必须积极监控在其网络平台的所有电子交易信息,这等同于被2000年《欧洲电子商务指令》第十五条所禁止的概括监控责任。比利时法院的禁令"将导致网络服务商经营自由权受到损害"。欧盟法院还认为,被告承担的责任违背比例原则,它相当复杂,并且被告执行起来成本太高。这违反2004年《欧盟知识产权执行指令》第三条(该指令要求知识产权保护措施不应过于复杂或成本高昂),它还会侵犯用户的个人数据以及用户接收或传递信息的自由,因而违反《欧盟基本权利宪章》第八条(隐私权)和第十一条(信息自由)。要求ISP安装过滤系统将无法在知识产权与开展业务的自由、保护个人数据的权利,以及接收或传递信息的自由之间取得平衡。在2012年SABAM v Netlog案❷中,欧盟法院认为,这种阻止性监控义务将要求对储存文档的主动监控,而这被《欧洲电子商务指令》所禁止。欧盟法院认为,当欧盟各成员国行政机关和法院保护版权人时,应当考虑版权和公民基本权利之间的利益平衡。过滤系统的安装,既与版权有关,又与原告经营自由权、《欧盟

---

❶ Scarlet Extended SA v. SociÉTÉ Belge Des Auteurs,Compositeurs Et ÉDiteurs SCRL(SABAM),C—70/10。Scarlet是比利时的一家网络服务提供者,SABAM(比利时代表音乐作品作者、作曲家和出版商利益的集体管理组织)起诉,认为互联网用户正使用Scarlet's服务非法下载其当事人的版权内容,请求法律颁布禁令,命令Scarlet通过阻塞或使其使用者通过P2P软件发送和接收原告享有版权作品内容成为不可能,以结束侵权行为。SABAM还要求被告自己花钱随时监控所有消费者的网络交流内容。比利时法院认可版权受到侵犯这一事实,在听取了技术专家关于过滤系统可行性的建议后,判决被告Scarlet阻塞其使用者实施非法上传作品的行为,Scarlet必须自己出钱建立复杂的、永久性的、高成本的过滤体系。

❷ SABAM v. Netlog NV,CJEU Case C—360/10(2012)。代表音乐作品作者、作曲家和出版商的比利时集体管理组织SABAM起诉Netlog,SABAM提出,被告经营的在线社交网络平台,使所有网民能免费利用原告音乐作品,侵犯了原告版权,SABAM请求比利时法院让被告承担安装过滤系统的义务。此案后来上诉至欧盟法院。

基本权利宪章》❶认可的基本权利(个人数据权和接受或传递信息的自由权)有关。考虑到上述各权利的利益平衡,欧盟法院认为,被告不应承担安装监管所有网民的过滤系统的义务。但在2013年GEMA v. RapidShare案❷中,德国联邦最高法院(Bundesgerichtshof—BGH)认为,被告RapidShare在接到侵权通知后没有采取合理措施,以终止目前侵权行为并且阻止未来侵权行为,应当承担法律责任。法院要求RapidShare监管其服务以防止侵权内容。具体而言,RapidShare必须监管原告在通知中所提出的九个外部链接网站。这些第三方网站允许使用人从原告服务器上下载计算机网络游戏的超链接。德国联邦最高法院认为,监控这些网站是有效阻止未来侵权行为的唯一选择。在评价监管义务范围时,德国联邦最高法院强调信息储存空间服务商的地位特别重要。信息储存空间服务商如果为侵权行为提供帮助,则让其承担更广范围的监管责任、监管先前侵权通知中的网站内容是合理的。信息存储空间服务商在接到通知后,只要其在经济或技术上可行,就有义务经常检查控制未来相似内容的上传行为。但何谓"合理的"控制措施？德国联邦最高法院并没有作出具体的解释。总之,在RapidShare案中,信息储存空间服务商不仅应当监管自己服务器,而且还应当监管第三方网站,信息储存空间服务商必须履行更多的义务,以避免承担便利第三方侵权而导致的法律责任。❸此案引发诸多争议。一些人赞同德国联邦最高法院关于网络服务商注意义务的判决,另一些人则认为它的范围过宽,不符合2000年《欧洲电子商务指令》

---

❶《欧盟基本权利宪章》(the Charter of Fundamental Rights of the European Union, 2000/C 364/01)。

❷ GEMA v RapidShare, BGH, judgment of August 15, 2013—I ZR 80/12。Rapidshare网站创立于2003年,是世界知名的文件上传下载服务网站。储存在Rapidshare的内容不能被浏览,但如果此文件被使用人分享,其他网民直接连接到文件,则能进入文件内容。原告图书出版商和音乐版权组织GEMA认为Rapidshare侵犯了版权,请求法院颁布禁令。

❸ Anette Gärtner, GEMA v. Rapidshare: German Federal Supreme Court Extends Monitoring Obligations For Online File Hosting Providers, E. I. P. R. 2014, 36(3), 197–200(2014)。

中禁止概括性监控义务的规定。❶除此之外,相关利益关系人对谁承担安装过滤系统的成本这一问题并无一致的观点。权利人认为,网络服务商能通过过滤系统或其他工具的使用,低成本地减少广泛侵权行为,如果网络服务使侵权行为不可避免,并且侵权行为间接促进网络服务商利益,则服务提供者承担过滤系统成本是必然的。而网络服务商则认为,积极监控成本太高,这不利于鼓励网络服务商生产经营活动和新技术的发展。❷

(二)2019年欧盟《数字单一市场版权指令》相关内容及理论争议

1. 2019年欧盟《数字单一市场版权指令》相关内容

2019年,欧盟《数字单一市场版权指令》颁布,其第十七条网络服务商法律责任的相关规定,引发了全球广泛争议。欧盟《数字单一市场版权指令》第二条第六款将"在线内容共享服务提供者"定义为"主要或主要目的之一是,存储和向公众提供由其用户上传的大量受版权保护的作品和其他受保护的主题、组织和推广信息和以营利为目的的社会信息服务提供者"。欧盟《数字单一市场版权指令》第十七条具体规定在线内容共享服务提供者法律责任,简要概括如下:①在线内容共享服务提供者在向公众提供其用户上传的受版权保护的作品时,实施向公众传播的行为,因此必须获得权利人的授权。其序言第六十二条指出,它不适用非营利性在线百科全书、非营利性教育和科学知识库及开源软件开发和共享网站。电子通信服务、主要活动是在线零售且不提供版权保护内容的在线市场、企业对企业云服务和允许用户上传内容供自己使用的云服务的提供商也被排除在外。序言第六十二条最后指出,第十七条不应该"适用主要目的是从事或促进版权盗版的服务提供商"。②在线内容共享服务提供者获得的授权也将保护上传内容的用户,除

---

❶ Rita Matulionyte, Sylvie Nerisson, The French Route To An ISP Safe Harbour, Compared To German And US Ways, IIC 2011,42(1),55-73(2011).

❷ Toby Headdon, Beyond Liability: On the Availability And Scope of Injunctions Against Online Intermediaries After L'Oreal Vebay, E. I. P. R. 2012,34(3),137-144(2012).

非用户以商业为基础行事或产生了可观的收入。③对于受版权保护的作品，提供者的传播或向公众提供的行为不符合2000年《欧洲电子商务指令》第十四条豁免的条件。④在线内容共享服务提供商将对未经授权而向公众传播的行为承担责任，除非它：(a)尽最大努力获得授权；(b)尽最大努力确保权利人为其提供必要信息的特定作品不能使用；(c)在收到权利人的充分通知后迅速采取行动删除内容或禁止访问，并尽最大努力防止将来上传该内容。⑤根据比例原则，在确定在线内容共享服务提供者是否满足这些要求，取决于：(a)服务的类型、受众和规模；(b)用户上传的作品类型；(c)"合适且有效"的手段和成本。⑥对于在欧盟提供服务不足三年且年营业额低于1000万欧元的供应商，第十七条第(四)款的要求被大幅度放宽，在线内容共享服务提供者免于确保不能使用和防止未来上传的要求。⑦实施这些要求不得妨碍非侵权内容的可用性，包括引用、批评、评论或模仿等例外或限制所涵盖的内容。有学者认为，纳入这一新例外是为了维护《欧盟基本权利宪章》中相关基本权利（言论自由、艺术自由、财产权，包括知识产权）之间的平衡。❶⑧上述条款的运用不会导致任何一般监控义务。但是，在线内容共享服务提供者必须应权利人的要求，解释他们如何遵守第十七条第(四)款。⑨在线内容共享服务提供商必须实施"有效且迅速"的机制来解决用户对删除或禁止他们访问发布的内容的投诉。禁止访问或删除上载内容的决定应经过人工审查。欧盟《数字单一市场版权指令》还规定，不得以任何方式影响欧盟法律规定的例外或限制下的使用，并且不得导致任何个人用户的身份识别或个人数据的处理。在讨论在线内容共享服务提供商和权利持有人之间合作的最佳实践时，除其他事项外，应特别考虑平衡基本权利和使用例外和限制的必要性。

2. 2019年欧盟《数字单一市场版权指令》理论争议

欧盟《数字单一市场版权指令》引起了学者们的普遍反对，其具体理由如

---

❶ Ted Shapiro, Sunniva Hansson, The DSM Copyright Directive-EU copyright will indeed never be the same, E.I.P.R. 2019, 41(7), 404-414(2019).

下:①基本概念过于模糊。第十七条中最重要和最严重的含糊之处在于对受其严格规则约束的在线内容共享服务的模糊定义。"在线内容共享服务提供者"被定义为"主要或主要目的之一是存储和向公众提供由其用户上传的大量受版权保护的作品和其他受保护的主题、组织和推广以营利为目的的社会信息服务提供者"。这一定义似乎涵盖了用户产生内容的托管网络服务提供商,这些内容绝大多数是由将其作品上传到网络服务提供商网站(如TikTok)的用户创建的。欧盟《数字单一市场版权指令》指出,关于网络服务提供商是否属于在线内容共享服务者应根据具体情况作出。这种法律不确定性是不可取的。同样不清楚的是,在线共享网站必须采取哪些行动来履行"尽最大努力"从权利持有人那里获得许可的义务。❶②获得版权许可缺乏可操作性。欧盟《数字单一市场版权指令》规定致力于以下基本假设:(a)服务提供商可以为用户在其平台上发布的任何内容签订许可;(b)阻止任何不符合版权法的使用(尤其是那些他们未授予许可的使用)始终符合作者或版权所有者的利益。但实际上,获得平台上所有用户内容的包罗万象的许可是一个无法实现的理想。即使在像德国或法国这样拥有集体管理组织悠久传统的欧洲国家,也无法获得任何受保护的文本、电影和照片所有必要的权利的许可。另外,未经许可的内容必须在上线之前被阻止,这一义务不可避免地导致"算法过滤器"的使用。这将阻止所有无法检测为明显合法的用户所上传的作品传播,可能会严重损害互联网上的文化多样性。如果发生这种情况,内容被屏蔽的创意人士,以及从非法但可容忍的使用中受益的权利人的利益都将受到损害。❷③第十七条对平台实施一般监控,因此违反欧盟之前指令。第十七条事实上要求在线内容共享服务提供商普遍监控其所有用户的上传。为了从欧盟《数字单一市场版权指令》第十七(四)条规定的责任限制中受益,在线内容共享服务提供者会通过上传过滤器来自动阻止访问某些

---

❶ Pamela Samuelson, Pushing Back On Stricter Copyright Isp Liability Rules, 27 Mich. Tech. L. Rev. 299(2021).

❷ Till Kreutzer, The EU Copyright Directive and its potential impact on cultural diversity on the internet, E. I. P. R. 2020, 42(11), 715-720.

受版权保护的作品。[1]④违背宪章关于网络言论自由、隐私权等基本权利的规定。上述责任规则对网络服务提供商施加直接责任，并使其不得不采取过滤措施，将其推向私有化算法执行。这造成的问题之一是它对网络言论自由构成的不可否认的风险。[2]今天的自动化内容识别技术比1998年或2000年美国和欧盟采用通知和删除制度时复杂得多。这些技术擅长的是模式匹配。他们无法考虑上下文，也无法检测合理使用。[3]有学者认为："先许可模式会带来严重丧失言论和信息自由的风险。它很可能会减少欧盟公民积极参与在线内容创作的可能性。先许可模式还将减少欧盟公民了解他人观点和表达的可能性。"[4]⑤对版权法和竞争法的影响。许可规则将对版权法的功能产生明显转变。它成为网络世界内容审查的核心，版权法退化为审查和过滤工具而不是作为内容创建传播的引擎。先许可模式可能会赋予大玩家竞争优势，从而导致市场进一步集中。[5]因为中小型公司必须在逐个成员国的基础上与众多集体管理协会进行谈判，它们也无法负担开发或部署自动化内容识别技术并承担其他相关费用，不断添加有关数字内容的新参考文件、对系统持续升级提高了企业运营成本。[6]有学者认为，安全港保护所提供的责任限制会影响依赖用户发布内容的平台的演变。平台的严格责任促进了具有高侵权材料份额的平台的成功，从而损害了那些使用日益有效内容识别系统正确审查上传文件的守法平台。也就是说，审查成本高昂使负责任的平台在竞

---

[1] Julia Reda, Article 17 of the Copyright Directive: a prohibited general monitoring obligation, E. I. P. R. 2021, 43(4), 215-218(2021).

[2] João Pedro Quintais, The new copyright in the Digital Single Market Directive: a critical look, E. I. P. R. 2020, 42(1), 28-41(2020).

[3] Pamela Samuelson, Pushing Back On Stricter Copyright Isp Liability Rules, 27 Mich. Tech. L. Rev. 299(2021).

[4] Martin Senftleben, Bermuda Triangle: licensing, filtering and privileging user-generated content under the new Directive on copyright in the digital single market, E. I. P. R. 2019, 41(8), 480-490(2019).

[5] 同[1]。

[6] 同[3]。

争激烈的平台市场中处于不利地位,并最终改变平台行业的结构。❶

三、欧美网络服务提供者版权侵权责任规则的比较分析

从上述美国和欧盟相关判决可以看出,2019年欧盟《数字单一市场版权指令》颁布前,美国和欧盟网络服务提供者责任相关规定趋向一致。但目前美国和欧盟改革趋势差别较大,两者差别主要表现在以下方面:①两者侧重点不同。美国侧重维护网络产业的发展和言论自由,其次才是版权保护;而欧盟意图通过强调版权许可方式,推进网络服务商和版权主体的进一步合作。虽然欧盟也有避风港的相关规定,但版权保护是原则,用户合理使用和网络服务商免责则是例外,"尽最大努力防止将来上传该内容"则因其含糊性具有不可操作性。②在主体范围方面,美国《数字千年版权法》第五百一十二条研究建议在新技术背景下扩大网络服务提供者的范围,欧盟《数字单一市场版权指令》第十七条仅适用于提供、组织和推广大量用户上传信息的营利性在线内容共享服务提供者,至少一些小规模的经营性实体不受该指令第十七条的约束。③对安装过滤系统的一般注意义务规定不同。美国没有规定网络服务商的概括性注意义务,依通知和删除原则,网络服务商只有在知道特定侵权行为情况下才不受避风港原则的保护。《数字千年版权法》网络服务商没有义务"监控其服务或主动查找侵权活动",美国立法者认为,如果网络服务商承担搜索发生在其平台的任何潜在侵权活动的义务,则它的经营风险将比较高,这不利于鼓励投资人对互联网产业进行投资。但这不妨碍Youtube等网站自行安装过滤系统。欧盟《数字单一市场版权指令》第十七条表面强调"不会导致任何一般监控义务",但从整条规则看,实施一般监控是网络服务商免除大量责任的唯一方式。

---

❶ T. Randolph Beard, George S. Ford, Michael Stern, Safe Harbors And The Evolution Of Online Platform Markets: An Economic Analysis, 36 Cardozo Arts & Ent. L. J. 309(2018).

总体而言,相对于美国的实用主义立场,欧盟《数字单一市场版权指令》更激进、更理想,其实际功效的发挥还有待于进一步观察。比较而言,笔者认为,美国版权法现状及趋势更值得我国借鉴,我们应当完善现有的安全港制度而不是加强版权所有者的权利。理由如下:①与1996年《世界知识产权组织版权条约》原则一致。《世界知识产权组织版权条约》第八条规定:"仅为实现或进行通信而提供物理设施本身并不构成本条约或《伯尔尼公约》意义上的通信。"这是网络服务提供者(不知道且无法控制用户侵权行为)承担责任的国际规范。与这一立场相一致,随后的知识产权国际条约和国内立法均规定,对于不知道并且无法控制的用户侵权行为,网络服务提供商须承担责任应受限制。❶②作为一种传输管道,网络服务商的主要功能是提供平台渠道而不是审查所传播信息的内容。与邻接权主体不同,网络服务商是平台或管道,其所面对的群体不是可以近距离观察的少数的精英作者,而是数以亿计的完全陌生的网民。诚如有学者所言:"网络服务商的任何一项版权审查措施稍有不当,就可能直接对无数公众的日常表达产生负面影响。……网络服务商只为用户的直接侵权行为承担间接的侵权责任。这是一种过错责任,远不及出版社的责任重大。"❷③网络服务商事先取得版权许可,会严重影响信息传播的速度效率。④从宏观层面讲,网络服务商事先取得版权许可不利于信息自由和网络产业的发展和全球竞争力的提升。诚如美国知名版权法专家帕梅拉·萨缪尔森(Pamela Samuelson)批评欧盟《数字单一市场版权指令》时所言:"在通过第十七条时,欧盟政策制定者似乎并未考虑欧盟《数字单一市场版权指令》可能带来的竞争和创新后果,尤其是它会建立重大市场准入壁垒。……第十七条的主要目标似乎是使欧盟权利人能够从现有的美国大型平台中提取租金,而不是提供激励使欧盟的新平台与大型平台竞争或

---

❶ Pamela Samuelson, Pushing Back On Stricter Copyright Isp Liability Rules, 27 Mich. Tech. L. Rev. 299(2021).

❷ 崔国斌. 网络版权内容过滤措施的言论保护审查[J]. 中外法学,2021,33(2):316.

围绕它们进行创新。……也许欧盟政策制定者已经放弃了培育欧洲平台与成功的美国公司竞争的计划。"❶

四、我国网络服务提供者责任立法现状和反思

(一)我国网络服务提供者责任的相关法律规定

在我国,《民法典》和《电子商务法》作为一般法对网络服务商监管责任作出大致规定,《著作权法》《著作权法实施条例》、2013年《信息网络传播权保护条例》和2020年《最高人民法院关于审理侵害信息网络传播权民事纠纷案件适用法律若干问题的规定》(以下简称《最高院信息网络传播权规定》)对网络服务商的法律责任作出具体规定。具体而言,《民法典》第一千一百九十五条至一千一百九十六条规定了网络服务提供者的通知、反通知和删除义务和法律责任。《信息网络传播权保护条例》第十四条至十七条规定了通知反通知程序,第二十条至二十三条规定了不同网络服务提供者不承担赔偿责任的前提条件。《最高院信息网络传播权规定》第六条和第七条以"过错"作为承担侵权责任的前提条件,第八条至第十三条则规定"明知"和"应知"这两种过错的具体标准。大致而言,以上规定主要涉及以下两个问题。

1. 网络服务提供者过错判断标准问题

从具体内容看,《民法典》和《最高院信息网络传播权规定》针对网络服务提供者主观状态规定如下:①一般规定。《民法典》第一千一百九十七条规定,网络服务提供者知道网络用户侵权行为而未采取必要措施的,应当承担连带责任。《最高院信息网络传播权规定》也作出了相同的规定。②信息储存空间服务商"应当知道"的界定。《最高院信息网络传播权规定》第九条和第十二条规定了可以认定为"应当知道"的各种情况。《最高院信息网络传播权规定》第九条综合主体方面因素、对象方面因素和其他方面确定网络服务

---
❶ Pamela Samuelson, Pushing Back On Stricter Copyright Isp Liability Rules, 27 Mich. Tech. L. Rev. 299(2021).

商的过错。《最高院信息网络传播权规定》第十二条则采用概括加列举式规定,认为将热播影视作品等置于首页或者其他主要页面等能够为网络服务提供者明显感知位置,对热播影视作品等的主题、内容主动进行选择、编辑、整理和推荐,这两者都属于"应当知道"。另外,"可以明显感知相关作品、表演、录音录像制品为未经许可提供,仍未采取合理措施的情形"的网络服务商对侵权行为也处于"应当知道"的主观状态。此处的"可以明显感知"依作品被上传到网络的时间长度、依作家或作品受欢迎程度进行判定。

从上述规定可知,《最高院信息网络传播权规定》的"注意义务"既包括信息存储空间服务商对被网民上传的享有版权的非特定作品的一般"注意义务",又包括对热播影视作品或其他受欢迎作品的特别"注意义务"。一般"注意义务"通过技术措施予以履行,如百度公司建立了一套反盗版DNA过滤系统,以从源头上阻止侵权作品流入网络。特别"注意义务"通过"主动审查"予以履行。《最高院信息网络传播权规定》也要求网络服务商对"可以明显感知"的侵权行为进行主动审查。在司法实务中,我国法院依此确定信息储存空间服务商法律责任。例如,在韩寒与北京百度网讯科技有限公司侵害著作权纠纷案❶中,法院认为,涉案作品为知名作家的知名作品,且韩寒曾作为作家代表之一就百度文库侵权一事与百度公司协商谈判,百度公司理应知道韩寒不同意百度文库传播其作品,也应知道百度文库中存在侵犯韩寒著作权的文档,所以百度公司对韩寒作品负有较高的注意义务。百度公司消极等待权利人提供正版作品或通知,其主观上存在过错,应承担损害赔偿责任。又如,在北京中青文文化传媒有限公司诉北京百度网讯科技有限公司百度文库侵权案❷中,北京市第一中级人民法院认为,涉案作品属热播文档,百度理应掌握有关信息并予以合理注意,但百度没有尽到合理的注意义务,也没有建立起足够有效的版权保护机制,对于涉案侵权行为具有应知的过错,应当承担损害赔偿责任。

❶ [2012]海民初字第5558号。

❷ [2013]一中民初字第11912号。

2. 网络服务提供者的通知和反通知等程序

《民法典》第一千一百九十五条至第一千一百九十六条,规定了网络服务提供者的通知、反通知和删除义务和法律责任,作为新颁布的上位法,取代了《信息网络传播权保护条例》第十四条至第十七条的通知和反通知程序。另外,《最高院信息网络传播权规定》第十三条规定:"网络服务提供者接到权利人以书信、传真、电子邮件等方式提交的通知及构成侵权的初步证据,未及时根据初步证据和服务类型采取必要措施的,人民法院应当认定其明知相关侵害信息网络传播权行为。"第十四条规定:"人民法院认定网络服务提供者转送通知、采取必要措施是否及时,应当根据权利人提交通知的形式,通知的准确程度,采取措施的难易程度,网络服务的性质,所涉作品、表演和录音录像制品的类型、知名度和数量等因素综合判断。"

(二)网络服务提供者责任规定存在的问题和具体建议

目前,我国网络服务提供者责任规则主要存在以下问题:①判定网络服务提供者主观过错有一定难度。关于网络服务商注意义务大小、主动审查义务的正当性及算法对网络服务提供者注意义务的影响都是目前学术界关注的问题。②通知和反通知相关程序性规定比较含糊。权利人初步证据所应当包括的内容并无明确规定,权利人是否应当针对合理使用作出判断也无具体解释,通知和通知程序中的"及时"客观性有待加强。笔者认为,我国应当从以下几个方面完善网络服务提供者责任制度。

1. 完善对网络服务提供者的过错要件的规定

关于网络服务提供者的过错问题,我国学者看法不一。有学者认为,著作权法的立法者应提高信息储存空间服务商注意义务水平,引导信息储存空间服务商与著作权人合作建立合理的过滤机制,自动识别和阻止用户的版权侵权行为。[1]有学者认为,"以算法技术主动向用户推送内容链接或发布内容信息的,应根据其主动推送或发布的信息承担注意义务;知道某个侵权行为

---

[1] 崔国斌.论网络服务商版权内容过滤义务[J].中国法学,2017(2):237.

存在的,对已知作品的其他类似被侵害行为负有注意义务;对版权人事先提供的供版权过滤比对的权源性作品负有更高的注意义务。除此以外,国家版权局每年发布的'年度重点作品版权保护预警名单'、网络服务提供者从中直接获取经济利益的版权客体等因素,都有成为'将抽象知道转为具体知道'的特定情形的可能。"❶还有学者认为:"对技术中立原则和最小防范成本进行重新解读后可知,将一般注意义务上升为审查义务有其合理性。剥去技术中立的外衣,网络服务商作为网络空间私权力的享有者及最小防范成本的负担人,在特定条件下应当主动履行知识产权的审查义务。"❷笔者赞同上述观点,主张应当让网络服务商承担与其盈利和技术水平相匹配的侵权责任。对比国外制度,我国法律仍需从以下几个方面完善:①在一般注意义务中,法律在规定过滤系统是否合适的标准时,应当注意经营主体经营自由权并保证其权利和义务的平衡。网络服务商的反侵权 Content ID 技术水平是否合理,应当依当时技术水平这一客观事实,而不是依《最高院信息网络传播权规定》第九条所述的网络服务商"管理信息能力"这一主观的、不太确定的统一的标准。另外,过滤系统的安装和运作成本全部由网络服务商承担,既不现实又不公平。毕竟,受保护作品的原本必须由著作权人提供,著作权人和传播者之间的合作具有一定的必然性。而且,著作权人从作品网络传播中也获得较多利益,让其承担部分过滤系统安装和运作成本,符合权利和义务相一致的原则。②在特别注意义务中,法律应当侧重各相关利益主体的自愿协作和规则的灵活性而非制定强制性规范,以软性手段实现权利人的利益。❸就目前的实践而言,我国企业和行政管理机关对相关主体之间的合作已给予一定重视。这既体现为百度自主研发的反盗版"DNA 比对识别"系统,又体现为行政管理机关主导的视听作品版权监管预警保护工作和《关于加强重点

---

❶ 易健雄.从算法技术看网络服务提供者的"应当知道"——也谈《民法典》第一千一百九十七条的适用[J].知识产权,2021(12):39.

❷ 虞婷婷.网络服务商过错判定理念的修正——以知识产权审查义务的确立为中心[J].政治与法律,2019(10):133.

❸ 罗豪才,周强.软法研究的多维思考[J].中国法学,2013(5):111.

网站版权主动监管的实施意见》。"在执法过程中,政府其实已经要求网络服务商负担起主动审查的义务。"❶笔者认为,相对于行政机关对版权侵权行为的事前预防机制,版权人和网络服务商事前进行积极主动的协作,或由司法部门事后进行灵活救济,才是低成本且兼具稳定性、灵活性的解决思路。

2. 与完善通知与反通知相关的程序性规定

滥用"通知和移除"程序不仅给网络服务商带来过重的负担,而且有碍公众言论自由和获得信息的公共利益。因此,有必要对于版权人滥用"通知和移除"程序的行为设定适当的法律责任。有学者认为:"著作权人起诉网络服务提供者,可以请求法院责令网络服务提供者提供涉嫌侵权的服务对象的姓名(名称)、联系方式和网络地址等资料。法院在决定是否责令网络服务提供者提供上述资料时,应当审查著作权人身份证明、著作权权属证明及侵权情况证明,并且审查著作权人获取相关资料是否符合比例原则。著作权人以不正当方式使用所获得的资料的,应当依法承担相应的法律责任。"❷笔者赞同此观点。同时,版权人在发出移除通知前应考虑合理使用问题,对于明显的合理使用,权利人主张通知程序的,视为滥用"通知和移除"程序,应当承担相应法律责任,以进一步维系版权人与公众之间的利益平衡。❸另外,法律还应当确定通知与通知程序中的"及时"期限。

3. 适度维护公众的正当权益

现阶段,我国著作权保护已经取得了一定的进步,但在某种程度上也导致很多网络服务商过分强调版权人的利益而忽视网民的信息入口权、表达自由权和隐私权。例如,在百度文库等网站在删除相关上传作品时,并没有考虑到合理使用的可能性。如同学者所说,网络服务商应当设定合理的技术过滤标准,辅以配套的人工纠错机制,以避免对网络用户的合理使用、言论自

---

❶ 崔国斌.网络服务商共同侵权制度之重塑[J].法学研究,2013,35(4):159.

❷ 袁锋.论信息时代网络著作权信息披露制度的重构——兼论《信息网络传播权保护条例》第13条和第25条的修订[J].华中科技大学学报(社会科学版),2022,36(3):48.

❸ 阮开欣.网络版权法下滥用"通知和移除"程序的规制——兼评美国"跳舞婴儿"案[J].中国版权,2015(6):46. Lenz v. Universal Music Corp.,801F. 3d1126(2016).

由等造成的实质性影响。❶作为一种通信平台,网络服务是一种公共产品。它是非竞争性的,应当允许公民向政府和同胞表达自己,❷从而维持其作为现代公共广场功能培养言论自由。❸我们需要网络服务商等非正式决策机构履行可强制执行的人权义务,以维护全球公共利益并保证数字时代的人权保护。❹

---

❶ 崔国斌.论网络服务商版权内容过滤义务[J].中国法学,2017(2):237.

❷ Adam Candeub, Bargaining For Free Speech: Common Carriage, Network Neutrality, And Section 230, 22 Yale J. L. & Tech. 391(2020).

❸ Brett Gossetta, Scrolling, Trolling, And Uploading: Youtube's Impact On Modern Public Discourse, Internet Regulation, And Free Speech, 38 Cardozo Arts & Ent. L. J. 505(2020).

❹ Monika Zalnieriute, From Human Rights Aspirations To Enforceable Obligations By Non-State Actors In The Digital Age: The Case Of Internet Governance And Icann, 21 Yale J. L. & Tech. 278(2019).

参 考 文 献

一、中文参考文献

[1] 吴汉东. 著作权合理使用制度研究(第四版)[M]. 北京:中国人民大学出版社,2020.

[2] 吴汉东. 中国知识产权理论体系研究[M]. 北京:商务印书馆,2018.

[3] 刘春田. 知识产权法(第六版)[M]. 北京:中国人民大学出版社,2022.

[4] 崔国斌. 著作权法:原理与案例[M]. 北京:北京大学出版社,2019.

[5] 王迁. 知识产权法教程(第七版)[M]. 北京:中国人民大学出版社,2021.

[6] 黄汇. 版权法上的公共领域研究[M]. 北京:法律出版社,2014.

[7] 卢海君. 版权客体论[M]. 北京:知识产权出版社,2014.

[8] 迈克·费恩塔克著. 规制中的公共利益[M]. 戴昕,译. 北京:中国人民大学出版社,2014.

[9] 尤杰. 在私有与共享之间:对版权与表达权之争的哲学反思[M]. 上海:上海交通大学出版社,2014.

[10] 韦景竹. 版权制度中的公共利益研究[M]. 广州:中山大学出版社,2013.

[11] 罗伯特·H. 弗兰克. 达尔文经济学:自由、竞争和公共利益如何兼得?[M]. 谢朝斌,刘寅龙,译. 广州:世界图书出版广东有限公司,2013.

[12] 李琛. 著作权基本理论批判[M]. 北京:知识产权出版社,2013.

[13] 李明杰. 中国古代图书著作权研究[M]. 北京:社会科学文献出版社,2013.

[14] 迈克尔·A. 艾因霍恩. 媒体、技术和版权:经济与法律的融合[M]. 赵启杉,译. 北京:北京大学出版社,2012.

[15] 李雨峰. 著作权的宪法之维[M]. 北京:法律出版社,2012.

[16] 李明山. 中国古代版权史[M]. 北京:社会科学文献出版社,2012.

[17]宋慧献.版权保护与表达自由[M].北京:知识产权出版社,2011.

[18]《十二国著作权法》翻译组译.十二国著作权法[M].北京:清华大学出版社,2011.

[19]冯晓青.知识产权法利益平衡理论[M].北京:中国政法大学出版社,2006.

[20]李杨.50-70年代中国文学经典再解读[M].济南:山东教育出版社,2003.

[21]吕炳斌.知识产权国际博弈与中国话语的价值取向[J].法学研究,2022,44(1).

[22]黄汇.论版权、公共领域与文化多样性的关系[J].知识产权,2010(6).

[23]熊琦.私人利益与表达自由著作权法立法价值之辩[J].浙江社会科学,2011(9).

[24]向凌.人权法视野下著作权合理使用制度改进的原则[J].广东社会科学,2013(4).

[25]王锴.基本权利冲突及其解决思路[J].法学研究,2021,43(6).

[26]张翔.基本权利冲突的规范结构与解决模式[J].法商研究,2006(4).

[27]胡光志,雷云.版权、表达自由与市民社会[J].法学评论,2008(2).

[28]吴汉东.知识产权领域的表达自由:保护与规制[J].现代法学,2016,38(3).

[29]郑成思.信息传播与版权历史[J].韶关学院学报(社会科学版),2003(2).

[30]刘春田.中国著作权法三十年(1990—2020)[J].知识产权,2021(3).

[31]吴汉东.关于中国著作权法观念的历史思考[J].法商研究,1995(3).

[32]丁帆.文学制度与百年文学史[J].当代作家评论,2016(5).

[33]余来明.科举视野下的元代戏曲[J].武汉大学学报(人文科学版),2015,68(2).

[34]包海英.试论科举与古代戏曲之关系[J].天府新论,2007(4).

[35]余来明.科举视野下的元代戏曲[J].武汉大学学报(人文科学版),2015,68(2).

[36]叶晔.落第再试制度的沿革与宋元明文学的流动机制[J].华南师范大学学报(社会科学版),2017(4).

[37] 张世敏. 论文学消费与思想文化之间的关系——以明中期商人传记消费为例[J]. 文艺评论, 2016(10).

[38] 朱珍. "润笔"源流考略[J]. 河北科技图苑, 2016(4).

[39] 徐康. 古代文人"润笔"趣谈(下)[J]. 文史杂志, 2021(4).

[40] 张均. 1950—70年代的文学制度与文学生态[J]. 中国现代文学研究丛刊, 2015(2).

[41] 陈伟军. 著书不为稻粱谋——"十七年"稿酬制度的流变与作家的生活方式[J]. 社会科学战线, 2006(1):4.

[42] 刘春田. 中国著作权法三十年(1990—2020)[J]. 知识产权, 2021(3).

[43] 胡克, 张卫, 陈墨, 樊昊. 重思"娱乐片"及"娱乐片讨论"[J]. 当代电影, 2019(8).

[44] 吴汉东. 中国知识产权制度现代化的实践与发展[J]. 中国法学, 2022(5).

[45] 肖峋. 论我国著作权法保护的作品[J]. 中国法学, 1990(6).

[46] 鄢显俊. "自由软件"运动要追求什么样的"自由"?——斯多尔曼思想评述[J]. 国外社会科学, 2011(2).

[47] 虞婷婷. 网络服务商过错判定理念的修正——以知识产权审查义务的确立为中心[J]. 政治与法律, 2019(10).

[48] 苏雪梅. 论学术作品的网络传播与著作权保护[J]. 四川师范大学学报(社会科学版), 2012, 39(6).

[49] 章凯业. 版权保护与创作、文化发展的关系[J]. 法学研究, 2022, 44(1).

[50] 冯晓青. 著作权合理使用制度之正当性研究[J]. 现代法学, 2009, 31(4).

[51] 张立, 崔政, 许为民. 开放获取——科学公有主义的当代形塑[J]. 自然辩证法研究, 2014, 30(1).

[52] 王峰. 作为社会争议的版权纠纷——以芭蕾舞剧《红色娘子军》侵权案为例[J]. 南大法学, 2021(5).

[53] 蒋鸣湄. 红色经典作品版权"私有化"辨析——从"红色娘子军"版权案争论说起[J]. 理论月刊, 2019(6).

[54]苏力.昔日"琼花",今日"秋菊"——关于芭蕾舞剧《红色娘子军》产权争议的一个法理分析[J].学术月刊,2018,50(7).

[55]王迁.体育赛事现场直播画面著作权保护若干问题——评"凤凰网赛事转播案"再审判决[J].知识产权,2020(11).

[56]肖峋.论我国著作权法保护的作品[J].中国法学,1990(6).

[57]卢海君.著作权法语境中的"创作高度"批判[J].社会科学,2017(8).

[58]杨幸芳.体育赛事节目的法律性质与保护之评析——兼评新浪诉凤凰网中超赛事案[J].电子知识产权,2019(12).

[59]储翔,陈倚天.新著作权法视野下体育赛事直播画面的法律保护[J].电子知识产权,2021(11).

[60]卢海君.论体育赛事节目的著作权法地位[J].社会科学,2015(2).

[61]卢海君.论我国邻接权制度的改进——以"体育赛事节目"的著作权法保护切入[J].知识产权,2020(11).

[62]马丽萍.论体育赛事节目的法律性质——兼评新浪诉天盈九州体育赛事转播案终审判决[J].天津体育学院学报,2020,35(4).

[63]王迁.论体育赛事现场直播画面的著作权保护——兼评"凤凰网赛事转播案"[J].法律科学(西北政法大学学报),2016,34(1).

[64]张志伟.体育赛事节目直播画面是否具备独创性[J].电子知识产权,2018(4).

[65]管育鹰.体育赛事直播相关法律问题探讨[J].法学论坛,2019,34(6).

[66]肖峋.论我国著作权法保护的作品[J].中国法学,1990(6).

[67]曹新明,杨绪东.人工智能生成物著作权伦理探究[J].知识产权,2019(11).

[68]陈全真.人工智能创作物的著作权归属:投资者对创作者的超越[J].哈尔滨工业大学学报(社会科学版),2019,21(6).

[69]李艾真.美国人工智能生成物著作权保护的探索及启示[J].电子知识产权,2020(11).

[70]熊琦.人工智能生成内容的著作权认定[J].知识产权,2017(3).

[71]杨利华.人工智能生成物著作权问题探究[J].现代法学,2021,43(4).

[72] 孙正樑. 人工智能生成内容的著作权问题探析[J]. 清华法学, 2019, 13(6).

[73] 万勇. 人工智能时代著作权法合理使用制度的困境与出路[J]. 社会科学辑刊, 2021(5).

[74] 赵力. 文本与数据挖掘著作权合理使用的域外实践与借鉴[J]. 图书馆, 2022(3).

[75] 马治国, 赵龙. 文本与数据挖掘对著作权例外体系的冲击与应对[J]. 西北师大学报(社会科学版), 2021, 58(4).

[76] 鄂昱州. 著作权合理使用制度法律性质探究[J]. 学习与探索, 2015(5).

[77] 范继红. 试论我国版权登记机关的统一[J]. 电子知识产权, 2011(7).

[78] 袁泽清. 略论作品的自动保护原则[J]. 贵州社会科学, 2014(4).

[79] 张颖. 论版权登记组织的私人创制[J]. 华中科技大学学报(社会科学版), 2016, 30(1).

[80] 文文杰. 我国版权登记制度的现状、问题与完善——从版权"一女多嫁"谈起[J]. 出版发行研究, 2011(5).

[81] 吕炳斌. 版权登记制度革新的第三条道路——基于交易的版权登记[J]. 比较法研究, 2017(5).

[82] 黄先蓉, 刘玲武. 美国版权登记制度的复兴及对我国的启示[J]. 现代出版, 2017(1).

[83] 董美根. 论版权转让登记的对抗效力——评著作权法修改草案(送审稿)第59条[J]. 知识产权, 2016(4).

[84] 赵力. 孤儿作品法理问题研究——中国视野下的西方经验[J]. 河北法学, 2012, 30(5).

[85] 何炼红, 云姣. 论公共文化机构对孤儿作品的合理使用[J]. 知识产权, 2015(10).

[86] 刘家瑞. 论著作权法修改的市场经济导向——兼论集体管理、法定许可与孤儿作品[J]. 知识产权, 2016(5).

[87] 秦珂. 我国图书馆"孤儿作品"利用中的版权问题分析[J]. 图书馆建设,

2014(1).

[88] 石春雷. 数字化环境下孤儿作品版权保护——以《著作权法》第三次修订为背景[J]. 科技与出版, 2017(11).

[89] 刘家瑞. 论著作权法修改的市场经济导向——兼论集体管理、法定许可与孤儿作品[J]. 知识产权, 2016(5).

[90] 唐蕾. 图书馆馆藏资源数字化过程中孤儿作品的利用问题——对合理勤勉检索义务的探究[J]. 图书馆杂志, 2016, 35(9).

[91] 肖少启, 张保红. 美国孤儿作品的版权立法及其对我国的启示[J]. 图书情报工作, 2016, 60(14).

[92] 陈晓屏. 加拿大孤儿作品强制许可制度研究[J]. 图书馆建设, 2020(2).

[93] 李宗辉. 网络时代版权合同关系的法律重构[J]. 出版发行研究, 2021(8).

[94] 熊琦. 著作权合同中作者权益保护的规则取舍与续造[J]. 法学研究, 2022, 44(1).

[95] 崔立红, 梁婉颖. 数字时代版权合同中未知使用方式问题研究: 不完全契约理论的视角[J]. 山东大学学报(哲学社会科学版), 2021(1).

[96] 丛立先. 《民法典》的实施与版权合同的完善[J]. 出版发行研究, 2020(10).

[97] 熊琦. 著作权合同实质公平规则形塑[J]. 法学, 2020(6).

[98] 李欣洋. 欧盟作者、表演者公平报酬制度研究——从"畅销条款"到《数字化单一市场版权指令》[J]. 东南大学学报(哲学社会科学版), 2021, 23(S2).

[99] 纪海龙. 比例原则在私法中的普适性及其例证[J]. 政法论坛, 2016, 34(3).

[100] 郑晓剑. 比例原则在民法上的适用及展开[J]. 中国法学, 2016(2).

[101] 刘权. 权利滥用、权利边界与比例原则——从《民法典》第一百三十二条切入[J]. 法制与社会发展, 2021, 27(3).

[102] 张兰兰. 作为权衡方法的比例原则[J]. 法制与社会发展, 2022, 28(3).

[103] 陈伟斌, 张文德. 基于利益平衡的网络信息资源著作权补偿原理研究[J]. 图书馆学研究, 2013(19).

[104] 张春艳. 我国知识产权停止侵害救济例外的现实困境及突围[J]. 当代法学, 2017, 31(5).

[105] 杨涛. 论知识产权法中停止侵害救济方式的适用——以财产规则与责任规则为分析视角[J]. 法商研究, 2018, 35(1).

[106] 何怀文, 陈如文. 我国知识产权停止侵害请求权限制的法律原则[J]. 浙江大学学报(人文社会科学版), 2015, 45(2).

[107] 李扬, 许清. 知识产权人停止侵害请求权的限制[J]. 法学家, 2012(6).

[108] 徐函修. 论侵害作品发表权及其民事赔偿责任以钱钟书书信手稿拍卖案为切入点[J]. 电子知识产权, 2014(12).

[109] 吴汉东. 知识产权损害赔偿的市场价值基础与司法裁判规则[J]. 中外法学, 2016, 28(6).

[110] 吴汉东. 知识产权损害赔偿的市场价值分析:理论、规则与方法[J]. 法学评论, 2018, 36(1).

[111] 唐雯. 知识产权侵权获利赔偿数额认定的若干问题分析[J]. 电子知识产权, 2020(11).

[112] 李军, 朱雪忠. 我国著作权侵权赔偿中的合理许可费制度研究——以《德国著作权法》为参照[J]. 出版科学, 2017, 25(4).

[113] 袁杏桃. 从制度功能谈著作权侵权惩罚性赔偿金的归属[J]. 杭州师范大学学报(社会科学版), 2018, 40(4).

[114] 李扬, 陈曦程. 论著作权惩罚性赔偿制度——兼评《民法典》知识产权惩罚性赔偿条款[J]. 知识产权, 2020(8).

[115] 尚广振. 论"违法所得"在著作权侵权损害赔偿计算中的适用[J]. 电子知识产权, 2014(4).

[116] 谢惠加. 著作权侵权损害赔偿制度实施效果分析——以北京法院判决书为考察对象[J]. 中国出版, 2014(14).

[117] 杨兴. 完善我国《著作权法》第49条的思考——基于美国版权侵权法定赔偿金制度改革的启示[J]. 暨南学报(哲学社会科学版), 2014, 36(12).

[118] 崔国斌. 论网络服务商版权内容过滤义务[J]. 中国法学, 2017(2).

[119] 易健雄. 从算法技术看网络服务提供者的"应当知道"——也谈《民法典》第一千一百九十七条的适用[J]. 知识产权, 2021(12).

[120] 虞婷婷. 网络服务商过错判定理念的修正——以知识产权审查义务的确立为中心[J]. 政治与法律, 2019(10).

[121] 罗豪才, 周强. 软法研究的多维思考[J]. 中国法学, 2013(5).

[122] 崔国斌. 网络服务商共同侵权制度之重塑[J]. 法学研究, 2013, 35(4).

[123] 张守文. 政府与市场关系的法律调整[J]. 中国法学, 2014(5).

[124] 袁锋. 论信息时代网络著作权信息披露制度的重构——兼论《信息网络传播权保护条例》第13条和第25条的修订[J]. 华中科技大学学报(社会科学版), 2022, 36(3).

二、外文参考文献

[1] ALEXANDER PEUKERT. Fictitious commodities: a theory of intellectual property inspired by karl polanyi's "great transformation"[J]. Fordham Intellectual Property, Media and Entertainment Law Journal, 2019, 29: 1151-1198.

[2] EMILY TRIBULSKI. Look what you made her do: how swift, streaming, and social media can increase artists' bargaining power[J]. Duke Law & Technology Review, 2021, 19: 91-102.

[3] CARYS J. CRAIG. Transforming 'total concept and feel': dialogic creativity and copyright's substantial similarity doctrine[J]. Cardozo Arts & Entertainment Law Journal, 2020, 38: 603-646.

[4] DAVID TAN, ANGUS WILSON. Copyright fair use and the digital carnivalesque: towards a new lexicon of transformative internet memes[J]. Fordham Intellectual Property, Media and Entertainment Law Journal, 2021, 31: 864-919.

[5] RAMAN MAROZ. The freedom of artistic expression in the jurisprudence of the united states supreme court and federal constitutional court of germany: a com-

parative analysis [J]. Cardozo Arts & Entertainment Law Journal, 2017, 35: 341-381.

[6] PHILLIP JOHNSON. Copyright infringement and damages for injury to reputation[J]. European Intellectual Property Review, 2020, 42(12): 819-827.

[7] CHRISTOPHE GEIGER, ELENA IZYUMENKO. Freedom of expression as an external limitation to copyright law in the EU: the advocate general of the cjeu shows the way [J]. European Intellectual Property Review, 2019, 41(3): 131-137.

[8] SCOTT MEMMEL, CHRISTOPHER TERRY. Constitutive choices: section 230 and first amendment values versus fosta and president trump's executive order [J]. Cardozo Arts & Entertainment Law Journal, 2021, 39: 99-135.

[9] BRETT GOSSETTA. Scrolling, trolling, and uploading: youtube's impact on modern public discourse, internet regulationand free speech[J]. Cardozo Arts & Entertainment Law Journal, 2020, 38: 505-522.

[10] PAMELA SAMUELSON, KATHRYN HASHIMOTO. The enigma of digitized property: a tribute to john perry barlow [J]. Duke Law & Technology Review, 2019, 18: 103-115.

[11] JUSTIN KOO. A justificatory pluralist toolbox: constructing a modern approach to justifying copyright law[J]. European Intellectual Property Review, 2020, 42(8): 469-483.

[12] MARYNA MANTEGHI. Text and data mining in the EU: managing a conflict between copyright and the right to information[J]. European Intellectual Property Review, 2021, 43(11): 698-701.

[13] JESSICA LITMAN. Imaginary bottles [J]. Duke Law & TechnologyReview, 2019, 18: 127-138.

[14] ENRICO BONADIO. File sharing, copyright and freedom of speech[J]. European Intellectual Property Review, 2011, 33(10): 619-631.

[15] ANUPAM CHANDER, MADHAVI SUNDER. Dancing on the grave of copy-

right? [J]. Duke Law & Technology Review,2019,18:143-158.

[16] GLYNN S. LUNNEY, JR. The copyright tax[J]. Journal of the Copyright Society of the U.S.A.,2021,68:117-160.

[17] JOSEPH A. R. GERBER. Locking out locke: a new natural copyright law[J]. Fordham Intellectual Property, Media and Entertainment Law Journal, 2017, 27:613-643.

[18] HANI SHISHA. FAIRNESS, Copyright, and video games: hate the game, not the player[J]. 31 Fordham Intellectual Property, Media and Entertainment Law Journal,2021,31:694-790.

[19] LIOR ZEMER. Multivoiced authors[J]. Cardozo Arts & Entertainment Law Journal,2017,35:383-413.

[20] STEPHANIE PLAMONDON BAIR. Innovation Inc.[J]. Berkeley Technology Law Journal,2017,32:713-724.

[21] TYLER ACKERSON. It's time for the copyright act to patch-in a statutory license for video game streaming[J]. AIPLA QuarterlyJournal,2020,48:325-329.

[22] RICHARD CHUSED. Protectable "art": urinals, bananas, and shredders[J]. 31 Fordham Intellectual Property, Media and Entertainment Law Journal, 2020,31:166-221.

[23] DR POORNA MYSOOR. Does UK really have a "closed" list of works protected by copyright?[J]. European Intellectual Property Review,2019,41(8):474-479.

[24] CATERINA SGANGA. The notion of "work" in EU copyright law after Levola Hengelo: one answer given, three question marks ahead, European Intellectual Property Review[J].European Intellectual Property Review,2019,41(7):415-424.

[25] KAYLA EPSTEIN. Legal graffiti and copyright: how the law falls short in protecting this important artform[J]. Cardozo Arts & Entertainment Law Journal, 2020,38:681-708.

[26] LANG CHEN. My art versus your property: a proposal for vara application to site-specific art[J]. AIPLA QuarterlyJournal, 2018, 46: 341-346.

[27] TIM W. DORNIS. Artificial intelligence and innovation: the end of patent law as we know it[J]. Yale Journal of Law and Technology, 2020, 23: 97-158.

[28] .PATRICK GOOLD. Artificial authors: case studies of copyright in works of machine learning[J]. Journal of the Copyright Society of the U.S.A., 2020, 67: 427-438.

[29] GIUSEPPE B. ABBAMONTE. The rise of the artificial artist: AI creativity, copyright and database right[J]. European Intellectual Property Review, 2021, 43(11): 702-709.

[30] WIETSE VANPOUCKE. Copyright challenged by art created by artificial intelligence[J]. European Intellectual Property Review, 2021, 43(8): 495-503.

[31] TIM W. DORNIS. Artificial creativity: emergent works and the void in current copyright doctrine[J]. Yale Journal of Law and Technology, 2020, 22: 1-35.

[32] TILL KREUTZER. The EU Copyright Directive and its potential impact on cultural diversity on the internet[J]. European Intellectual Property Review, 2020, 42(11): 715-720.

[33] BENJAMIN WILLIAMS. Painting by numbers: copyright protection and AI-generated art[J]. European Intellectual Property Review, 2021, 43(12): 786-792.

[34] ADAM CANDEUB. Bargaining for free speech: common carriage, network neutrality, and Section 230[J]. Yale Journal of Law and Technology, 2020, 22: 391-399.

[35] JANE C. GINSBURG & LUKE ALI BUDIARDJO. Authors and machines[J]. Berkeley Technology Law Journal, 2019, 34: 343-354.

[36] HANNIBAL TRAVIS. The future according to google: technology policy from the standpoint of america's fastest-growing technology company[J]. Yale Journal of Law and Technology, 2009, 11: 209-213.

[37] JENNIFER JENKINS, In ambiguous battle: the promise (and pathos) of public domain day[J]. 12 Duke Law & Technology Review, 2013, 12: 1-12.

[38] MONIKA ZALNIERIUTE. From Human Rights Aspirations To Enforceable Obligations By Non-State Actors In The Digital Age: The Case Of Internet Governance And Icann[J]. 21 Yale Journal of Law and Technology, 2019, 21: 278-326.

[39] IGOR SLABYKH. Ambiguous commercial nature of use in fair use analysis[J]. AIPLA QuarterlyJournal, 2018, 46: 293-301.

[40] JANE C. GINSBURG. Fair use factor four revisited: valuing the "value of the copyrighted work"[J]. Journal of the Copyright Society of the U.S.A., 2020, 67: 19-31.

[41] BENJAMIN REISER. Anything you can use, i can use better: examining the contours of fair use as an affirmative defense for theatre artists, creators, and producers[J]. Fordham Intellectual Property, Media and Entertainment Law Journal, 2020, 30: 873-932.

[42] MATTHEW SAG. The new legal landscape for text mining and machine learning[J]. Journal of the Copyright Society of the U.S.A., 2019, 66: 291-367.

[43] TED SHAPIRO. The DSM Copyright Directive – EU copyright will indeed never be the same[J]. European Intellectual Property Review, 2019, 41(7): 404-414.

[44] GIUSEPPE B. ABBAMONTE. The rise of the artificial artist: AI creativity, copyright and database right[J]. European Intellectual Property Review, 2021, 43(11): 702-709.

[45] RACHEL MORGAN. Conventional protections for commercial fan art under The U.S. Copyright Act[J]. Fordham Intellectual Property, Media and Entertainment Law Journal, 2020, 31: 514-573.

[46] KATERINA SHARKOVA. The author, the fan and the in-between: in search of

a copyright regime for the everyday creative[J]. European Intellectual Property Review,2018,40(12):784-796.

[47]SHEPARD FAIREY. Shared value over fair use:technology, added value, and the reinvention of copyright[J]. Cardozo Arts & Entertainment Law Journal,2019,37:635-656.

[48]ELENA COOPER. Reverting to reversion rights? reflections on the Copyright Act 1911[J]. European Intellectual Property Review,2021,43(5):292-297.